江苏省教育科学"十二五"规划青年专项课题（C-c/2011/10/06）研究成果

江苏省教育厅高校哲学社会科学基金项目（2013SJD880037）研究成果

童年与现代教育学

顾彬彬　著

南京大学出版社

图书在版编目(CIP)数据

童年与现代教育学 / 顾彬彬著. —南京：南京大
学出版社，2015.12
  ISBN 978-7-305-16337-1

  Ⅰ. ①童… Ⅱ. ①顾… Ⅲ. ①儿童教育－研究
Ⅳ. ①G61

    中国版本图书馆 CIP 数据核字(2015)第 315607 号

出版发行 南京大学出版社
社   址 南京市汉口路 22 号   邮   编 210093
出 版 人 金鑫荣

书   名 **童年与现代教育学**
著   者 顾彬彬
责任编辑 王抗战 黄 卉   编辑热线 025-83596997

照   排 南京理工大学资产经营有限公司
印   刷 南京理工大学资产经营有限公司
开   本 787×960 1/16   印张 14.75 字数 258 千
版   次 2015 年 12 月第 1 版 2015 年 12 月第 1 次印刷
ISBN 978-7-305-16337-1
定   价 36.00 元

网   址：http://www.njupco.com
官方微博：http://weibo.com/njupco
官方微信号：njupress
销售咨询热线：(025)83594756

自 序

"池塘边的榕树上,知了在声声叫着夏天;草丛边的秋千上,只有蝴蝶停在上面;黑板上老师的粉笔,还在拼命叽叽喳喳写个不停。等待着下课,等待着放学,等待游戏的童年。福利社里面什么都有,就是口袋里没有半毛钱。诸葛四郎和魔鬼党,到底谁抢到那支宝剑。隔壁班的那个女孩,怎么还没经过我的窗前。嘴里的零食,手里的漫画,心里初恋的童年。总是要等到睡觉前,才知道功课只做了一点点。总是要等到考试后,才知道该念的书都没有念。一寸光阴一寸金,老师说寸金难买寸光阴。一天又一天,一年又一年,迷迷糊糊的童年。没有人知道为什么,太阳总下到山的那一边;没有人能够告诉我,山里面有没有住着神仙。多少的日子里,总是一个人面对着天空发呆。就这么好奇,就这么幻想,这么孤单的童年。阳光下蜻蜓飞过来,一片片绿油油的稻田,水彩蜡笔和万花筒,画不出天边那一条彩虹,什么时候才能像高年级的同学有张成熟与长大的脸。盼望着假期,盼望着明天,盼望长大的童年。一天又一天,一年又一年,盼望长大的童年。"

——罗大佑

说到童年,这往往是一个令人无限感慨、无限回味,充满乡愁,却又不禁微笑,永远都会随身携带而不舍得扔掉的情怀。珂一正的电影《我们就是这样长大的》里,一群光头赤脚的孩童,在昏暗的旧教室里跑来跑去,在泥土操场上与同伴吵闹嬉戏,踩过田埂,慢慢长大。稻田、田埂、电线杆、麻雀、蓝天、白云、一群白衬衫、蓝裤子、光脚/球鞋、半身裙,出没其间,时间就像轻淌过的河水,缓慢而悠长。这就是童年。

电影中 20 世纪 70 年代台湾的童年与大陆的 80 年代是多么相似。虽然学校是国家制度的象征,通过"现代化"①的方式把我们培养成国家机器上的一颗螺丝钉。但我们依然生活在乡土的怀抱里,享受着童年缓慢美好的时光。田野并不遥远,自然就在身边。我们在老师"一寸光阴一寸金,寸金难买寸光阴"的催促中想象着遥远的未来。

当然童年也有悲伤,家庭的不幸带给孩子的压力,往往是夹杂在明亮童年里的一抹灰色。弗洛伊德说,童年的经历将决定成人后的心理状况。根据这个理论,台湾学者熊秉真继续发挥道,也许因为从童年就开始觉察和面对的人事无常,造成了中国文化中实用主义的特色。侯孝贤成年后的第一部作品就是自传体电影《童年往事》,闲淡地叙述着孩童时代的家庭困境和自己的成长经历。家计的艰难是通过母亲给病弱的父亲边擦身边报账,自己偷钱后被母亲责骂,姐姐的放弃学业,等等,来表现的。最后经济支柱倒塌,女人和孩子们不知所措。但生活依然有序地进行,灵堂前,姐姐还催促着弟弟们,说:"阿松,去洗澡;阿孝,去洗澡……"不管怎么说,童年是最早对自我、对周围人情世故有意识的时段,这种意识奠定了每个人人生旋律的基调。

我真的对儿童的内心世界很感兴趣。卢梭曾说,出自造物主之手的东西都是好的,一旦到了人的手上,就变坏了。可是这么一个好东西是怎样认知和发展的呢?范梅南曾用现象学的方法探究儿童神秘的内心世界,因为在他看来,任何成人的教育只有影响触动儿童的内心意识才能起作用。他们研究儿童一般而非病理性的秘密,因为秘密意味着人的自我意识的出现,对于儿童的个性与人格发展有重要作用,所以这些秘密具有教育学的意义。在他看来,儿童喜欢探究抽屉、壁橱、阁楼,这是他们将自己的内与外隔离开来,以体验自我的内心深处,熟悉自我,无限地接近心中真实自我的方式。"这个世界向他们提供了一种体验存在、体验白日梦、体验情感、体验好奇、体验感悟的机会……使他们能够获得一种充满了创造激情的宁静……"②而这种渴望有秘密空间,寻找一种独处的机会,以便继续那个自我创造的过程意识,可以延续到成年,终其一生。

---

① 杜赞奇认为新式学校和施行财政革新、创建警察和新军、划分行政区域以及建立各级"自治"组织一样,是国家现代化的手段,以此企图将国家权力伸入到社会基层,相信这些新延伸的政权机构是控制乡村社会的最有效的手段。见杜赞奇:《文化、权力与国家——1900—1942 年的华北农村》[M],南京:江苏人民出版社 1992 年版。

② 马克斯·范梅南:《儿童的秘密——秘密、隐私和自我的重新认识》[M],北京:教育科学出版社 2004 年版,第 34 页。

童年的秘密多种多样,有生存的秘密、交际的秘密和个人隐私。在心理疗法的文献中,秘密和"自我领地的形成"相关,即孩子得知可以将思想和想法放在脑子里,别人不会知道,他或她的世界中有了某种"内"和"外"的分界线。而且它能够创造出自我的多个层次和内外空间,有助于人格的形成。因此,秘密在孩子和成人的个人成长中有着教育(education)和教导(pedagogical)的功能。在电影《纳尼亚传奇》中,孩子们看到一个大橱,忍不住打开,就是反映了儿童这样一种寻找自我意识的动机。而进入大橱后所发生的故事,可以被看作自我意识的一次冒险和成长。当然,纳尼亚传奇是爱尔兰的民间传奇故事,它也是西方人才看得懂并欣赏的影片。要放在中国,无论是孩子还是成人,并不能对这个故事的意义有所体会。这是文化的差异,中国人的自我意识的形成显然区别于西方。也许在中国文化中,并不特别强调自我意识和个性。是这样吗? 这个问题有待研究。

但是,童年确实是一个充满秘密的场域,童年本身就是一个秘密。童年受到人们关注,被人们探究,那也不过是近代以来的事情。法国历史学家阿里耶斯等人认为,童年的出现,只有四百年的历史,是现代化的产物。20 世纪初,瑞典社会改革家、自由主义者爱伦·凯将自己的一本书命名为《儿童的世纪》(The Century of the Child),并特地于 20 世纪新纪元年出版,喻示着新世纪是儿童的世纪。她认为要图谋人类社会的向上发展、人间性的实现,关键在于儿童。为得一健全的儿童,父母结婚必须神圣、性欲必须纯化,这是第一条件。而儿童出生之后,要尊重其个性,双亲和教师必须使出浑身解数赋儿童以爱,注意其成长的环境,帮助其自由地活动,伸展其各自的天性。爱伦·凯无疑是卢梭的继承者,但她提出的妇女解放、儿童解放,其个性自由的解放精神在 20 世纪的时候已经比卢梭的时代大大前进了不知几许。此后才有各学科领域对童年和儿童的集体发现和集中探究,关于儿童的科学才在 20 世纪攀升到较高的水准。

所以,童年是社会文化的产物。波兹曼认为,因为成人秘密的存在,而将儿童和成人分开。儿童之所以为儿童,是因为他们并不知道成人的秘密。成人之为成人,是将自己的秘密有意识地排除在童年世界之外。成人秘密无法保守之时,也是童年消逝之际。这引证了皮亚杰的观点,即儿童一旦失去了他的天真无邪,那他就永远不可能重新回到天真无邪的境界之中了。莫伦豪斯却从自我意识的角度来验证了前现代、现代和后现代的文化差异。前现代的人会完全沉浸于自我的社会认同之中;现代人承认自我与社会认同之间的距离,因而获得了某种自由和自主;可惜的是,后现代的人们又失去了这种自由。① 总而言之,童年之现代性,体现于人的自我意识的出现,开始与社会认同之间保持距离。童年的现代性意识,是文化的而非生理的。

中国从20世纪80年代才重启现代化的步伐。经过80年代的铺垫,现代性逐步从文化领域开始全面进入日常生活中,童年相应地也在发生悄然的变化。90年代初,电视剧《十六岁的花季》热映,儿童在成长过程中所遭遇到的自我意识前所未有地凸显出来。昨天似乎还是一位穿红裙子的少女这样的个别事件引起社会广泛的讨论,今天的孩子似乎集体要求个性独立。工具理性与生命的价值、少男少女朦胧的情感与社会偏见和禁忌、物质欲望与纯粹精神之间的各种冲突,等等,这些都成为现代性之后未成年人所要直面的生活中非常重要的课题,却不能言说,成了秘密。

> 是十六岁时的那本日记
> 还是　我藏了一生的
> 那些美丽的如山百合般的
> 秘密
>
> ——席慕蓉

而同时期同样热映的电视剧《成长的烦恼》,进一步将中国童年问题向现代性大大推动了一步。当台湾电影《世上只有妈妈好》中的孩子依凭孩子的柔弱和感情的依赖性特质赚取国人大把眼泪之时,我们已经哈哈大笑地在一百多集电视剧中潜移默化地将西方现代性之自主性深深地烙印在童年的自我意识之中。大陆的现代性已经走上了自己独特的道路,同样也意味着童年状态的独特性。个性,成了现代童年的一个关键词;穿着红裙子的安然和十六岁的少男少女群像,成为时代的童年雕像。

关于现代性,它不仅仅反映在童年的呈现中,还表现在建立学校教育制度以教育儿童、建立现代家庭制度以养育儿童、建立现代法律和福利等社会制度以保护儿童等各种制度文化中。被纳入各种制度下的儿童,借用黄武雄的比喻,被罐装了。儿童不再在田埂上悠游(当然田埂再也不会在城市的

---

① 马克斯·范梅南:《儿童的秘密——秘密、隐私和自我的重新认识》[M],北京:教育科学出版社2004年版,第153—156页。

视野里出现），而是奔波于各种补习班和兴趣爱好的课堂之上。童年被功利的社会迅速地挤压掉，乃至一个孩子因补习班记错时间白跑一趟而被电车撞死后，灵魂仍然常常打电话给妈妈，不断地询问：……我玩什么好呢？① 此乃现代性童年之一体两面。

我们这么快地遭遇现代性，没有好好完善各种体制和制度，却又遭遇其苦果。后现代状况随之而来，而前现代的各种习俗与传统，仍在影响着人们的观念、思维和行动。当下的我们，陷入一种文化困境中。古今、中西、南北、灵肉之争，构成当代文化冲突的多元景观和杂色纷呈色调。"古今"之争是价值冲突问题，核心是反传统价值；"东西"之争是文明冲突问题，核心是否定东方；"南北"之争是后殖民问题，核心是发达地区对不发达地区的经济文化渗透；"灵肉"之争是个人与群体、升华与沉沦问题，核心是沉重的肉身对沉重的精神的颠覆。② 而从具体的文化表现上看，一方面是要不要现代性的民主、科学、真理、启蒙、公正、自由？还是走向经济消费主义和生命玩世主义呢？另一方面，在器物层和制度层遭遇种种问题之时，观念价值层面上的生存意义的迷失、价值的失落，又增加了问题的复杂性。

现代性童年亦不能逃脱种种文化上的问题。而现代教育该如何应对这样的困境？给孩童一个什么样的童年呢？叶澜曾说，教育学是时代学。本书就从现代性对童年问题的提出开始，探讨现代教育学如何建构童年。

---

① 朱自强：《当儿童失掉玩的权利》[J]，《内蒙古教育》，2007 年，第 9 期。
② 王岳川，《二十世纪中国学术文化随笔大系·总序》[M]，北京：中国青年出版社 1996 年版。

目 录

绪 论

一

为什么要研究现代童年问题？这似乎有着许多重要的原因和目的。20世纪 90 年代以来中国曾有一群人文学者欲从老百姓日常生活角度去理解现代性本身。他们编辑出版了一套文本(吴亮,1999),图文并茂地勾勒出 20 世纪 50 年代至 90 年代末的中国社会日常生活。不管那文本的显在目的是消解我们对现代化的精英主义解读,将生活的意义赋予生活自身,但在对照片的编辑过程中,显然无意识透露出来的是:儿童构成日常社会生活主要的亮丽的风景;童年与人类的记忆紧紧联系在一起,与人类浪漫的精神需求紧紧联系在一起。

20 世纪曾被称为"儿童的世纪"。但在这个世纪末的时候,美国学者尼尔·波兹曼(Neil Postman)的著作《童年的消逝》(The Disappearance of Childhood)一下子震惊了西方世界。人们惊愕于一向以为精神寄托的童年,现在就要消逝了么？这种对儿童生存状态的普遍社会担忧,很快使童年问题研究(childhood study)成了一门跨学科的显学,历史学、社会学、人口学、人类学,等等,学术领域纷纷开始关注这一问题。有西方学者称,21 世纪是童年研究的新世纪。也许从社会和政治层面讲,这一方面是由于儿童人口总是占据世界人口总数的一定比例,构成人口结构的一个重要组成部分;另一方面,儿童处境不利更易于引起人们对人类苦难的移情。不管怎样,关于童年研究的著作开始越来越多地出现。

在西方学者的观念中,童年是被社会和文化建构出来的,是启蒙运动以来以人的解放为根本任务的现代性发展的逻辑和结果。童年从出现到消逝的历程,本身似乎还喻示着现代性的发生和发展。教育也正是在这一现代性背景下,建构和改造着童年。回溯现代教育和教育学的产生,也恰以儿童的发现为标志。在已经过去的"儿童的世纪"中,教育不遗余力地改造着我们的童年。那么童年,它究竟讲述着一个怎样的现代教育学的故事？童年的消失对教育现代化和现代教育学的发展意味着什么呢？对童年的研究将揭示现代教育学最基本的理论问题。

中国的教育发展和教育学研究始终追随着现代化的使命。对童年的认识和讴歌也始于中国欲奋发图强的现代化时期。以儿童为本位的童年观曾经占据中国精英文化的中心地位。在中国教育现代化的进程中，我们的童年观发生着怎样的变化？自2003年波兹曼《童年的消失》一书的译本出版以来，虽也促动了文化界和教育界的某些人士，教育学者也着实进行了关注，但是以童年为对象的教育学研究还几乎是一片空白。

加拿大教育现象学者范梅南曾这样论述现代教育与理论研究面临的主要问题：① 教育理论与日常教育对话的基本形式的混淆；② 抽象化的倾向及由此引起的与儿童生活世界失去了联系；③ 难以发现生活世界的普遍教育意义（范梅南，2003）。中国教育学目前所面临的问题还不仅仅如此。教育学目前所关注的理论性质、教育理论与实践的辩证关系、教育学本土化、教育的人性化等问题，似乎表明中国教育学的研究更为纠结。而且近年改革"传统教育理念"的新教育改革为各种理论的登台和表演提供了巨大的语境，其他学科最前沿的理论话语纷纷被引介到教育领域中来（马健生，2005）。这些情况使得教育基本理论问题变得不那么清晰，其基本的研究对象反而不明朗了。也许有两种途径可以使教育学摆脱目前的困境。其一是期待一种新方法的出现，这种新方法不仅仅将打开一个新的视域，更应该是一种新的提问方法（利奥塔，1997）。其二是使对"教育学"的思考重新回到"原点"，去审视本真意义上的教育学含义。

也许现在提出童年问题，有其历史的必然性。它既揭示了在教育现代化发展中一直隐藏的现代性问题，也使我们看到中国教育学研究一个本应是核心却被疏离的领域。童年研究，既是对中国教育学重新提问的方式，也是使中国教育学回到原点的方法。

本论文研究正是欲立于童年的立场来研究教育学发展的轨迹；并欲从现代教育和教育学的历史逻辑出发，理解童年，寻求中国学校教育未来发展的理论方向。

二

儿童的生活即童年。因此对童年的研究与社会儿童观有着不可割断的天然关联。对童年概念的界定，不同的学科自然有不同的价值取向及话语体系。

但总而言之,童年相对于成人期而言,是人生发展的某个时段。对童年问题进行研究,最早是发生在社会学领域。

20 世纪 60 年代社会历史学家阿里耶斯的名著《童年的世纪》一书指出童年是一个社会学概念,即意味着童年是由社会历史建构的。12—17 世纪的西方社会还没有童年一说。无论是服饰、绘画还是墓志铭,现代的童年观念都鲜有出现。甚至法语中,"童年"这一词汇也是来源于向其他语言的借鉴。这一时期的儿童,一旦告别摇篮和保姆后就直接进入成人社会,被当作小大人来看待。直到 18 世纪,欧洲社会才将童年从成人期中剥离出来,成为成人期的预备阶段。并随着现代化的发展,将童年期细分为幼儿期、学童期和青少年期。

在阿里耶斯之后,童年由社会文化建构这一命题被学术界认可。在这一基础上,社会学、人口学、历史学和文化研究领域对童年的研究,基本上遵循了这一研究假设。这一新的问题为揭示社会结构开辟了新的较为微观的研究领域,尤其是对社会变迁的研究。这较为符合现代社会研究方法论方面的革命,即着眼于微观领域和日常生活实践的趋势(Neustadter,2009)。

20 世纪 80 年代的社会变迁是以信息通信手段的革新为标志的。这一新的社会革命对原有的决定社会秩序的社会生产、社会结构、社会传统等带来巨大的冲击。波兹曼的著作之所以能够产生如此巨大的社会效应,大概与这一宏大的后现代社会背景不无关系。波兹曼认为童年诞生在印刷术的发明中。因为文字和书籍的出现,才产生了儿童与成人的区别,才使得读写能力的获得是儿童迈向成人的必要条件。正因为儿童没有读写能力,成人的秘密才得以保存,羞耻的概念才在社会中出现。

波兹曼描述了现代童年产生、发展和将消亡的过程。学校是文化学习和传播的地方,在印刷术时代,是童年建构的主要力量。凡是识字能力受到始终如一的高度重视的地方,就会有学校;凡是有学校的地方,童年的概念就能迅速发展(波兹曼,2009:201)。童年的定义是通过进学校上学来实现的(波兹曼,2009:203)。所以传统的童年,波兹曼认为是从 7 岁到 17 岁这样的年龄段,因为儿童在 7 岁时已经能够驾驭语言。而和教育一同促成童年产生的,还有工业、政治和社会思潮,等等的发展。洛克的白板说和卢梭的自然说都对童年、儿童观和儿童教育产生了深刻的影响。弗洛伊德和杜威则揭示了现代童年的尴尬任务:如何平衡文明的要求和尊重儿童天性的要求?

波兹曼认为弗洛伊德和杜威,他们两人结合起来,代表了从 16 世纪到 20 世纪童年旅程的综合和总结。他们澄清了童年概念的基本范例:儿童作为小男生或小女生的自我和个性必须通过培养加以保存,其自我控制、延迟的满足感、逻辑思维的能力必须被扩展,其生活的知识必须在成人的控制之下。而同时,人们应理解儿童的发展有其自身的规律,儿童天真可爱、好奇、充满活力,这些都不应被扼杀;如果真被扼杀,则有可能失去成熟的成年的危险。20世纪所做的有关童年心理的研究,都不过是对童年的基本范例的评论而已(波兹曼,2009:222)。

社会学对童年的研究还有另一个视角和使命,即"儿童社会化"的问题。这一研究视角不仅包含了儿童社会化的过程和机制,而且还涉及社会平等的问题。如拉鲁在《不平等的童年》中所揭示的美国家庭两种不同的教养方式:协作培养和自然成长。通过对两种教养方式在几个方面的对比,即玩伴、娱乐安排、与父母互动中形成的自我概念和人际交往的技能,以及获得的文化资源、父母与机构的互动对儿童的教育,等等,反映和描述了这样一个社会学的问题:人是如何嵌入社会结构中,并使行为与之相一致的? 当然,它从另一个角度向我们揭示了美国当代儿童的童年不平等的境况。

童年是与成人相对的一组概念,并因社会文化的差异而有所区别,所以在不同的社会历史背景下,童年的发生发展是不一样的;童年期与成人期的关系也是不一样的。这一点可以得到人类学的证明。玛格丽特·米德在《萨摩亚人的成年》一书中,就通过对太平洋萨摩亚群岛中塔乌岛海岸的三个小村庄中少女们的生活和成长进行了研究,揭示了儿童如何由孩童跨过青春期而成年。通过与西方社会儿童在青春期的剧烈躁动相对比,批判了西方社会的教养方式,进而对西方中心的文化观进行了批判。不过人类学的研究也进一步表明,童年是"西方"的概念。因为在西方文明中,青春期不被看成是一个生理变化的时期(生理上的青春期是无须产生冲突的),而被看成是思想及感情成熟的起点;因此青春期势必充满着冲突的困窘,也就是将儿童与成人完全区别开来对待。

也就是在这样的文化相对主义观念中,心理学受到了批判。心理学在20世纪的大部分时间里几乎成了童年研究的主导力量。它将童年看作自然生物过程,将之划分为比较精致的不同发展阶段,并规定了这些阶段由低向高迈向成人化的发展。学步期、童年早期(游戏期)、童年中期(学龄初段)和青少年期。成人期在这一线性发展过程的顶端静候儿童的成熟。任何逾越将会导致未来发展出现问题。该领域最著名的心理学家让·皮亚杰,对儿童思维发展的四个运算阶段的确定奠定了其非凡的声名和地位。这一研究几乎为20世纪发展心理学与教育学研究奠定了基调。在心理学的强势介入下,童年一般指从3岁开始到18岁止。这是根据现代社会为成人做准备大部分人所需的时间而进行的规定。

心理历史学家德莫斯(De Mause Lloyd)对童年的研究堪称与阿里耶斯相匹敌。他认为中世纪以前,儿童的境况非常悲惨。杀婴、弃婴、虐待儿童等现象是普遍存在的。西方社会之所以到18世纪才出现童年的现代概念,乃是因为人的心理机制发展进化的结果。他将人的心理机制的进化分为以下几个阶段:杀婴模式(从古代到公元4世纪);弃婴模式(4—13世纪);矛盾模式(14—17世纪);侵犯模式(18世纪);社会化模式(19—20世纪中期);帮助模式(20世纪中叶开始)(Neustadter,2009)。如果这种进步主义的观点正确的话,那么我们如今如何解释和解决"童年消逝"的社会问题呢?

心理学对童年的进化论生物学解释显然不能让人满意。对于心理学家们的断言,不少人文学者都曾纷纷表示怀疑,哲学家马修斯就是其中之一。他一直试图在幼童与哲学间建立一种天然的关联。他对"最伟大的,甚至可以说是唯一伟大的认知发展心理学家"皮亚杰的儿童思维发展阶段论提出质疑。首先,他认为:"这种进程一开始就令人深深地担心。假定把孩童或任何成人在掌握真正的哲学问题上所取得的明确的进步,看成是标准或正常的成熟,这样看是否合理?"其次,"另一种担心,皮亚杰打算证实他的主张,即在发展阶段上,发现所有的儿童反应都是同类型的。这样一种发现被作为儿童思维真正发展的形式的保证。……不过偏离正道的反应大多数都像带哲理性的兴趣。标准的反应通常是社会化的不加思索或不用思想的产物。反过来,不一致的反应更像是诚实反应的结果,而皮亚杰却在方法论的基础上,轻视和排斥了非一般性的反应"。第三,皮亚杰主张从5到12岁的孩子们身上去发现系统的思维概念。而一个12岁的孩子提出的哲学问题可能不如一个5岁的孩子。所以,马修斯认为,心理学家们以为成人是尊重逻辑和经验的,儿童不顾逻辑和经验的合理约束,成人比儿童进步。这种对幼童思维的低估是不可原谅的(马修斯,1989)。

对西方学者而言,对童年的研究代表了两种不同的意识形态:现代主义和反现代主义(Neustadter,2009)。心理学采取进步主义或发展主义的立场,代表了现代性的主流价值意识形态;而文化研究则从(社会)建构主义的立场进行批判和反思。这两种对现代性不同的意识形态和两种不同的研究途径互相补充,共同建构了我们对童年的现代理解。但那也只是用西方人的眼睛来看童年。

日本比较教育学者沼田裕之对东西社会的童年进行了比较,认为西方童年的发生方式并不适合后发现代化的东方国家。传统日本人是非常喜爱儿童的,为了让儿童能够享受自在的世界,甚至想方设法延长童年的时期。日本的传统学校"手习塾"是为儿童自由生活创造的特殊保护空间,不同于西方规训与教化的学校系统。与波兹曼相反的是,沼田裕之先生对西方童年的发生机制有不同的见解。站在东方人的思维传统上,他认为西方童年的发生乃是由于西方理性主义二分思维传统的发展所致。这种以17世纪的伽利略革命及其使用机械主义的方法所代表的思维方式已深深地影响了欧洲文化的各个方面。17、18世纪对儿童世界感兴趣的人便将儿童与成人截然分开。从这个意义上来说,童年是理性思维所创造的概念。不是儿童按照自己的生活方式建构了他们的世界,而是成人"发现了"儿童和童年。童年产生的第二个原因是在洛克和卢梭这样的思想家的影响下,对原罪信仰的减弱。启蒙哲学家们都有强烈的"教育"要求,希望通过理性规划来重建人性本身。第三个原因是现代文化创造的一个被称为学校的、人造的、理性的和系统的机构。所以作者总结道:不论在前现代的欧洲,还是在现代的欧洲,儿童期几乎不存在。欧洲文化的基本特点一直是而且仍然是用"理性主义"方式看待、感觉、思考事物,这种方式是成人的逻辑,而非儿童的逻辑。即使在现代化之初,发现了童年,但是在习惯于用分析或理性来看待世界的传统中,童年也必将消逝。同样,追寻现代化国家的日本,必然采用相同的现代性逻辑,具体体现在政治逻辑和经济逻辑中,以之改造日本的童年。所以当日本成为一个现代化国家之后,日本儿童的生活也和西方社会的状况一样,引起许多社会问题。为此作者提出,为了还儿童一个幸福的生活,"我们是不是在等待一次新的浪漫主义运动呢"?并且认为,无论是西欧还是东亚文化都无法在现代学校系统实现儿童的世界。教育家应该进一步回顾过去,比如回顾西方的古希腊罗马文化以及东方的江户文化和中国古代文化,在其中找到儿童世界复兴的希望(沼田裕之,2007)。

目前几乎所有研究都表明,教育学和心理学是童年研究和童年建构的主要力量。20世纪是童年的世纪(从发现到鼎盛),同时也是"教育的世纪"。这无疑提醒我们注意,教育肩负着童年研究的使命,教育正在建构着童年。可是,当下教育对童年的研究并没有走在各学科的前沿。

哲学家马修斯在谈论对儿童哲学思维的敏感性时,认为谁是最敏感的呢?

"不,我不是意指其他的发展心理学家,我也没有想到教育理论家,我指的是谁呢?回答可能使人惊讶,是作家——至少是有些作家——他们是写儿童故事的。"(马修斯,1989:67)确实,在对童年的研究中,儿童文学作家可以算是一支非常重要的力量。在当代的教育研究中,似乎儿童文学家们和作者们对童年寄予更多的关怀和同情。

儿童文学是写给孩子们看的,它是童年发现的最直接结果。因此,儿童文学的发展从另一个方面展示了现代社会童年的变迁。对儿童文学的研究可谓浩如烟海,不可穷尽。凡是文学家和作家,几乎都给儿童写过作品,或者都曾经采用儿童的视角来进行写作。对这些作品的剖析能反映不同时代社会的童年状况和社会儿童观。如相当多的学者研究狄更斯和马克·吐温作品中的儿童和童年,就是很好的例子。因此,儿童文学研究构成童年研究的一个主要领域。

日本儿童文学专家鸟越信曾指出,儿童与成人区别的一个标志是儿童的逻辑与成人的逻辑的区别。"儿童有一天会成为大人。指定这一天的具体日子是困难的。但是,儿童的逻辑和成人的逻辑是以某一条线为分界而被清晰地区别开来。"(鸟越信,1994)因此看是否是儿童文学,就看其是否具有儿童的逻辑而不是儿童的语言。这一见解非常中肯,受到中国儿童文学研究者的重视。

各国现代化的发生机制和发展情况各不相同,这一点也影响了各国童年的发生和对童年研究情况的差异。同样作为外源性现代化国家,日本比中国更早地受到现代性在社会和意识文化等各方面的深入影响。当波兹曼《童年的消逝》一书 1982 年出版,1985 年就出了日译本,而 10 年之后才有了中译本。但是,遗憾的是,童年问题并没有引起国内各方的注意。虽然我们的儿童生存状态已引起社会的强烈关注,但我们对这一问题的研究还没有找到一个学术的基点。正如朱自强先生所言,在中国,直至今日,还没有一部童年史,没有得到展开的儿童哲学、儿童美学研究,即使是在关注儿童精神世界的儿童文学界,"童年的消逝"也并没有成为普遍的问题意识。这将成为衡量中国社会发展水平的一个标准,成为对中国的思想界、学术界能力的一种考验(朱自强,2008)。如果从童年与现代性的发生关系来看,朱自强先生的这般看法是非常恰当的。对童年的研究,亦即对现代性的反思,对于教育界具有巨大的意义。

国内关于童年问题的系统研究,目前屈指可数的大概只有两个人:研究儿童文学的专家朱自强和学前教育学者刘晓东。

朱自强留学日本期间,得到日译本《童年的消逝》的启发,建构了其代表作《中国儿童文学与现代化进程》的基本逻辑。该书纵横勾勒了中国现代化进程中,中国儿童观的演变和中国儿童文学的发展。对儿童文学中所体现的儿童观做了细致的历史分析,提出当代儿童文学的现代化发展,应该坚持回归儿童本位的立场,坚持儿童化和文学化。而对于一段时期儿童文学中占主流的"儿童文学的教育性"的主张予以坚决的抵制和批判,认为儿童文学和儿童教育是平行并列的两个系统,"文以载道"传统模式是对童年和儿童的戕害。这种模式,实质是把儿童看作未完成品,然后按照成人自己的人生预设去教育儿童的儿童观。而儿童本位的儿童观则"不是把儿童看作未完成品,然后按照成人自己的人生预设去教训儿童,也不是从成人的精神需要出发去利用儿童,而是从儿童自身的原初生命欲求出发去解放和发展儿童,并且在这解放和发展儿童的过程中,将自身融入其间,以保持和丰富人性中的可贵品质"(朱自强,2000:23)。儿童文学应有一种弘扬崭新的儿童观与艺术观的义务,它应以自己的艺术成就去推动传统旧教育的彻底变革(朱自强,2000)。

朱自强在其专著中提出"儿童本位"说,并详细论证了这一儿童观来源于周作人(而周作人的思想来源于个人天性和日本学者浪漫主义的影响)而不是杜威,这丰富了我们对中国童年观和儿童观的认识,对童年问题的中国化是一个很有力的论证。儿童文学研究中建构的这种儿童本位的儿童观进一步影响到朱先生对当代童年的本体价值思考。他认为,"童年"应该成为一种思想的方法和资源(朱自强,2008)。

而刘晓东教授在他的代表性专著《儿童精神哲学》中,对儿童的精神发生做了一个系统的研究,为理解儿童做了较为详实的实证分析和哲学反思。虽然这部著作并没有多少关于儿童和童年研究的更新成果,但是他对儿童和童年的重视,呼吁成人对儿童精神的理解,走进儿童精神世界,对当前教育基本理论的正本清源具有不可忽视的奠基作用。"我们呼吁成人能真正进入儿童的生活,去认识儿童生动多彩的精神世界,以建立一种科学的儿童观;我们呼吁成人能严肃地体会儿童精神世界的本体价值,认真考虑一下儿童是否能帮助你进一步领悟人生的意义和真谛;我们呼吁成人能进一步研究儿童的精神世界,并通过这种研究找到反躬自省的新途径,找到深入研究人类精神文化发展的新思路;我们呼吁成人能走入儿童的精神世界,按照儿童的本性实施儿童喜爱的并能有效促使儿童健康成长的教育,改变过去那种教育压迫儿童的状况。"

刘晓东教授后来的研究转向儿童文化,提出了如何处理儿童文化与成人文化的关系问题。提出的儿童文化与成人文化共生互补、相得益彰,这一观点受到很多人的认可(刘晓东,2005)。在这种观点下,钱雨结合现象学、自传研究、批判人种志与行动研究等方法,通过对儿童文化观的纵向和横向的研究,探讨了儿童文化的本质与发生机制。其论文的独到之处在于研究了儿童的语言、情感和艺术的发生与发展;认为儿童文化的发生机制可以从生物遗传和社会文化两个维度来建构。论文最后的落脚点在于基于对儿童文化的理解的课程重建,以瑞吉欧为摹本(钱雨,2008)。

于忠海从后现代立场出发,认为儿童与成人都是人生发展的一段时期,成人甚至可能一生都是儿童。成人与儿童是平等的,因此,在成人与儿童的互动中,两者是相互学习的关系。教育的理念在于,教育和教学,不直接关注真理的实现,而是强调意义的生成。对话是一种受到推崇的教学方式,在对话中反思成人的价值、观念,和儿童共同成长(于忠海,2009)。

还有的是从儿童的生活角度来研究儿童文化,如秦艳琼对中国童谣进行的研究。站在儿童本位的立场上,她对传统童谣、灰色童谣和现代制作的童谣进行了剖析,指出童谣是儿童在发展过程中不断调节主体与自然、个体与社会关系的实践中,升华出来的一种主动精神的展现,尽管这不是一种自觉的表达,但正是这种并非刻意为之的自然意识活动,才是儿童群体真正的精神追求。童谣在儿童成长中最重要的价值,在于它没有任何外在目的,只为儿童提供当下完满的体验。其突出的贡献在于提出"'无意思之有意思'才是童谣存在对于儿童的真正价值"这一观点(秦艳琼,2008)。

大体看来,学前教育关于童年和儿童文化的研究,几乎没有脱离刘晓东的理论假设范围。而这一理论框架,缺失了对童年和儿童文化所发生的社会背景和普遍的历史精神逻辑的考量,从而使得理论缺乏一定的历史感而不能上升到更高的普遍性层面。这不能不说是一种遗憾。

这一问题,同样也出现在教育史的研究中。教育史虽然对童年问题有所关注,但总的看来,似乎这一研究领域还处于边缘地位。这与国外丰富的童年历史研究是不相称的。教育史的研究内容包括传统的童谣、游戏和绘画,其研究的基本立场已经完全转向儿童本位,对传统成人本位的儿童观进行了批判。说明中国传统社会是个成人占据主导地位并以成人为中心的社会,儿童只是成人的附庸、成人的工具(杜成宪,2001;李屏,2005;张梦倩,2009)。

中国教育学者还比较关注西方现代教育思想中的儿童观。这方面的研究可以分为两个方面：一是对个别思想家儿童观的分析和介绍（王海玉，2010；王方，2010；王坤庆，2009；杨孔炽，1998；肖家楣，1998；郭法齐，2005；等等）；一是对西方儿童观发展历史进行了研究（郭本禹，1996；王小丁，高志良，2005；王昕雄，2008；方明生，2009；单中惠，2003；等等）。虽也有研究关注了儿童观与现代化的关系，但能够从现代性精神维度对儿童观加以分析的意识还是非常的淡薄。

能将童年与历史精神联系起来的作品还是在文学研究中。

樊国宾的博士论文《主体的生成》（樊国宾，2003），从现代性这个角度，对中国 50 年来的成长小说做了一番社会精神层面的探讨，研究中国现代化过程中人的主体性是如何确立的。成长小说作品的叙述范围和视角显然是超越了童年问题，但作者通过作品分析所建构的中国主体性问题，无疑会对我们将童年研究与现代性并置，给予启发。作者通过对建国 17 年和"文化大革命"期间与改革后两个不同时期成长小说的分析，比较了个体主体性的生成情况，提出了一个当下中国异常尖锐的问题：在社会跨越了对精神之父的统一意识引领之后，在改革时期的现代化发展新时期，个体怎样在一种伦理团契的文化情景中，实现自由（选择）与权力规训矛盾下"主体"的辉煌生成？这一问题难道不是我们教育中应该思考的问题吗？苏联教育家阿莫纳什为利就曾以此作为自己教育实验的价值追求，获得非常动人的教育成果。

成人主体性的缺失，相应地也会体现在对儿童个性的压抑上。20 世纪中国文学的发展，先将儿童作为反映社会现实批判传统文化的媒介，后又对儿童和儿童生活本身加以关注，再到重视儿童本身的经验和感觉，这反映了社会儿童观的变化（王黎君，2007）。但从儿童文学的人物形象分析，不管是在什么样的儿童观背景下，中国儿童文学中的儿童形象是整体性和模糊性的，没有鲜明的个性，这是否是因为成人主体性的缺失？这从一个方面说明了当前社会的儿童意识。因此，具有独立人格的个性化的儿童，才是儿童文学应该塑造的形象（王永洪，1999）。

综上所述，国内外研究已经为我们研究现代教育问题提供了非常宏观的视野。但从现代童年的产生来看，当前教育基本理论研究中还存在两个基本的问题。首先，未能把儿童及其生命和生活状态作为教育和教育理论研究的出发点，教育者的眼中只有"人"而没有儿童，忽视了学校教育对象的特殊性，必将造成理论上的误解和实践中的偏差。其次，对于童年没有将之放在历史的境域中进行考察，缺失其发生发展的历史精神逻辑，这就造成理论建树上的

疲弱无力。这两点迫使我们反思教育基本理论的研究是否可以开辟新的
方向。

三

1. 什么是现代性

（1）"现代"是一个时间概念

既然是时间，也就意味着历史。对于任何当下的历史而言，都可以谓之以
"现代"；而已经过去的即"前现代"，还没有到来的就是"后现代"与"未来"。随
着历史时间的展开，"现代"是不断流动着的时间片段，从"过去"中走来，向"未
来"走去。它存在于当下，又超越于当下。在时间形式上，任何一个"现代"都
是一样的，而在内涵上，每个"现代"都是新的，充满了开放性。

"现代"之所以要从时间中分离出来，是为了与过往和未来保持距离，以便
确定自身。而因为现在是产生于过去，所以，定位什么样的过去，对于了解或
期望现在与未来的可能性就至关重要了。如 16 世纪的人可以选择古希腊为
过去，反思"现在"的生活状态和精神品质；19 世纪的浪漫主义派选择将中世
纪看作与当前相比的过去，批判当前的主流规范"古典主义"。因此，"现代"这
个词从出现伊始，就具有了反省自身、超越自身的批判意识。当然，这种批判
反省的对象是时代的精神特质，而不是作为历史时间或年代学定位的"现代"。

从"现代"的词源学来考察，文学史家耀斯考证出，modernus（现代）一词
于 5 世纪末首次出现，其时为古罗马帝国向基督教世界过渡的时期，基督教
时代引出了 antique（古代）与 moderni（现代）这对语词及其用法，意思是要把
已经皈依"基督教"的现代社会与仍然属于"异教"的罗马社会区别开来。打
那以后，"现代"一词在内涵上就有意识地强调古今之间的断裂。[①] 刘小枫认
为，在汉语思想织体中，"现代"的语义可以追溯到先秦时代。《庄子·知北游》
中那位以道家口吻说教的孔子自信地说：古之人，外化而内不化，今之人，内化
而外不化。与物化兴，一不化者也。安化安不化，安与之相靡，兴与之莫多。
这也是讲古今的差异。[②]

（2）现代性是一种时代的精神气质或品质

福柯说，现代性应被看成是一种态度，这种态度是指对于现时性的一种关

---

① 于尔根·哈贝马斯：《现代性的概念——两条传统的回顾》，上海：上海人民出版社 2002 年版。
② 刘小枫：《现代性社会理论绪论》[M]，上海：上海生活·读书·新知三联书店 1998 年版。

系方式：一些人所做的自愿选择，一种思考和感觉的方式，一种行动、行为的方式。它既标志着属性也表现为一种使命，当然，它也有一点像希腊人叫作ethos(气质)的东西。①

查尔斯·波德莱尔是第一个正式使用"现代性"一词的人，他所使用的"现代性"就是指这样一种精神气质，它表现为艺术创作中一种新出现的风格。这种风格通过时尚描摹永恒，改变了以古代来表达不朽的经典艺术表达方式。

对于波德莱尔而言，"过渡、瞬间即逝、偶然性"与"永恒和不变"构成现代性的两维，由前者到后者构成现代性的一种循环往复运动。成为现代的，并非指承认和接受这种恒常的运动，恰恰相反，是指针对这种运动持某种态度。这种自愿的、艰难的态度在于重新把握某种永恒的东西，它既不超越现时，也不在现时之中。它有别于时髦，后者只是追随时光的流逝。它要把握的是现时中的"英雄"。换言之，现代性并不是一种对短暂的现在的敏感，而是一种使现在"英雄化"的意愿。②

波德莱尔的方法：从偶然中发现必然，从瞬间体会永恒，这说明，成为现代人，并非接受身处消逝的时光之流中的那种自己本身，而是把自己看作一种复杂而艰难的制作过程的对象；用当时的语汇来说，就是波德莱尔所谓的"追求时髦，讲究穿着"③。现代性在这里，表现为"并不在人的自己的存在中解放人，它强制人完成制作自身的任务"④。这就是启蒙理性。

启蒙运动时期，康德曾提出理性批判作为人类自身解放的基本途径。他认为人的不自由、受奴役，其原因不在于缺乏理智，而在于不经别人的引导就缺乏勇气与决心去加以运用。这是一种"不成熟状态"。如果"我有一部书能替我有理解，有一位牧师能替我有良心，有一位医生能替我规定食谱，等等；那么我自己就用不着操心了"⑤。这就是"未成年"状态。因此他呼吁："Sapere aude! 要有勇气运用你自己的理智！"人要公开自由地运用自己的理性，使自身由不成熟的未成年状态发展为成熟的成年状态。

对于如何理智，康德做了仔细的研究，提出了他厚重的"三大批判"说——

---

① 杜小真编：《福柯集》，上海：上海远东出版社1999年版。
② 杜小真编：《福柯集》，上海：上海远东出版社1999年版。
③ 杜小真编：《福柯集》，上海：上海远东出版社1999年版。
④ 杜小真编：《福柯集》，上海：上海远东出版社1999年版。
⑤ 康德：《康德历史理性批判文集》，何兆武译，商务印书馆1996年版，第22—31页。

纯粹理性批判,说明了人类认识自然的限度;实践理性批判,说明了人类道德的条件;判断力批判,通过审美判断,弥合了前两者的关系,探索人类自由的条件。所谓批判,就是设置限制和提供条件,即确定在什么条件下运用理性才是正当的,以断定人们所能认识的、应该去做的和准许期望的东西。教条主义和他律则是对理性的不正当使用,加上想象而产生的。①

康德对现代性问题的描写和解决,使得理性及其批判成为"现代性"的基本品质内涵,成为哲学"现代性"思辨的主旨和方法。

然而,这一理性批判的方法也是在不断发展中的。波德莱尔和哲学解释学的方法是其一;后现代的方法,使理性批判的方向,由外在而转向内在,是其二。"如果康德的问题是弄清认识应当避免超越何种界限,那么,我认为,在今天,批判的问题应当转变为更积极的问题:在对于我们来说是普遍的、必然的、不可避免的东西中,有哪些是个别的、偶然的、专断强制的成分。总之,问题在于把在必然的限定形式中所做的批判转变为在可能的超越形式中的实际批判。"②批判由寻找具有普遍价值的形式,转向"通过使我们建构我们自身并承认我们自己是我们所做、所想、所说的主体的各种事件而成为一种历史性的调查"。这时,批判在其目的性上是谱系学的,即"它并不会从我们所是的形式中推断出我们不可能做或不可能认识的东西,而是从使我们成为我们之所是的那种偶然性中得出不再是、不再做或不再思我们之所是、我们之所做或我们之所思的那种可能性"。在其方法上是考古学的,"意指:这种批判并不设法得出整个认识的或整个可能的道德行为的普遍结构,而是设法得出使我们所思、所说、所做都作为历史事件来得到陈述的那些话语"③。

按照哈贝马斯的分析,现代性的哲学批判有两条传统:一条被称为古典的现代性,即立足于社会解体的经验和对普遍主义规范的破坏;另一条被称为后现代理论,其关注的主要是排斥法——也就是说,关注的是那些没有被意识到的规则系统的排斥特征。这一理论被称为再情景化理论。④哈贝马斯的说法和福柯的观点在某种程度上是一致的,分别阐述了批判的不同时代特点。

所以,虽说"现代"在时间维度上没有特指,但"现代性"却特指源自 18

---

① 杜小真编:《福柯集》,上海:上海远东出版社 1999 年版。
② 杜小真编:《福柯集》,上海:上海远东出版社 1999 年版。
③ 杜小真编:《福柯集》,上海:上海远东出版社 1999 年版。
④ 于尔根·哈贝马斯:《现代性的概念——两条传统的回顾》,上海:上海人民出版社 2002 年版。

世纪西方启蒙运动的品质和精神状态。这种以理性批判为总的思维方式的社会特征,开创了人类历史的新纪元。

启蒙运动既是精神性的革命,又是实存层面的社会变革。与文艺复兴和宗教改革相比,启蒙运动的重要性首先在于,它不是欧洲历史的一个暂时性插曲,而是划时代地全面更改生活世界:它给一切可称之为现代思想和社会生活之问题盖上了日戳。在启蒙时代,种种现代性问题才开始萌生,而种种解决这些问题的尝试亦随之出现……现代性问题的出现和积累及其解决尝试的不断更新,构成了现代思想的基本语境。

> 启蒙运动是欧洲文化和历史的现代时期的开端和基础,它与迄至当时占支配地位的教会式和神学式文化截然对立……启蒙运动绝非一个纯粹的科学运动或主要是科学运动,而是对一切文化领域中的文化的全面颠覆,带来了世界关系的根本性移位和欧洲政治的完全更改……启蒙运动的基础在17世纪以及更往前的文艺复兴,其繁盛期在18世纪,衰落于19世纪。①

从以上论述中,我们现在可以理解对于现代性的种种说法,如"现代性"全然不是自然时间或历史学家用于划分年代的刻度,而是支配笛卡尔以降整个西方哲学的关于理性和启蒙的思想主线;②"现代性"根本就不是一个构想,而是一个问题,③等等,这些所指何为。

对于中国的现代性,比较具有代表性的观点是:中国的现代性是作为一种另类的现代性而出现的,它实际上已经消解了西方中心主义意义上的所谓"单一现代性"的神话,成为全球范围内的多元现代性的一部分。并将中国的现代性解构为三种状况并存的局面:在北京、上海、深圳以及其他沿海城市,后现代症状十分明显,仿佛西方发达的大都市一般,但是内地的许多中等城市却依然处于现代化的初期,并试图实现一种真正的现代性。在边疆地区和少数民族聚居的地方,前现代状况依然存在。④

---

① 刘小枫:《现代性社会理论绪论》[M]。上海:上海三联书店1998年版,第175页。
② 江怡:《理性与启蒙:后现代经典文选》[M]。上海:东方出版社2004年版。
③ 刘小枫:《现代学的问题意识》[J]。《读书》,1994年,第5期。
④ 王宁:《重构中国式的另类现代性——王宁教授在拉丁美洲科学院的讲演》,《文汇报·文汇学人》,2011年6月21日。

　　如果从"现代性"的时间维度而言,凡出现在现代这个时间内的社会品质都可以称作现代性的话,这种说法没有问题。但如果从上文所分析的"现代性"这一概念所表达的特殊的精神气质和社会意识而言,从"现代性"所具有的必需的理性批判意识来看,这种分类过于简单。

　　法国作家、思想家马尔罗曾经说过,俄罗斯从来没有过文艺复兴,也没有过雅典。这话当然不适用于俄国,却适用于中国,而且还得补上,中国不仅从来没有过文艺复兴,也从来没有过启蒙运动;不仅没有过雅典,也没有过耶路撒冷。……汉语文学不曾有过文艺复兴、启蒙运动、宗教改革、前现代化,这一切也许会聚集在即将到来的世纪末和世纪初一起发生。①

　　从"现代性"的发生学意义看,中国的"现代性"是个大问题;但从中国所面临的特殊的现代化问题而言,中国"现代性"的产生又是必然的,且具中国特色的。从这个意义上讲,中国对目前时代问题的了解和把握是否准确,能否有效地解决这些问题,是我们现在所应该真正关注的问题。也只有在理性批判实存问题的基础上,才可以在某种程度上对全球化的"现代性"思想有所贡献,真正做到多元中的一元。

　　2. 童年

　　童年指儿童的生活。儿童的生活是怎样的,这往往不是由儿童自己来决定的。也就是说,童年往往不是一个自觉的、独立的状态,成人的态度起着决定性的作用。因此,不同的文化对童年的界定是不一样的,也就出现了童年的现代和前现代以及后现代这样的区分。每个不同的童年界定后面,更多的是社会文化的精神内涵。分析童年的概念,就是分析这些文化中成人对童年的态度和观念。

　　所谓现代童年,指启蒙运动以来的具有现代性品质内涵要求的对儿童生活的态度。这个态度一方面表现在尊重儿童生理发展的特殊性,另一方面,从现代性出发,因对成人概念发生变化而关照到儿童的生活和儿童的成长,即关注理性和自由的意识和习惯如何从童年开始生发出来。这就造成现代童年与非现代童年的区别。

　　根据理性的发展,对童年的时间界定还有一些差异。比如在许多国家,童年的结束是由法律来决定的。法律决定了一个人有能力负法律责任的时候,即能够对其道德行为获知和反省的时候,就是童年结束的时候。每个社会不

---

　　① 刘小枫:《这一代人的怕和爱》[M],北京:华夏出版社 2007 年版,第 246、257 页。

一样,这个年龄可以是 13 岁,也可以是 21 岁,大部分是 18 岁。同一个社会不同的时代也会有差异,如根据 19 世纪英国一般法,7 岁前的儿童犯罪应豁免,1933 年这个年龄提高为 8 岁,1963 年提高至 10 岁。现今,我们普遍采取联合国儿童权利大会的定义,将从出生到 18 周岁这一时期规定为童年期。

长期以来儿童对于自己的生活没有发表意见的权利,处于失声状态。20 世纪后半叶以来,受到民主运动的影响,这一状况开始出现变化。1973 年,夏洛特·哈德曼(Charlotte Hardman)进行了一项极具开创意义的人类学研究,揭示了妇女和儿童在历史中的沉默现象。他认为这种沉默是应该被纠正的东西,也就是说,当我们在进行童年研究的时候,应该从儿童自身的角度进行研究,而非将儿童作为成人社会的容器。

Jens Qvortrup 也认为,西方历史从某种程度上可以看作不同人群获得"倾听"的历史。而儿童的声音是否被合法地倾听了呢? 正面的观点认为儿童得到了倾听,儿童的权利在我们这个社会各种政策、制度中都得到了尊重。反面的观点则认为,这种倾听并不如我们想象的那样完美,它并非来自于儿童本身,而是基于成人的视角达成的,并且正是成人从自身的角度判断儿童权利得到了尊重。Qvortrup 在一篇文章《国民社会核算数据中儿童的声音:一个对儿童话语权的呼吁》中称,成人社会在很大程度上将儿童进行了"保护性的排除",这种保护随后成为限定自由的基本条件,同时也会导致儿童自主性以及能力的缺乏。对于成人世界而言,成熟是自由的条件,这种观点决定了现有的童年理念不是出于儿童自身的利益,而仅仅是出于维护现有秩序的考虑。作者揭示出现有社会统计核算中儿童的沉默和缺失,主张应让儿童有机会能发出自己的声音。[①]

基于童年立场的研究范式基本成形,它主要存在于社会研究领域中,有如下几个关键特点:第一,试图将童年理解为一种社会结构,而非自然而然的东西;第二,试图将童年理解为一个社会分析的变量;第三,试图从儿童自身的视角进行研究;第四,试图将儿童视为一个能动的主体;第五,十分重视人类学及田野研究的方法;最后,试图融合"双重解释"理论,即理论的建构在某种层面上也是响应和参与实践层面的变革。[②]

① Allison James, Alan Prout. Constructing and Reconstructing Childhood: Contemporary Issues in the Sociological Study of Childhood. London: The Falmer Press. 1990. 78 - 99.

② Allison James, Alan Prout. Constructing and Reconstructing Childhood: Contemporary Issues in the Sociological Study of Childhood. London: The Falmer Press. 1990. 8.

当儿童自身的主体性被提出来,不仅意味着童年理论的建构将从儿童自身来进行,关注儿童自身的理解,而且意味着对成人文化和成人社会开始进行批判和反思。如果儿童的成长,在现代社会当中,不是如我们原先所想象的那样无声的、具有依赖性的,那么儿童的世界究竟是怎样的?他们(儿童)和我们(成人)之间是什么关系?他们又是如何看待成人及其社会的?这些看法及他们真实的成长状态,会对我们看待他们与我们之间的关系产生什么样的影响?

借用人类学的术语,儿童作为重要"他者"的意义已经发生了转变。卢梭和皮亚杰都认为:儿童是以自己的能力来思考运作的——儿童不应该仅仅被视为尚未成熟的大人,拥有不完备的成人能力而已。就像其他有生命的生物一样,儿童必须在他们生活的环境里求生存;他们思考的方式虽然不同于大人,却容许他们有能力去运用它们以求生存,并且追求伟大的真实兴趣。[①]

这一立场,这一观点,重重地敲打着今天成人宰制下的学校教育,也是现代教育学发展的基本线索。

3. 童年与教育学

上文所言,现代性既是不断发展的,又有其核心的特质。这种核心特质取决于启蒙运动以来,人们对"什么是成人状态"的根本反省。而这种有意识的反省,凸显了个性和主体性、民主与自由的价值追求。

教育是一种启蒙的机制,因启蒙运动的影响,学校教育受到格外的重视。康德就将启蒙运动定义为人类从自我强迫托管中出现的智力运动。在更广泛的意义上,启蒙和教育是同义的。狄德罗在为百科全书(启蒙运动的基础,1751—1772 年出版)的序言中写道,计划是使未来的一代更文明、更有美德、更幸福。他及其同事将自己看作教育学者,他们的任务是解放人类。为了教育民众,他们相信,人类必须从教育其年轻一代开始。18 世纪教育学成为有自身权利的一门科学,赫尔巴特的教育学是启蒙教育学,它是现代教育学出现的标志。

从启蒙教育学开始,教育学的最主要特征在于它对童年的看法上获得了现代性的内涵。它的教育哲学,赋予童年以新的意义。在现代教育学看

---

① 约翰·克莱佛雷、丹尼斯·菲利普斯:《西方社会对儿童期的洞见:从洛克到史巴克具有影响力的儿童模式》[M],台北:文景书局 2006 年版,第 131 页。

来,儿童的生活是非常重要的、有意义的,它是理性缓慢发育和发展的关键时期。

1693年洛克出版了他的《教育漫话》,这可以看作启蒙教育学的发端。洛克对儿童的看法,一改以往的观念,他提出了著名的白板说,认为儿童先天是一片空白,而不承认先验的灵魂之说,也不承认原罪说。他的这一提法具有现代开创性的意义,一方面,提出解放儿童的身心,培养儿童的理性精神,他对儿童的看法是乐观积极的;另一方面,将教育的地位提高到前所未有的地步,社会的改革可以指望教育来教育出合目的性的公民来。

1762年,卢梭的《爱弥儿》出版,使得先前所有关于教育的思想理念统统作废,这是启蒙运动史和教育史上的又一件大事。它的革命性的观点在于,儿童的天性应该得到自由的勃发,理性蕴藏于自然天性之中。当儿童得到适于其天性的教育时,儿童才能获得自由的概念,并形成独立的习惯。童年不应该受到忽视,不应该被当作成人般要求和训诫,儿童就应该成为儿童的样子。儿童不像儿童的样子,则成人就不像成人的样子。

洛克提出的经验说,认为教育应该重视儿童的后天经验,这为现代教育学的发展提供了一条路径。因此后来演绎出"什么知识最有价值"的课程理论,他们相信教育经验对儿童的塑造作用。卢梭提出的自然教育、重视童年期的方法,成为现代教育学发展的另一途径。对儿童天性的赞美和对童年理性的态度,深刻影响了后来西方教育的思想,比如裴斯泰洛奇、福禄贝尔和蒙台梭利,等等。

1770年到1830年这段时间被称为德国的"教育学时代",一群人组织了一场被称之为"泛爱主义"的教育运动,代表者巴什多。他们旨在普及大众启蒙,所以创造了新的大众教育的方法。康德曾对泛爱主义运动深切关心,并亲自发动对他们的支持和募捐活动。并且在泛爱主义运动如火如荼时期,还亲自撰写了《论教育学》以示声援。这说明当时的社会已经普遍认为启蒙的任务应该落实到教育中来。这一"泛爱主义"运动,在实践中改变了卢梭的很多浪漫主义的设想。要在一个专制的社会中如何培养自由的人,确实需要重新思考。

最后,这一问题被赫尔巴特所解决。赫尔巴特是启蒙运动最后的教育家,他关注的是如何通过系统的知识教学来向儿童审美地展示世界,形成儿童广阔的思想范围,培养儿童理性的判断力,形成明智的行为,最终在内在精神和社会生活两个方面都获得自由。他的著作和学说,传播到了德国以外的其他地区。可他影响深远的是对他教学论思想的模式化和教条化,整个鲜活的教育学思想却被抽空了。

综上,现代教育学的出现完全可以看作启蒙运动的结果。由于现代性对社会各领域的影响和渗透,启蒙之后的"现代"社会便与以往截然不同了。这就决定了现代教育的基本特征。现代教育在形式上,从社会整体中脱离出来,和经济、政治、伦理、审美和宗教等一起成为人类总体实践的一个独立领域。这意味着教育有了自身实存的目的和意义,需要研究自身的逻辑规律。当教育获得自身独立性时,教育学研究自身问题和解决问题的思想与行动,他们本身反映的乃是"现代性"的一个特殊的面相,是"现代性"在教育领域中的特殊反映。

现在,教育学面临着一个非常重要的问题:自由教育的传统在新世界中何为? 雅斯贝斯就曾有过这样的担忧,这表现在他对现代性以来教育界所发生的变化的一番描述中。①

在传统意义上,教育是使文化在个体身上重演的过程(当然这里指的是广义的教育)。一个人通过文化使自身与世界连为一体,并进行自我确证。"他在何种程度上能够成为他自己,这与该世界的清晰与丰富程度成正比。"世界是目的论的,教育就是这个有目的地构建起来的世界整体中的一部分,服从于共同的目的。这"意味着前后相续的每一代人都诚挚地融合到整体的精神中去"。但是,当这个共同体变得成问题了,"而且还处于解体的状态之中,那么,教育也就变得不稳定和被瓦解。它不再使孩子们去领略包括一切的整体的崇高,而是有着模糊不清、五花八门的结果"。

首先是教育信心的变化。共同体的破碎,使生活和生命的意义产生问题,造成社会普遍的焦虑不安的情感。这种情感造成两种行动反应:一些人会回顾既往,把他们自己不再视为绝对的东西当作绝对而教给孩子;另一些人则会拒斥这一历史传统,把教育当作完全与时代无关的事业来对待,好像教育的内容仅仅是专门技艺的训练和实际知识的获得,以及给予孩子足以使他对当代世界取一种见解的信息。由于教育的实质内容已经无法取得统一意见,人们又不得不做些什么,人们也就放弃了对实质内容的探讨,不得不把注意力转移到无休止的教学法实验上,"这个教育的解体所形成的是种

---

① 以下对现代教育的讨论,均引自卡尔·雅斯贝斯:《时代的精神状况》[M],上海:上海译文出版社 1997 年版,第 94—104 页。

种无关宏旨的可能性"。

其次,在具体的学校操作层面,这种由于共同体精神的失落而造成的问题,还表现在:教师队伍东拼西凑,彼此不能理解,受制于机械、呆板的教学课程;学生只有面对那种空洞说教的服从,而这些说教间并不属于一个共同的体系;向青年人提出的是记取事实材料的巨大要求,结果是使不成熟的头脑高度紧张,而同时却并未对他们的真正存在发生任何影响;孩子们发现他们所面对的是一个支离破碎的世界,而不是可以使他充满信心步入其中的世界。

最后,共同体精神的衰落对教育影响的深刻性,最终反映在教育品位上。当群众的要求决定了教育的性质时,教育的品味变得庸俗了。"群众要求只涉及平常的事情,人们想要学习的东西是将在生活中实际可用的东西。"这样的教育不能给孩子们真挚、伟大和高尚,不能以永远不会被遗忘的方式影响其个性。如果国家干预教育,控制对教育的支配权,平静而强有力地按照自己的目标塑造人格,那么这种按照标准化的模式塑造人的行为,将使得精神自由被作为代价而牺牲掉。

一个拥有充分个体自我的人是现代人的标准,现代教育就是能够"培养出拥有充分的个体自我的人"的教育。传统自由教育如何转变为现代教育? 也许杜威能够给予很好的回答。

四、本书的主要内容和基本结构

启蒙运动以来,"现代性"成为时代精神的内涵。在现代性发展的不同阶段,具象纷呈不一,但基本要求是个性独立、理性思维和意志自由。正是由于"现代性"的出现,"个体的人"的形象才从模糊的群像中清晰起来;也正是"个体人"的出现,才接二连三地出现了对不同性别、不同阶层、不同民(种)族和不同年龄段人的关注,这是现代童年出现的前提条件。中国自清末以来就开始的百年现代化过程,"现代性"的精神特质是如何渗入文化、教育和社会生活之中,改造着人们的自我意识和普遍的心理意识结构的呢? 它对中国人童年的影响是什么?

现代童年与传统童年的区别,不仅仅表现在时间段的不断延长、对童年特殊的保障性制度的社会建构、使儿童成为儿童的样子,它们的差异还主要表现在现代学校教育对童年的潜在建构和影响上。建立现代公共学校教育制度，一方面对儿童加以保护，另一方面将儿童塑造成自由社会的公民。如何一方面既"让儿童成为儿童的样子"，拥有自己的生活；另一方面又要使其理性的萌芽健康发展而独立成人、参与社会实践、进行社会生活、解决社会问题，这是现代学校教育的两大使命。对如何成为现代人的研究成为现代教育学发展的基本线索。

当下中国社会现代化发展的特殊性给童年造成诸多的问题，如经济利益（金钱）至上而导致人际冷漠、友爱的缺失；以及工具理性膨胀、解放理性不足等问题，童年被应试教育不断挤压和异化，学校教育的目标扭曲，令人痛苦。这是一个儿童不像儿童、成人不像成人，成人儿童化（不负责）、儿童成人化（将所有的社会负担全部压迫在儿童的身上）的特殊童年现象。而按照卢梭的现代儿童观，如果儿童不成为儿童，则成人也不会成为成人。所以中国学校教育的现代改革，应该关注童年问题。由于中国传统绝然相异于西方现代性，在古今中外的各种状态下，研究如何基于现代童年的基本理论来发展当下中国学校教育，使教育现代化不仅仅是物质层面的更是精神层面和文化层面的，是一个既有现实意义又具有理论价值的问题。

从当代的教育问题来看，我们理解当代孩子和他们的生活吗？如果我们不了解，我们的教育又是建立在什么基础上的呢？全社会都在谈人性，谈了这么久，我们究竟解放了谁？是成人还是小孩？对于社会现实，是"问题成人"造成了"问题小孩"，还是"问题小孩"导致了"问题成人"？当学校教育成为童年建构的主要力量时，它该还给儿童什么样的童年？

本书站在教育学的立场上，从以下角度对现代童年问题进行分析：

绪论部分交代了研究的缘起和该论题的研究状况；界定了现代性和童年的概念，分析了现代性、童年和教育学三者之间的关系，指出培养理性自由的人是现代性规定的现代教育学的基本研究目标。童年和教育学的出现都是现代性的后果。表现在现代童年不同于传统童年，它强调相对于成人期与成人社会的相对独立性和重要作用。现代童年要求得到社会物质保障，成为现代社会生活和人生不可缺少的一个重要的组成部分，并要求现代学校教育成为构建童年的一个特殊社会组织或制度。现代教育学从童年的理性存在出发，研究如何确保儿童成长为成熟状态的理性成人，一个现代人。

第一部分从多学科的视角,分析对童年概念的不同界定。这些学科包括心理学、人类学、史学和文化研究。心理学研究主要侧重于儿童在与环境的互动过程中如何发展认知,得出许多规律性的结论,曾在 20 世纪深刻影响了教育学的发展。人类学研究有英美两派,其观点和童年研究的路径分别为:儿童是原始野蛮人和童年的文化多样性。这两种观点正好相左,一方是西方中心,另一方却是消解西方中心(西方中心的意识形态即以现代性之理性为发展目标)。史学从儿童与成人的关系出发,将童年明确从人生和社会中分离出来的现象看作现代性的表现。童年是社会建构的。文化研究则主张基于儿童立场的童年研究,认为儿童应该对自己的生活说话。从现代童年出发,学校教育应该改变成人类中心的意识和教育实践。而对中日两国传统童年的研究,则对现代性童年的观点提出了异议,认为东方传统童年拥有一个温馨的人文环境。提出东方现代化的同时,应从传统中寻找资源解决现代童年出现的问题。这些对童年的不同界定,丰富了我们对当前童年状态的理解,也提供了观察和分析我国童年现状的理论框架。

第二部分论述教育学对童年的理解。现代童年的一个最大的社会建制,是公共学校教育的出现,一方面将儿童保护起来,另一方面将之教化成理性的成人,为社会公共生活负责。如何教育儿童学会过成人的生活,这是教育学研究的基本任务。研究选取了西方教育学对儿童教育深具影响力的三位代表人物,卢梭、赫尔巴特和杜威,分析他们对现代童年意识的贡献。卢梭指出童年对于成人社会的意义,提出要让儿童成为儿童的样子。同时提出如何顺应儿童的天性,通过消极教育获得成人后的自由与理性。赫尔巴特思考如何在一个专制的社会培养内心自由的理性公民。他将社会理想转向教育学领域,思考"理性"所需的判断力如何形成,如何在社会实践中实现。杜威认为人类解放的标尺在于经验的生长。人是在实践的过程中获得经验生长的,因而教育应该为学生提供实践(社会实践和日常生活实践)有选择的环境,保护和发扬儿童参与实践的积极性,在实践的过程中提供抽象思维训练的机会,以使儿童的经验不断发展,最终构建自主成长的能力和态势。三者的教育理念是启蒙运动精神的表现,这对我们思考当代走现代化道路的中国社会发展和教育改革提供了批判和反思的经验。

第三部分描述中国现代童年的启蒙过程。中国现代童年启蒙于清末民初,它存在于知识分子的思想情怀和文学想象中,分为几条线索。首先是梁启超的"少年中国说",将社会的未来希望寄予少年人,改变了中国传统社会前喻文化的特色,这是整个社会风尚的导向。随着西方现代性读本以小说形式进入中国,中国新文化运动开始发动起来。其中以冰心"童心母爱"为代表的文学表达形式,开一代文体之先河,影响了大半个世纪的中国。而另一种童年现代性的表现来自日本留学生周作人对人类学的兴趣。认为童年就是人类的原始阶段,儿童的书就应该是那些"没意思的有意思",让儿童回到自己的童年中自在地生活。他宣扬这种非功利的生活态度,以之作为成年人的榜样。最后是进步教育所构建的童年。论文以叶圣陶为代表,他做过小学教员,了解儿童;给儿童写过童话和小说,描述过童年的状态;编过进步的课本,从事过出版行业,在语文教学方面有着非同一般的贡献,切实影响过童年的实践和观念;他与当时进步的教育人士们(如春晖中学的教员们)有密切联系,通过教育小说来述说着当时中国进步教育实践者的苦闷。叶圣陶的教育实践,是中国童年启蒙的第三条道路。这些"五四"前后对童年的理解,反映了中国传统社会现代化的真实状况。我们需要反思的是,当社会生产方式和生活方式发生绝然变化时,这些进步的童年观对当下还有什么样的意义呢?

本书第四部分首先研究新中国成立以来为保障现代童年幸福而在婚姻、家庭、儿童福利、儿童权利、教育等方面进行的制度建设,这是现代性童年合法化的确证。其次,从民间自发的教育实践出发,考察中国教育学如何一步一步向童年接近,并逐步建立其现代发展的基本问题和行动框架。改革开放初期的教育实验研究,探索的是教育科学规律。这里的科学规律指围绕知识教学所产生的一系列客观性知识。20世纪80年代后期开始的主体性教育实验,转向教育学自身特殊的对象——人,并将主体性作为教育的根本目标,发现教育现代化内涵发展的本质和基点。实验将主体性分解为各种素质并作为自变量,将学校教育手段如活动、课堂教学等作为应变量,探讨教育行动与主体性成长的关系。新基础教育从另一个维度,即生命发展的角度,探讨学校教育如何彻底改变师生学校生活的方式,促进自我意识和自我教育能力不同层次(由表入里)的提高,以促进儿童生命健康主动的持续发展。20世纪90年代末的新课程改革,高扬儿童中心的教育文化变革,以知识观的革新颠覆压迫着教育学,认为只有转变传统的知识观才是教育文化变革的根本。为了新的知识形态的落实,引进研究性学习以作为课程改革的方法论示范,希望从根本上改变儿童心灵受控制的学校教育现实。

本书最后对中国现代童年的历程进行了教育学反思。学校教育将是童年的一个特殊的场域,因此学校教育应立足于童年的立场来思考能够给予儿童什么,学校教育的方向是什么,学校教育的作用力在什么地方。

第一部分 现代童年问题研究

第一章 "进化"的童年

童年研究并不是一个传统的学术研究领域,它的提出和获得关注,得益于法国一个原本在本土并不非常出名的中世纪史和文化史学家菲利普·阿里耶斯(Philippe Ariés)。阿里耶斯于 1960 年出版了一本著作《童年的世纪》(Centuries of Childhood),1962 年译成英文版,在英语世界引起轰动。他将童年的历史置上了一个图标。此后,这一领域开始成为历史学家和社会学家新的研究对象,蓬勃发展起来。

第一节 《童年的世纪》

阿里耶斯的观点是中世纪没有童年。他主要采用欧洲中世纪的艺术作品(几乎全部是绘画,显示当时的儿童被描绘成小大人,模仿成人的姿态)进行分析。结果显示,当时的人们总认为儿童是很弱小的,可以忽略不计,可以随时消失。这些孩子一旦离开了自己的母亲、保姆或者其他人的怀抱,就可以被当作大人来看待。7 岁是童年与成年的分界线。因为 7 岁以后,儿童有能力帮助家长照看牲畜及田里的工作;但在知识上,父母和 7 岁的儿童基本处于同样的水平。这是因为欧洲中世纪的社会主要是乡村,大部分居民居住在小农场和村庄中,因此,教育——学习读写——是不需要的奢侈品。7 岁后儿童只需要像父亲般成为农民或手艺人即完成了童年期的教育任务。中世纪的学校里面不仅仅有儿童,还有很多 30 岁以下的成人。一个教室里学生水平参差不一,所以学生难以集中注意力,教师也难以管理。纪律是体罚,而且很严厉。据阿里耶斯所言,这种状况的改变要到 16 世纪人文主义运动及后来的 3 个世纪之后。直到 16 世纪，儿童才在艺术作品中被描绘成真正的儿童，有自己独特的服饰、文学和玩具。19 世纪出现了以儿童为中心的家庭，儿童被看作"没有完全准备好生活……是被特殊对待的事物，在加入到成人社会之前需要检疫"①。

童年的概念发轫于 1500 年到 1800 年间，童年的出现，其实是在儿童和成人之间进行了明确的界限的划分，这一切伴随着对儿童感情的增长。据阿里耶斯所言，当代童年和早期童年的区别在于对儿童的情感方面——通过教育，对他们进行情感的投资（如爱、时间和注意）。"在中世纪童年并不存在；这并不是说儿童受到了忽视、被抛弃或受到鄙视。没有童年概念是和对儿童的感情联系在一起的：这和对童年本质的特殊意识有关，这种特殊的意识将儿童与成人区分开来，甚至是最年轻的成人区分开来。在中世纪，这种意识是缺乏的。"②阿里耶斯考察了 17 世纪对儿童情感的变化，画家开始将儿童画成独立的个体。中世纪唯一的儿童是耶稣，僵硬得不像个孩子般的婴儿。17 世纪是欧洲历史上对儿童态度发生转折的时期，是现代童年的开始。

阿里耶斯对过去童年的否定，在一般公众的意识中和历史学界注入了一股黑色童年的传奇。阿里耶斯的贡献在于将童年看作一个社会建构的事物而不是纯粹的生物给定，所以童年史是一个重要的研究领域。

其实，阿里耶斯在做童年史研究时，其出发点可能是研究日常生活变迁中的心态史，也就是在一长段时间里，任何社会对人、事、物曾有的态度，以及这类态度转变的过程。这是 20 世纪 60 年代以来法国年鉴学派典型的研究主题。阿里耶斯最著名的研究并不是"童年的世纪"，而是《西方文明对死亡的态度》（"Western Attitude toward Death"）。他看待死亡，正如看待童年一样，是一种社会建构。在这本书中，他运用年鉴学派的史学方法，即从常常被人们忽视的、习以为常的日常起居，展现对某种东西，如死亡或儿童的态度和感受。譬如对于死亡，西方历史上就曾经经历过"恶生而好死"的阶段。对于童年，从完全不知道孩子是什么，到关注儿童，并倾注全部的情感，一直到对儿童加以保护却又限制和约束了儿童。这些心态史的研究和考证，说明他对以下这种现象的批判，即人类花了许多时间在想一些一辈子也许都碰不到用不着的东

---

① Philippe Aries. Centuries of Childhood[M]. New York: Vintage Books, 1962:412.
② Philippe Aries. Centuries of Childhood[M]. New York: Vintage Books, 1962:128.

西,却对身边的人、事、物不曾有某种清楚的察觉。①

　　当然除了心态史以外,还有社会史也会关注童年——它被包含在家庭结构变迁的历史研究中。

　　阿里耶斯对童年史的研究也受到了广泛的批评,主要在两个方面:一是他的观点和结论,二是他的研究方法。比如,对他的研究史料编撰的质疑就是其中之一。比较有影响的是 1992 年历史学家 Harry Hendrick 给"经济历史社会杂志"所撰写的一篇网络文章——《儿童和童年》,他列出了四项批评:"首先,他的资料不可信也不具有代表性。第二,他从文本中获取资料,将记录与实际混为一谈,使用非典型的事例。第三,他含蓄地否定了儿童对食品、衣饰、居住、情感和保护的特殊需要。第四,他过分强调对道德学家和教育家作品的重视,而对经济和政治因素几乎不谈。"历史学家 Geoffrey Elton 认为,阿里耶斯的历史证据有些问题。他将中世纪的肖像和墓志铭作为主要的分析资料,而中世纪的肖像主要是宗教作品,其次是市民阶层的家庭肖像画。作为宗教作品,自然含有宗教的目的和意图。它们解释宗教的主题,使用象征物来表现宗教的理念和故事。天真的、纯洁的和关涉灵魂的婴儿耶稣和儿童的圣徒绝不关联现实的儿童生活。作为当时处于上升时期的市民阶层,这些越来越富有的 15、16 世纪的商人阶层所要求的绘画,目的是显示自身及其子女的社会身份和经济地位。只有特殊的儿童被描绘出来,穷人的孩子和女孩子几乎不在其中。所以,阿里耶斯受到的批判是他没有考虑到阶级和性别的问题,没有考虑到请人作画也具有某种共同的政治和社会意图。当然他还忽视了其他的关于儿童的资料,如医药书籍将儿童特殊对待;15、16 世纪的法律制度对犯罪年龄的规定,等等。

　　尽管如此,他的著作仍然是被引用和被讨论最多的作品,此后的史学家们没有离开他所规定的童年史研究的方向,即"童年是社会建构的"这一基本命题。史学研究得出的结论可以分为两类:一类认定童年是一个现代现象,也就是说古代和现代的"童年"是断裂的。另一类强调童年史的连续性。

　　对于第一类研究,内容包括:弃儿、家庭结构、父母间的爱情、经济、社会和人口因素等。迪莫斯(Lloyd de Mause,1974)的著作《童年的历史》认为古代没有对儿童的爱,14 世纪前的穷人经常遗弃儿童;现代之前对儿童的体罚和

---

① 　熊秉真:《童年忆往——中国孩子的历史》[M],桂林:广西师范大学出版社 2008 年版,第 7—9 页。

虐待是非常普遍的。① 1976 年 Jean Elandrin 基于字典和百科全书的词条进行研究,发现:法国核心家庭的概念、对儿童的重视在 19 世纪才出现。对儿童关注增加的主要原因是 18 世纪晚期以来对出生越来越显著的控制,父母意识到如果儿童数目少的话,他们能更好地照顾他们。

加拿大历史学家 Edward Shorter(1995)认为,浪漫的爱、经济独立和核心家庭是现代童年形成的关键条件。1750 年左右,当婚姻不再是出于经济原因的考虑时,性爱是父母爱子女的前提条件。婚姻中的自由选择作为资本主义增长的结果而出现及工业革命的开端,使年轻人脱离家庭获得经济独立。这种个人主义可以允许夫妇两人开始他们自己的核心家庭,为儿童提供成人世界以外的受保护的天堂,家长能将时间和能量奉献给自己的子女而不受大家庭和邻居的影响。

然而,英国历史学家劳伦斯·斯通(Lawrence Stone,1977)则认为,核心家庭溺爱子女有一个很长的进化过程。这个阶段从 1450 年到 1800 年,斯通考察了家庭结构的变化。核心家庭的出现与"感情的个人主义"出现是同步的,使个人可以选择婚姻的对象,导致不断增长的核心家庭成员的影响(包括认可每个人的独特性)及儿童的特殊性。斯通考察了自由市场经济及其他的社会因素——如更多的人离开农村到城市——这些都是重要的使核心家庭出现的刺激。18 世纪还出现了人口的巨大变化。死亡率,尤其是婴儿死亡率下降,使因为之前儿童死亡带来的情感负担减少,这些都促成了对儿童的关爱和重视。

以上的研究说明,童年是一个有着前现代和现代截然不同意象的社会建构物。童年史的发展是人类文明和进步进化的表现,也即从另一个方面肯定了进化论的社会发展观。然而这种史观下的意识形态后来却受到了挑战。20世纪 80 年代以后,人们逐渐转变立场,运用历史资料来证明进化论的错误。典型的如波洛克(Linda Pollock)的《忘记儿童:1500 年到 1900 年的父母和子女关系》(1983)及《持续的关系:三个世纪以来的家长和他们的孩子》(1987)。通过对日记和书信的研究,她的结论是家长的感情和关怀从中世纪后期到 19世纪是稳定的。经济条件,如前订的姻缘和人口统计的因素,如高死亡率,很少影响父母子女的关系。当孩子生病时,家长表现了极大的关心,用尽各种方法来治愈他们。然而,这些个人记录只反映了社会较高阶层的状况,不能说明

---

① De Mause, L. , 1974. The Evolution of Childhood. *In* The History of Childhood. L. de Mause, ed. Pp. 1 - 73. New York: Psychohistory Press.

大众的现实态度,因为欧洲大众在早期现代化时期并不会阅读或书写。所以他们对童年的态度只能留给历史学家去推测。

对于进化论者所提出的中世纪弃婴行为是童年不存在的一个证据这个观点,波斯维尔(John Boswell)提出了不同的见解。他在著作《陌生人的好心》(1988)中强调,将婴儿丢弃到修道院的门口不是对婴儿缺乏爱,而是因为这些行为者都是穷苦人,他们更希望自己的孩子能在修道院的庇护下成长或被好心人收养。在《中世纪的童年》(1990)中,沙哈(Shulamith Shahar)研究了中世纪的医疗状况,发现家长非常关心后代的健康。家长的关心和保护在怀孕的时候就开始了,如母亲小心自己的饮食。以上这些研究者都对童年抱积极的观点;他们强调童年史的连续性。

20世纪90年代的童年研究又涌出许多新的时代主题,新的研究范式也提上了日程。

1994年,Ilana Krausman Ben-Amos出版了革命性的《早期现代的青春期和青年》,1996年Paul Griffiths出版了《早期现代英格兰的年轻人和权威》。通过个人档案和法律记录,两者显示阿里耶斯关于19世纪不存在青春期的说法是错误的,但他的有些结论却得到了证实。早期现代的年轻人离开家庭工作和生活,比现在的年轻人更多地被赋予独立性;然而,这并不是一种冷漠的表示,而是一种成人期的教育和准备。

阿里耶斯认为中世纪和现代早期社会缺乏对儿童的情感,这一观点受到非议。但他认为教育中缺乏对儿童的情感却是正确的。在19世纪晚期之前,即出现强制入学和对童工的禁止之前,教育机会只面向少部分人。20世纪60年代以后,对童年的历史研究有了许多新的方向:性别的形成、个性身份、性。这一世纪在理解和型塑童年方面起着特殊的作用。大战期间,新的科学,尤其是儿童心理学,弥补了旧的关于儿童的知识。随着福利国家的出现,这些知识通过育婴节目、护士上门进行婴儿护理和畅销的育儿书被传达给了家长。

20世纪快速的人口变化——低婴儿死亡率,低出生,尤其是二战后离婚率的增高,母亲外出工作的增加——这些都使历史学家转而去研究母亲和父亲角色转变与日托系统的发展。

英国历史学家Eric Hobsbawm称20世纪是"极端的年代",因为这一世纪有更多的人死于战争。毫无疑问,战争成为研究童年的主题。这些研究考察国家和国家间的孤儿项目或贫困儿童项目(一战后)与二战后的"战争儿童"。

在童年社会学的鼓励下,即儿童被理解为自己权利的社会行动者,英国历史学家 Harry Hendrick 提出在童年历史中儿童声音缺失的问题。因为儿童生活在口语文化中,留下儿童声音的文献资料很少——童年的历史几乎处理的都是成人的儿童观而不是儿童真实的生活。英国历史学家 Ludmilla Jordanova 就说"没有儿童真正的声音",即历史是历史学家间的结果,而不是过去儿童以自己的权利诉说的结果。因此,获得儿童的声音是历史学家努力的方向。将儿童带回童年的历史中,这就要求在研究方法上的革新,通过有系统地使用诸如书信、日记、回忆录等。如英国历史学家 Anna Davin 在著作《1900 年左右伦敦贫儿的生成》中大量使用回忆录就是一例。20 世纪大量新的资源,如摄像、录音带或问卷,都可以作为丰富的研究资料。

第二节　心理学的发现

心理学对童年的界定来自生物学的概念。它认为,童年在年龄段上是从出生到青少年期,它是和成人相对的一种生长状态。这个阶段,人的生理发展不成熟,稚嫩、脆弱、寻求依赖;和成年期的成熟、独立、理性是完全相对的。因此它们有着不同于成人的各种欲求,比如对食物和玩乐的要求、对情感的需求,等等。儿童向成人发展的生物学状态,是心理学童年概念的基础。发展心理学将童年细分为学步期、童年早期(游戏期)、童年中期(学龄期)和青少年期,并且认为这些阶段是循序渐进、不可逾越的。在心理学意义上,童年曾在一定的时期内,被当作人类社会发展的原始阶段的表征;而成人被当作人类社会发展的现代理性阶段的表征。

心理学意义上的童年观是一个进化论的观点,达尔文主义者认为高级生物胚胎追随物种进化的形式,人类由低等的灵长类动物进化而来。因此,儿童被比喻成一个"野蛮人",但这并不意味着"野蛮人"是一个消极的概念。对"野蛮人"是敬仰还是谴责,完全依赖于对文明的人的将来是持积极还是消极态度。如果儿童被当作高尚的野蛮人,那就表示对成人世界的唾弃;如果认为"野蛮人"是一种邪恶本能的魔鬼,那么则会用理性成人的标准来规范儿童。

20 世纪的心理学普遍持达尔文进化论的观点,即认为儿童的野蛮状态应是一种被改造的状态。美国心理学家霍尔就持有这样的观点。他追踪人类进化的过程,研究出生后儿童的心理发展。认为婴儿和儿童,即便是在文明的社会中,也提供了人类前期的发展线索。19 世纪 80 年代开始,霍尔领导了美国儿童研究运动。这一运动的目的是寻求对儿童更加科学的理解，以探究人类野蛮的前身。儿童代表了过去，出生后一下子被抛进了一个不可理解的文明的社会。所以，家长和教育者不可对他们施加自己关于儿童的想当然的概念。在对 8 到 12 岁儿童进行研究后，霍尔认为他们和成人的原有认识不一样。他们不是被动、温顺的，也不是狄更斯小说中圣洁的状态。相反，他们爱跑、掷、打架和组成帮派，生气勃勃。在本性上，他们是自私的，任何对他们施加的道德教导都会使他们成为假道学者。

因为是第一个宣称要科学理解儿童的人，霍尔对美国家长和教育者的影响巨大。他的学说有助于改革者们对青少年犯罪的宽恕和理解。他认为野蛮的孩子终归要成为文明的大人。在"基于儿童研究的理想学校"（The Ideal School as Based on Child Study）中，他为教育者提供了很多处理调皮儿童的方法。男孩们应该被给予足够的机会跑、掷和组织帮会。这不仅有利于健康，而且还提供机会引导野蛮的冲动为下一阶段的发展做好准备。但教育者在教室内要施加严格的纪律，因为学习不能等到青春期后再进行。而且他认为野蛮的儿童尊重权威，即使他们不喜欢它。对于教育者来说，最重要的事情是不要把孩子当作温顺的或圣洁的。像裴斯泰洛奇和福禄贝尔那样对儿童展示一种过度的情感，比将儿童置于更高标准的理性和道德标准中更有害。

桑代克认为儿童就如制陶匠手中的黏土，他认为可以通过使儿童建立刺激——反应的联结来训练儿童，使之学习成人。这个联结是增强还是减弱取决于一些学习律（效果律、练习律）。他否定了学习过程中的先天因素，认为重要的是搞清楚要建立什么样的联结，然后分解成小步骤进行。

华生是美国极端行为主义的奠基人，他认为要想了解人类，必须首先了解低等动物。他的行为主义的宣言是："行为主义者，致力于动物反应的特殊领域，认为人类和野兽间并无区别。"这一立场给了成人控制儿童的力量。巴普洛夫的条件反射实验更加强了他的这一观点。然后华生对儿童展开了一系列的实验。

1928 年，他出版了《婴儿和儿童的心理保育》一书，是提供给家长的教育手册。他建议家长将儿童看作"粗糙的物质"，可以按照他们合适的方式打扮他们。他警告家长，儿童的行为是可以控制的，只要提供合适的环境，儿童从中可以获得合适的反映。应该警惕母性情感和溺爱，它们将会使儿童不坚强、脆弱，剥夺他们对"世界征服"的机会。华生对儿童成长的主动性进行了仔细的控制和限制。通过操纵技术，家长可以创造一个儿童习惯的情感需求层次以满足技术效率的需求。①

弗洛伊德是心理学史上另一个对童年的观念有着深刻影响的心理学家。他的心理分析的观点认为儿童是性感的、妒忌的和怨恨的。他们非常自私、不成熟、脏、没有羞耻感、贪婪、残忍——这在他们自身与教育者间制造了冲突。尽管超我可能会扭曲个性，但对本能缺乏限制也会非常危险，结果可能会对儿童和社会酿成悲剧。他的另一个著名的观点是，童年的经历将会对成年期的心理发展和行为发展产生重大深远的影响。童年是成人的关键期，是后来成功或不成功的关键期。自我的发展，成人时期心理的福祉都隐藏在这一时期。所以，弗洛伊德一方面要求对儿童的天性持一种消极的态度，另一方面开发出潜意识理论，唤起童年经验以进行心理治疗。而这给教育者的启示却是，要倍加关照儿童在这一时期的环境、经历和心理发展，以及形成的自我意识。

当然发展心理学的这种进化论的意识后来受到普遍的质疑，因为它的特征在于将童年归纳为普遍的发展特征。而人类学的研究表明，不同社会和文化背景下的童年是多元的。有些社会根本没有出现童年的各种现代心理学分期的情况。在不同文化下，童年的阶段、时长和状态是各异的，不存在价值上的优劣。

---

① Charles E. Strickland. Children, American Attitudes Toward. Lee C. Deighton. The Encyclopedia of Education: volume 2 [M]. The Macmillan company & The Free Press, Pp. 86 - 89.

第二章 不一样的童年

从比较的视野来研究童年,是从不同文化和社会背景下探讨童年问题。这方面有人类学研究可以提供参考,此外比较教育在这方面也有议论。

第一节 文化相对主义的观点

人类学在对童年的社会性建构这一理念的论证和推动方面,作了很重要的贡献,尤其是在坚持文化差异和文化相关性方面。它们不断地通过对各种不同社会童年的研究来显示,儿童的生活不仅仅受生物方面的影响,不仅仅是遗传的产物,而且受着文化强烈的影响。

国际法规定的童年是 0—18 岁这个生命发展阶段,但这一规定没有任何文化意义。对于人类学家而言,最重要的观点是没有普遍的童年概念,对童年的认识必须根据其内涵和外在环境来进行。从已有的多样的民族志研究来看,童年的概念是多元的。这方面比较典型的是北美人类学文化与性格学派(culture and personality school)的相关研究。

一、儿童如何变成一个文明人

该学派的鼻祖弗朗兹·博厄斯(Franz Boas)对心理学关于儿童发展的生物性决定论观点提出质疑,在阿里耶斯之前就出版了《童年崇拜》一书。他的研究描述了非洲移民表现出的环境对人生理上的影响;通过东欧与南欧后代的父母与子女的比较研究,可以观察到在本土和美国出生的儿童的显性差异,诸如脸型改变的差异。通过研究,博厄斯认为许多重要的差异不是生理或种族的先天差异,而是环境差异。这些差异最能在儿童身上反映出来,因为就是在童年阶段,最重要的生理变化开始发生。

> "刚出生时,身体的体积和身高是非常小的,女生在 14 岁前发育很快,男生在 16 岁前。另一方面大脑在出生的前一两年发展迅速;但此后相对而言增长就小了。相似的脸部的生长在几年内发展很快,以后就慢

下来……事实是中枢神经系统持续结构性的发展,它显示了环境的深刻的影响力。"这一状况下,社会和地理环境必然对成人的身体产生影响,及他的中枢神经系统。①

　　儿童在这里成为环境对人影响的可靠见证。博厄斯对儿童和年轻人的这种兴趣,对他的学生玛格丽特·米德产生了非常巨大的影响。

　　正是在博厄斯的鼓励下,米德开始了她著名的萨摩亚人和南太平洋岛的研究。像博厄斯一样,她认为不同人群间的差异是文化的而不是生物的。她尤其关注儿童和年轻人,观察她们是如何成长的,他们的童年养育对他们成年的个性和行为的后果。前述美国同时期的著名心理学家和儿童研究运动的领导者霍尔(Hall,1904)认为:青春期是人生从童年过渡到成年的转折期,有独特的细节和行为,表现在青春期的生物变化方面。霍尔将这一阶段描述为狂暴的、充满压力的,而年轻人处在无法控制的强力的生理变化的碾压之中。尽管这是一个充满创造的时期,是后来个性发展的关键,但它既不稳定又很极端。②

　　米德就是要推翻这一普遍的生物决定论。她的名著《萨摩亚人的成年》(Coming of Age in Samoa),副标题就是"为西方文明所作的原始人类的青年心理研究",其目的在于,"希望能够进一步了解年轻人的性格、能力和健康在何种程度上取决于他们所学的知识,取决于他们生于斯、长于斯的那个社会的安排。"③她分析了萨摩亚女孩每天的生活,她是如何从一个婴儿长成年轻妇女的。她反对那种认为青春期是必要的充满压力和混乱经历的时期,并且声称青春期的行为是由文化环境而不是由生物变化引起的。在对萨摩亚的年轻妇女与女孩的近距离观察与讨论中,米德没有发现这种美国青少年生活中的内在张力。她指出造成美国青少年这种压力的两个因素,造成了社会和年青人之间的张力:美国宗教和道德之间巨大的选择差异;对性和身体功能的压制

① Boas, F., 1974[1911] The Instability of Human Types. *In* The Shaping of American Anthropology, 1883—1911: A Franz Boas Reader. G. W. Stocking, ed. Pp. 214 - 218. New York: Basic Books. 215.

② Hall. G. S., 1904 Adolescence: Its Psychology and Its Relations to Physiology, Anthropology, Sociology, Sex, Crime, Religion, and Education . New York: Appleton. xiv.

③ 玛格丽特·米德:《萨摩亚人的成年——为西方文明所作的原始人类的青年心理研究》[M],北京:商务印书馆2008年版,第15页。

态度。相反,她发现萨摩亚人的青春期是没有压力和紧张的,因为它对于儿童行为的文化期待及这些期待传递给孩子们的方式是不同的。很早孩子们就被教导为娴静、谦虚、安静、努力工作、忠诚于家庭,并且顺从。社会是同一的,只有一个信仰。男孩子很早就被分开,只跟同性伙伴玩耍。当他们长大后,再重新在一起,直到有了各自的爱人。情侣们之间的性事是不受关注的,只要他们还没有脱离一定的社会组织。

米德是第一个将儿童当作儿童的人类学家之一。[①] 她和萨泼(Edward Sapir)及露丝·本尼迪克特(Ruth Benedict)一起,成为文化人类学最杰出的代表之一,他们关注儿童如何成为一个文化的存在。Sapir(1949)认为人类学家应该研究儿童发展以理解文化的个别部分和整体之间的联系。本尼迪克特强调理解整个生命周期的重要性与儿童成为成人的方式,以及儿童和成人之间的相互依赖。在《文化的持续和断裂》(continuities and Discontinuities in Cultural Conditioning)(1938)一书中,她描述了男孩童年的特征是不负责任,顺从和性无知,这和从儿子转变成父亲后的责任、主导和男子气概是截然不同的,这是典型的美国式矛盾。儿童被鼓励以某种方式行为最终到达成年。本尼迪克特认为这种角色的变化可能是一种普遍的"生命的事实",但对于变化如何管理却有着文化方面的显著差异。使用非西方社会人种志的证据,她认为欧洲和北美之外的儿童在他们的文化环境中所经历的断裂并不那么剧烈,通过某些制度如入会式之类获得秘密的知识,人们可以从一种角色平稳过渡为另一种角色。

文化与性格学派认为,人类学重要的问题之一是一个婴儿如何变成一个文明人以及早期童年经历对成年后个性的影响,及对一个社会集体文化的影响。Kardiner 和 Linton 假设文化和个性之间有着特殊的关联,认为任何文化都有最基本的性格,Kardiner 将之定义为"由社会主要成员共享的个性形象;它不是个人的全部,而仅仅是投射体系,或者换一种术语,是一种价值——态度体制,是个人个性形象的基础"[②]。研究儿童的早期经历使人类学家能观察一个社会的个体成员并比较性格和特征以构建每种文化"基本的性格"。她认为每种文化都促进了特殊个性类型的发展,任何一个社会最普遍的个性结构

---

① Heather Montgomery. An Introduction to Childhood: Anthropological Perspectives on Children's Life. 2009. 23.

② Kardiner. A. The Psychological Frontiers of Society. New York: Columbia University Press. 1945. viii.

都是由基本的生理和神经作用决定趋势和经验,对所有人都是普遍的,通过文化的家庭背景,否定、导致和分级这些结果。

人类学中的文化与性格学派是理解儿童生活和童年观念的先锋。米德"打破了对儿童发展研究的生物和基因的束缚"[1],对发展心理学的普遍模式提出挑战。尽管如此,人类学与心理学还是始终联系在一起。

"人类学家至少部分依赖发展知识以支持他们的假设,即儿童是如何体验他们的环境的——包括他们所体验到的环境的特征以及和年龄相关的概念的理解——他们经常转向心理学和病理学以寻求使这些假设合理的支持。然而20世纪的大部分时间,这种指引是不可靠的,发展理论一个接着一个,造成历史上的最大量的废物。"[2]

二、关于儿童养育的跨文化研究

20世纪50年代,玛格丽特·米德的影响衰落下去,"文化和个性学派"转向"儿童养育"和"跨文化儿童发展"这一主题,John Whiting是这一时期的代表人物。他和其他人运用耶鲁大学民族志数据信息进行跨文化比较、系统分析童年经历及其对成人社会的影响,其目的是验证弗洛伊德理论,即童年经历对成人个性和行为的影响。他们侧重于三个方面的研究分析:断奶、大小便训练和性的训练,以分别对应于弗洛伊德的口腔期、肛门期和性器期。弗洛伊德认为这三个时期是依次发展的,而Whiting等人发现并不是每个社会都是这样按次序进行的。在对25个社会的儿童养育状况进行研究以后,Whiting和Child总结道,在大多数的文化模式中更关注人际关系而不是身体的功能。他们将每一个这样的行为模式和其他因素相联系,比如溺爱的程度、社会化的起始、社会化的严厉、父母惩罚的技术。研究结果最终呈现于1953年出版的《儿童的训练与个性》(Child Training and Personality)一书中。

之后的40年,Whiting继续进行儿童养育和社会化的比较研究,主要关注社会生活各方面的联系,比如在1963年进行的六种不同文化(日本、菲律宾、北印度、墨西哥、肯尼亚和新英格兰)的比较研究。研究发现儿童养育与儿童个性发展及广泛的社会文化因素之间是相互作用的。其中最重要的因素是

---

① Langness, L. L., 1975 Margaret Mead and the Study of Socialization. Ethos 3:98.

② Levine, R., 2007 Ethnographic Studies of Childhood: A Historical Overview. American Anthropologist 109:249.

社会复杂性水平,也就是说社会复杂性水平越高,儿童得到的养育越少,并且儿童的个性发展也更为自私。

该研究是人类学中关于儿童发展的最全面的研究之一,极大地影响了北美人类学的发展。它证明,并没有什么自然的、普遍的年幼儿童的行为模式,他们的生活由他们的文化、环境和生物性来定义。该研究的最大影响在于文化比较,显示各社会间儿童的养育是如何不同,儿童是如何通过练习而社会化为成人,这些练习如何理想地发展以确定一定的行为和信仰体系之间的延续。它并且还是一项纵向的研究,观察生命期中的婴儿,分析养育者行为的长期效果。

跨文化比较研究的先驱是考德尔(William Caudill)关于美日两国婴儿养护的研究。他通过深度参与式观察,研究家长在养育儿童过程中的文化目标(除生存以外的):家长想让他们的孩子像什么,他们如何达到这一目标。他们观察了美日两国的妇女如何照料他们的宝贝,和孩子互动的方式,及对婴儿行为的影响。他检验了哪些行为是社会所推崇的,哪些是不受鼓励的,母亲们是如何与儿童沟通这些行为的。他假设美国的父母推崇独立的行为,而日本更重视相互依赖与社会人际关系的和谐。美国的儿童更活跃、独立,能够操纵他们的社会和物理环境,而日本的孩子更安静、更少情绪化,有更多的社会技能。[①]

莱文(Robert LeVine)总结道:"这些发现的重要性并不在于这样一个假设,即所观察到的儿童行为模式并不是心理学上固定的不考虑环境影响的态度。并且,这些发现显示儿童发展的指向、早期经历的行为背景文化是多样的。这些发现还表明不同文化中的儿童获得不同的人际间的技术和策略、不同的情绪表达的规则、不同的判断自身行为的标准。"[②]

莱文在跟着 Whiting 研究之后,开始了自己的研究。他认为"社会化研究不是一项完整的童年人类学",而跨文化儿童发展的比较研究才是人类学童年研究的主心骨。他的研究展示了不同文化下的儿童养育模式,显示了关于儿童养育的文化信仰的影响,考察了文化、生物和环境间的互动。这些嵌在环境中的(家长说不出为什么要这么做)模式使儿童能有效地成长,理解自己社会

---

① Caudill, W., and C. Schooler, 1973 Child Behavior and Child Rearing in Japan and the United States: An Interim Report. Journal of Nervous and Mental Disease 157: 323 - 338.

② LeVine, R., 2003 Childhood Socialization: Comparative Studies of Parenting, Learning and Educational Change. Hong Kong: Comparative Education Research Centre. 202 - 203.

的规则。他们确定了三种普遍的儿童养育的目标:(1) 儿童的存活和健康,包括青春期生殖能力的正常发展;(2) 儿童自我保存的行为能力的发展;(3) 儿童在价值观(信仰、规则和意识形态)形成和精致化过程中的行为能力的发展。这些价值观包括:道德、威望、财富、宗教虔敬、智力发展、个性满意、自我实现。[①]

莱文的研究明确婴儿的养育并不仅仅是确定儿童对食物或居住的最基本需要,而是更大的文化实践系统中的一部分。这种文化实践确保,即使在儿童生命的最早期阶段,他或她也将社会化和文化化融入社会价值中去。

对儿童文化化和人类行为可塑性的强调还挑战了发展心理学的普遍倾向,即忽视文化背景的影响。典型的如接触理论认为,"儿童智力发展的关键应该经历一种温暖的、亲密的与母亲的持续关系,这可以使儿童满意和愉悦",否则婴儿就会感到沮丧。这是生物上普遍的机制。[②] 而人类学的研究却质疑了这些观点,显示了不同的接触方式及母亲促进价值的方式。莱文和诺曼(Norman)认为德国人就不是这样,德国母亲不会像美国妈妈那样在孩子需要的时候就来关照他们,因为德国人崇尚自立和自己游戏。

第二节 东西方童年观的差异

文化相对主义的观点认为:在不同社会、不同文化背景下,童年各不相同,并且没有所谓价值上的等级之分。因此,虽然当前现代性已成为全球普遍的意识形态,但由于不同的文化根源使得不同社会和国家面对的童年问题并不一样。比如东西方社会的差异就是非常典型的例子。

一、日本的童年

日本学者沼田裕之[③]对这个问题曾有过比较深入的思考,观点清晰并发人深省。他在《教育的现代化使儿童失去了什么:西欧与东亚经验的比较》一

---

① LeVine, R., 1977 Child Rearing as Cultural Adaptation. *In* Culture and Infancy: Variations in the Human Experience. P. H. Leiderman, S. Tulkin, and A. Rosenfeld, eds. Pp. 15 - 27. New York: Academic Press.

② Bowlby, J., 1953 Child Care and the Growth of Love. Harmondsworth: Penguin. 13.

③ 沼田裕之:1936 年生于东京,曾在法国的斯特拉斯堡大学和德国特里尔大学学习哲学,在剑桥大学学习经典著作。现为东北大学教育哲学和教育史学会的主席。

文中论述道:童年的发现是西方社会理性逻辑的产物;在东方传统社会中童年受到重视和爱护;东方社会在现代化(西化)的过程中使得自在的童年时光消失了;因此今天要使儿童能够健康成长,就必须从前现代社会中寻找积极的因素进行激活,发挥作用。

西方现代童年源自卢梭,他的立场是宣扬童年固有的内在价值:"生命的每个时期,每个阶段都有其自身的完美和成熟之处。"而卢梭童年观的出现有社会结构和社会关系变化的历史原因。道德家对儿童世界及其教育感兴趣是从蒙田时代开始的。正是这个时期,爱抚儿童的习惯才开始形成。与此相随的是家庭观的变化,即家庭作为一个很私人的领域变得越来越重要。"一般而言,到了18世纪,家庭才作为与社会完全不同的东西而出现。也正是到了18世纪,社会生活、私人生活和职业生活三者才区别开来。"①家庭的独立使人与人之间的社会关系开始冷淡,个人独立生活的能力被加强。儿童开始拥有自己的、独立于成人的世界,但同时也丧失了在成人社会中的行动自由。

卢梭的贡献在于带动了西方社会对童年观的社会思潮的变化。由卢梭直接影响的浪漫主义运动越来越多地关注童年被启蒙运动所忽视或被认为消极的概念,像情绪、感觉、抑郁、沮丧等。而浪漫主义本身的出现是西方个体价值,即"我"的内在世界之价值被发现之际。人们认识到,作为个体的人,不仅有理性,还有敏感性、情感和非理性的冲动。在"我"的丰富性受到充分关注后,童年固有的内在价值受到宣扬。可以这样说,非理性创造了童年。

但与此同时,沼田裕之却指出,西方文化的核心"理性主义"也是产生"童年"的另一个因素。到笛卡尔时期,现代理性二分的思维方式已深深地影响了欧洲文化的各个方面:意识独立于肉体、主客体两分、抽象的科学知识与具体的日常生活经验相分离。所以童年的出现也是现代思维所创造的概念,是儿童与成人二分的结果。"不是儿童按照自己的生活方式建构了他们的世界,而是成人'发现了'儿童和童年。"②理性传统下的童年是成人理想中的童年,而

① 沼田裕之:《教育的现代化使儿童失去了什么:西欧与东亚经验的比较》[A],马克·贝磊编:《比较教育学:传统、挑战和新范式》[M],上海:华东师范大学出版社2007年版,第230页。

② 沼田裕之:《教育的现代化使儿童失去了什么:西欧与东亚经验的比较》[A],马克·贝磊编:《比较教育学:传统、挑战和新范式》[M],上海:华东师范大学出版社2007年版,第238页。

非实际的童年。"由成人创造的童年形象成了童年本身。"①

如洛克认为人出生时的心灵是块"白板";卢梭认为"上帝造物是好的,但一到人手里就变坏了"。理性下的童年,使教育成了重要的组成部分。只有通过教育,才能使儿童变为理想的人。18世纪成了一个教育的世纪,通过理性规划重塑人性本身。学校就是这个理性规划物之一。

学校依然遵循了理性二分的原则,传递的知识是脱离日常生活的抽象的概念化的知识。学校组织是与社区生活分离的,按知识的系统性而将儿童组织起来的理性化机构。教师的训练也是制度化的,脱离社会生活实践的。这三个特征决定了儿童的生活,"被迫为了不确定的未来而在那些与日常生活隔离的学校环境中学习抽象的知识"②。

因此,沼田裕之得出这样的结论:由于理性的二分,由非理性观念而产生的"童年"必将消逝在惯常的"逻辑中心主义"的成人文化之中。"童年"异质于成人世界,即便在这个儿童世界中,成人逻辑统治着儿童世界,并且儿童迟早要学习成人逻辑。"用一句非常简单的话来说,不论在前现代的欧洲,还是在现代的欧洲,儿童期几乎不存在。"③

相比西欧社会,沼田裕之认为日本传统社会中存在着真正的"童年"。日本人认为儿童是神圣的,承认人的自然欲望,相信人固有的天性应该不经过道德判断而被接受。所以,人们希望儿童不受外在约束地成长,他们享受着儿童慢慢长大成人的过程,并似乎想尽可能地延长童年。成人与儿童的关系是和谐的;儿童与自然关系密切;儿童的世界是光明的、无忧无虑的、幸福的。即便是在学校教育——"手习塾"中,主动权也在孩子这一边。孩子们的学习不是与其他人竞争,而是通过模仿学习来使自己提高。

和其他大多数后发现代性国家一样,日本现代化的动力来自于外在的压力,现代化是富国强国的手段。日本社会的最高目标是提高生产力,促进工业发展。教育和学校的改革,目标在于为社会输送高素质的蓝领和白领工人。"政治的逻辑、工业的逻辑决定了儿童的世界,先是为了实现国家的现代化,接

---

① 沼田裕之:《教育的现代化使儿童失去了什么:西欧与东亚经验的比较》[A],马克·贝磊编:《比较教育学:传统、挑战和新范式》[M],上海:华东师范大学出版社2007年版,第239页。
② 沼田裕之:《教育的现代化使儿童失去了什么:西欧与东亚经验的比较》[A],马克·贝磊编:《比较教育学:传统、挑战和新范式》[M],上海:华东师范大学出版社2007年版,第240页。
③ 沼田裕之:《教育的现代化使儿童失去了什么:西欧与东亚经验的比较》[A],马克·贝磊编:《比较教育学:传统、挑战和新范式》[M],上海:华东师范大学出版社2007年版,第242页。

着是从战争的废墟中重建经济和工业。突然之间，儿童被剥夺了其在前现代被认可的自发和自然的发展倾向。学校系统的创立并非由于儿童的自然倾向，而是出自成人促进国家现代化的意图。"①儿童入学受教育，目的是保证在将来的社会中获得成功。教育的基本精神已经完全改变，儿童在学校里感到厌倦和窒息。通过竞争获取更富裕的生活成为年幼者的基本人生目标和生活的意义所在，而儿童自身的存在却被遗忘了。所以"学校教育在很大程度上造就了日本的富裕，却以牺牲儿童的世界为代价"②。其实，"无论是西欧还是东亚文化都无法在现代学校体系实现儿童的世界。"沼田裕之认为应该回到传统世界中去，将传统转化到新的学校体制中，找到儿童世界复兴的希望。

二、中国历史上的童年

台湾学者熊秉真，对中国童年的历史研究颇为出名。其人集中于对明清时代儿童史和童年史的研究，并分别就儿童的养育、医药和教育、社会思潮等方面，出版了三本专著：《幼幼：传统中国的襁褓之道》(1995)、《安恙：近世中国儿童的疾病与健康》(1999)和《童年忆往：中国孩子的历史》(2008)。而尤以后者，从思想史、社会史和教育史等方面入手，对阿里耶斯所提出的童年现代观，进行了中国式的论证和批驳，勾勒了中国童年的基本面相，补充了现代童年理论的资料和中国立场。其观点足以使我们反思西方主导的现代性的世界观和价值观。

熊秉真对中国童年的历史研究，基于历史学现代转向的基本背景，探讨历史知识的基本价值和其中蕴含的基本意识形态。西方史学的现代转向，新文化史即为一例。熊秉真认为，历史与其他的学问一样，是门十分"势利"的学问。"知识即力量"(Knowledge is power)这话也可倒过来说，即"权力即知识"(Power is knowledge)。这一层知识与权力之间的关系，可见诸法国思想家福柯的相关批判之中。历史上所谓的"重要"与"意义"，常常是经过一番过程而拟定的。在以往历史的宏大叙事中，卑微的小人物们常常是无声的、找不到身迹的。在这种背景下，"儿童"和"童年"作为历史研究对象的出现，本身就是"知识"本质发生转变的表征和产物。正如熊氏所言，"整个贵贵贱贱的传

① 沼田裕之：《教育的现代化使儿童失去了什么：西欧与东亚经验的比较》[A]，马克·贝磊编：《比较教育学：传统、挑战和新范式》[M]，上海：华东师范大学出版社2007年版，第241页。
② 大田尧：《把自然还给孩子——关于当代教育问题的思考》[M]，北京：商务印书馆2006年版，第244页。

统,过去百多年来,改变了不少。……女子、'小人'之流是不是能跻进史学的领域,他们在历史上的踪影,绝不单是材料、方法的问题,而是涉及史学观念,及其背后社会文化价值之流转"①。

而这种知识旨趣的变化,不仅出现在历史学当中,而且涵盖人文科学的全部,包括社会学、人口学、人类学,等等。因此,童年问题的出现及对它的研究,实乃整个知识界和集体意识上,挣脱自我意识,摆脱文化霸权,走向民主人道,争取平等自由的一次搏斗和尝试。而从知识本身的进步或言曰"学术升级"的角度,找出历史上的孩子,并尝试写一段以孩子的立场出发,属于孩子的历史,像打开许多史学上的新领域一样,所要求的包括历史观念上的反省,历史方法上的精致化、细密化和深刻化,连带使我们对认识历史、讨论历史的眼光和技巧,再得到一次更新、淬炼的机会。②

阿里耶斯所力图证明的是:童年是现代社会才出现的特殊历史现象。他和他之后的西方历史学家,从童年史的研究中所表现的是赋予进化论史观一种正当性。童年的出现代表着文明的进步,代表着启蒙理性和民主。这种现代童年意识,在西方社会的启蒙思想、政治改革、社会福利改革、大众义务教育等的共同推动下,逐渐成为普适性的理念而推广到全球。熊秉真就这种"西方中心"的史观提出了质疑。他认为,中国历史上保存下来的大量史料包括精神性的(思想家、哲学家留下的主张、主义,家教训俗文等)和物质性的(玩具、歌谣、游戏等);实证性的(医术、法律档案等);描述性的(个人传记、书信、家谱、族谱等);想象性的(文学中某种程度上呈现儿童心态与性格,受小孩欢迎的故事;"二十四史"中的童谣等)。对这些资料的考证,熊氏追踪"幼"与"俗"之间的一种潜在关系,即国家制度、社会文化与人格形态之间的互动与生成。针对西方史学研究的理路和关切的问题,他提出社会"童年观"的以下几个观点:

1. 关于"童年"的概念

西学界一直认为童年虽是现代社会和文化建构的,但将之定义为一个特定的生理年龄阶段,或小于 18 周岁,或小于 16 周岁,这是普遍的观点。而在中国童年的历史中,"儿童"、"童"、"子"的解释,其内涵却要丰富得多。它既可是人生阶段的起始,又可代表一个"社会地位"或角色,还意味着"童心稚情"的

---

① 熊秉真:《童年以往:中国孩子的历史》[M],桂林:广西师范大学出版社 2008 年版,第 80 页.
② 熊秉真:《童年以往:中国孩子的历史》[M],桂林:广西师范大学出版社 2008 年版,第 82 页.

抽象意思。这三层含义都是从与成人相比对的角度出发进行界定的。在中国文化传统中,儿童与成人之间的属性区别并非机械单向矢量性的,却可能呈循环式或较流动。一方面以为小孩出生时已有一个"大人"在内,所有教导规矩不只在教他如何做一个儿童,也在学一生之原则,不必为三四岁人短期(幼年时)需要而为所欲为,而在随时教导引发他里面那个"大人",使之慢慢浮现,成形。另一方面,相对而言,已经成年的成人心中仍可能保有一部分仍然是或永远是"孩子"的气质,可永葆天真而"不失赤子之心"①。"童年"是人的一种特殊气质,普遍存在于人体中,伴随人度过人生的各阶段。

如果像西方现代"童年"概念那般,将人的生命历程划分为一段一段的,上一阶段只是下一阶段的准备与铺垫,分开训练、社会化,这样恐怕会造成社会问题。

2. 儿童与成人的关系问题

"童年是社会和文化的建构"这一观点常常被理解为"成人立场"、"功能主义"和"童年是成人的准备"。这可以从中国传统"训幼"的理念、材料和方法中一目了然。

但如果是这样,那么儿童受照顾他们的成人的生育、养育和教育,应完全与这个社会保持一致与统一,何来社会变革呢? 如果不是这样,则儿童在与成人的互动交往中也有自己某种主动的力量塑造着自己,影响着成人。其中顽童便是一个非常好的例子,说明儿童本身并非如洛克所说的一张白纸,任由人涂抹。当然,任一孩子自生下来,便有自己的意志,这自不待言。从社会的育儿习惯与待儿之道来看,过去的童年将与现在的童年之间不断地相互作用,上一代童年文化与下一代童年生活之间接力与循环。

从心理学上,"儿童为成人之父",每一个孩子身上都有将来成人的影子;而成人的心理疾病,大都与童年的遭遇有着某种关联和情节。那么这又从另一方面(即个人生命史的角度)证明了,每个孩子才是塑造成人的力量,而不只是成人在塑造着儿童,推动群体之运转。如之,到底要先造一群合适的成人,以便培育一批理想的孩子,还是要先造就一群健康快乐的孩子,才能期待一批栋梁之材的成人? 换句话说,是"问题成人"养成了"问题儿童",还是"问题儿童"变成了"问题成人",合成了"问题社会"? 近代习惯说,儿童是未来的主人翁,但怎样才能使儿童成为未来的主人翁呢? 加上时间因素与历史思维,这类

---

①　熊秉真:《童年以往:中国孩子的历史》[M],桂林:广西师范大学出版社 2008 年版,第 32 页。

论说,不只代表一个社会未来的成败功过常取决于目前青少年与儿童之养成,而且代表每个社会成人的人格、价值观和行为方式早已隐然成形。到底该以成人来挽救儿童呢,还是从挽救儿童开始,以拯救未来的成人?[①]

熊秉真从中国儿童的生活史中,论证了儿童"主体性"存在的可能。他特别同情地指出明清社会大众生活艰难之时,儿童与父母、家庭的互相扶持,无论是经济劳作还是情感方面,共度困境。尤其是人口健康状况的原因,死亡疾病是中国式童年情感世界挥之不去的普遍存在的阴影。以及中国社会的家庭结构、社会习俗,减低了儿童对世界及自我期许上的安全感,乃至成人。觉得人生境遇不可知,从而较易接纳或走向一种功能性的,或功利性的人生观,或者对其心理有其他方面的影响。这即童年的人事与情感对社会心理与社会文化的影响。

童年主体性存在的另一明证,在于儿童在歌与戏自求欢乐之时,自在、自得、自发、自然的一方天地。

3. 儿童的归属问题

西方现代童年中,儿童从私的领域中分离出来,被纳入国家、社会的公的领域中。这一过程是通过法律制度、福利制度与学校制度而完成的。中国童年如何从私领域走向公领域呢?

自古以来,幼蒙是中国家庭的私事,由家长亲自督学是普遍的观念。但到明清之际,这一现象或观念逐渐开始发生变化。首先是教育理念的变化,程朱理学强调对儿童天性的抑制以训导为未来的成人。科举兴盛、"学而优则仕"、智育盛行的明清时代,这是一主流价值。而陆王心学重视儿童率性而为、天性天赋的自然发展。尤以李贽和王阳明为代表。李贽更将儿童率真纯洁的天性作为成人社会净化腐败的良剂。这种从儿童出发,为儿童说话的立场逐渐影响明清社会的文化转向。

明清时代人口增加、经济发达,使就学人口增加,出版业开始繁荣起来。这就大大开拓了幼蒙教材的市场空间。在蒙学教材的发展过程中,却发生着旧瓶装新酒的现象。一方面为新的教育观提供机会,另一方面为蒙幼这项由私转向公的事业提供了文化的空间。正是对蒙幼的内容与方法的公开传播,导致了"小学"的公共性成分不断增强。对儿童的教育之责从父兄家长转向塾

---

① 熊秉真:《童年以往:中国孩子的历史》[M],桂林:广西师范大学出版社 2008 年版,第44—45页。

师和社会组织;对教育的质量督责,从儿童身上转到成人身上。"幼蒙启蒙不但已经不是一家一户之私事,其至也不单是一乡一社之需求,传统的'国家化民成俗'旧说,此时顿然展现了一种新的生命活动力。原来以父兄教导为主的识字作对、习书诵文的幼教,正迅速与近代国家养成国民、社会整体重建的概念与动向,搏而为一。"①而启蒙的扩大,科举取士的人数增多,也提供了前所未有的大量师资。"实质上,此'蒙以养正'的需要过去从未引起如此这般广大的重视,与实质上人力、财力、物力的投入,乃至蔚然成风,俨成明清一个(目前尚鲜人知)重要的社会运动。"②

在这一步一步地由私向公的铺垫与转换之中,童年的属性发生着悄然的转变。原由家庭训诲管束和宠爱的儿童,变为近代社会大众觉醒和重视的目标。一方面是开明进步的表现,另一方面又将那与自然交融的儿童捉来放入文化教育制度(主要是经学智育制度和科考制度)的桎梏中。这一过程是如此的入情又入理。"明清民间识字率成长,教育与出版普及,理学的渗透,以及士农工商各阶层在科考、商业、市镇文化多重环境酝酿下,先是推动了普及与提早幼教的形式,后又逐步填充以适合稚龄孩童的教材、教法、教养理念。"③

熊氏将之称为"一种礼教将人情(野民)请之'入觳',社会势力将个人纳入'入瓮'的过程"。他旨在说明"文明教化与人生桎梏,人性解放与经营管理,可呈两面。礼教与情欲,并非对立",而是各有其复杂多面、长相交涉而互动。④

结论:纵观熊秉真对中国童年所做的一番细致入微的考证工作,是想通过中国童年所蕴含的价值和意义的发掘,来对西方现代童年观念的主流价值进行反思,其是否可以成为现代性的一般观念或规律? 这种主流价值观对当下童年的状况应付何种责任? 熊秉真指出,近代以儿童为对象的学科,像医学(小儿科)、心理学,乃至社会学(年龄群与家庭研究)、教育学(幼教与初教)中常持的"一般性假设"与"普遍性"显得十分突出。对这种标准式的、永远孩子似的不自觉的假设,实际上是错误的。中国童年的历史一再表明,童年这一概念和生理周期,是与人情世理一致的,并非一种独断所可以归纳的。现代凌临于社会、家庭、幼儿园和课室的"现代性"与"科学真知",其单一与偏执,并非大势所趋,更不代表任何独占性的快乐天地。研究者希望,中国历史上的儿童与

① 熊秉真:《童年以往:中国孩子的历史》[M],桂林:广西师范大学出版社 2008 年版,第 166 页。
② 熊秉真:《童年以往:中国孩子的历史》[M],桂林:广西师范大学出版社 2008 年版,第 168 页。
③ 熊秉真:《童年以往:中国孩子的历史》[M],桂林:广西师范大学出版社 2008 年版,第 185 页。
④ 熊秉真:《童年以往:中国孩子的历史》[M],桂林:广西师范大学出版社 2008 年版,第 186 页。

童年,中国儿童与童年的历史,可以在现代式困窘与肯定中,辟一曲折幽径。[1]

东西方比较的结果,西方童年的出现是理性思维的结果,也正是在成人理性逻辑下,童年必然是虚构的,也必走向消亡。与自然交融,并在"儿童崇拜"的日本原始宗教和"多子多孙"的孝文化中,东方童年不同于西方,一直在乡土文化中存在着。倒是在现代社会工业化的发展下,现代学校制度将儿童从私领域下提取出来并置入"公领域"中,传统童年受到压制,迅速消失。

---

[1] 熊秉真:《童年以往:中国孩子的历史》[M],桂林:广西师范大学出版社 2008 年版,第 326 页。

第三章　想象的童年

成人有大量关于现代童年的想象,文学作品对现代童年的描述,往往是这种想象的反映,也是这些想象的来源。它们往往代替了现实中的童年真相,并起着现实童年构造的指导作用。想象中的童年有两条主要的线索:一是儿童是纯洁、自然的,表现在他们的柔弱、天真、依赖性、无腐败的、性无涉等方面。另一条线索是,现代儿童是独立的、自主的(但从生产中解脱出来,经济上无责任),顽童形象是其代表。

第一节　浪漫主义童年

第一种观点,源自于启蒙时期。在这之前,儿童在宗教里被认为是和成人一样,是具有原罪的、邪恶的、堕落的。在 17 世纪和 18 世纪英国和美国清教徒福音教会的传统之下(Puritan evangelical tradition),教育家接受任何一个教育课程都必须考量人们天生的原罪所带来的影响。[1] 苏珊娜·卫斯理和她的儿子约翰·卫斯理就专门用清教教义来撰写儿童养育的教育书籍,并开设学校。在他们看来,教养的首要任务就是去除儿童的自我意志。

> 要及时摧毁他们的自由意志,在他们能够自己奔跑之前,在他们能够明白说话之前,或许在他们还不会说话之前,就要开始进行这项工作了。假如你不想要诅咒这个孩子的话,那么不管会造成什么样的痛苦,摧毁他们的自由意志吧。让孩子从一岁大的时候就被教导会害怕处罚并且轻声地哭泣;从那个年龄开始,假如你鞭打他十次是为了想要教育他能够服从的话,那么当你命令他的时候,你就要使得他服从命令。不打不成器。假如你不去征服的话,你将会毁了他。现在就摧毁他的自由意志,他的灵魂

---

① 　约翰·克莱佛雷、丹尼斯·菲利普斯:《西方社会对儿童期的洞见:从洛克到史巴克具有影响力的儿童模式》[M],台北:文景书局 2006 年版,第 47 页。

将得以生存,他或许会永远地祝福你。①

启蒙时期对儿童的观点是,认为儿童是温顺的、未成形的、可塑的。这一理念奠定了启蒙教育学的基本腔调。可塑性是现代教育学研究的基本理论前提,如果儿童是不可塑的话,则教育就没有了存在的意义。可塑性强调了环境的作用,儿童是善还是恶,取决于家长和教师。洛克和裴斯泰洛奇是这种信念的主要来源,他们对人类的德性充满了乐观的色彩。尤其是裴斯泰洛奇,在他的小说《林哈德与葛笃德》中,儿童是脆弱的、依赖性的。他们需要的不是宗教的救赎,而是成人的爱的照料。物质生活的保证、母亲的情感、文化教育赋予一定的生存技能及向善的能力,这是裴斯泰洛奇认为童年所应该具备的条件。

童年的需要必须得到保障,否则童年将是悲惨的。这在 18 世纪后期与 19 世纪早期英国浪漫主义诗歌中多有体现。诗人们采用悲惨的童年意象(image)来表达对正在形成的工业社会的批评,想往自然田园牧歌式的社会。这也正说明童年成为与自然亲和的人文主义的象征、发展的标志及进步的根源。正如 Hugh Cunningham 所说,儿童成为被呼唤的“他者”。

卢梭是浪漫主义的鼻祖,他所提出的“凡是出自造物主之手的东西,都是好的,而一到了人的手里,就全变坏了”②是浪漫主义的宣言。他的两篇论文《论科学与艺术》和《论人类不平等的起源和基础》,表现出对原始人美德的敬仰。在卢梭看来,儿童就是小蛮人,它具有一切自然的美德。人类社会的改良,完全应该将希望寄托在这小小的人儿身上。所以儿童不应该被放在腐败的城市中生长,而应该被置于淳朴的农庄中接受自然的养育和教导。“每一个年龄,人生的每一个阶段,都有其自身的完美,都有它特有的成熟状态。”“在万物的秩序中,人类有它的地位;在人生的秩序中,童年有它的地位;应当把孩子看作孩子。”“大自然希望儿童在成人以前就要像儿童的样子。”③这些对童年的溢美之词,与同时期及后来的浪漫主义形成呼应之势,深深影响了当时欧洲社会的风尚,指引了现代教育的基本方向,成为现代教育学的基本命题之一。

---

① Robert Southey, The Life of Wesley. London: Oxford University, Press, 1925. vol. 2, Pp. 304 - 305.

② 卢梭:《爱弥儿》[M],上海:上海人民出版社 2007 年版,第 12 页。

③ 卢梭:《爱弥儿》[M],上海:上海人民出版社 2007 年版,第 45—46 页。

　　浪漫主义童年更多地表现在诗歌中。1794 年威廉・布莱克（William Blake）发表"天真之歌和经验之歌"（*Songs of Innocence and Experience*），开拓了一个自然的童年概念。"天真之歌"首次刊印于 1789 年，由 19 首诗歌组成。而这些诗歌中大部分是关于儿童的，比如《小黑孩儿》（*The Little Black Boy*）、《扫烟囱的小孩儿》（*The Chimney Sweeper*）、《丢失的小女孩和找到的小女孩》（*The Little Girl lost；The Little Girl found*）、《丢失的小男孩和找到的小男孩》（*The Little Boy lost；The Little Boy found*）。其他的诗歌，则是关于花朵、牧羊人、羊羔、摇篮曲、梦、春天、叹息，等等。

　　如《摇篮曲》这首诗，这样写道：

　　　　睡吧，睡吧，美丽的宝贝。
　　　　愿你在夜的欢乐中安睡；
　　　　睡吧，睡吧；当你睡时
　　　　小小的悲哀会坐着哭泣。

　　　　可爱的宝贝，在你的脸上
　　　　我可以看见柔弱的欲望；
　　　　隐秘的欢乐和隐秘的微笑，
　　　　可爱的婴儿的小小的乖巧。

　　　　当我抚摸你稚嫩的肢体，
　　　　微笑像早晨偷偷地侵入，
　　　　爬上你的脸和你的胸腔，
　　　　那里安睡着你小小的心脏。

　　5 年后的《经验之歌》，由 26 首诗歌组成。在这些诗歌中，比较著名的如 "*The Tyger*"，"*The Sick Rose*"，"*Ah, Sunflower*"，"*A Poison Tree*" 和 "*London*"。与"天真之歌"截然相反，前者以童年和儿童的形象比喻人类自由精神的勃勃生机，后者则显示了人类精神遭受规则和教律压迫后的干枯和情感上的压抑。比如，《老虎》这首诗就和前一个集子中的《羊羔》相对应，表达了美和原始残暴的审美两面性。咏者怀疑一双创造出"羊羔"的手，是如何创造出"老虎"的。浪漫主义反对工业组织和产品的影响，害怕自然德性被工业革命的后果所压迫和摧毁。

比如《伦敦》这首诗,反映出对工业城市这个事物丑陋、病态、衰落、不幸的厌恶:

我走过每条独占的街道,
徘徊在独占的泰晤士河边,
我看见每个过往的行人,
有一张衰弱、痛苦的脸。
每个人的每声呼喊,
每个婴孩害怕的号叫,
每句话,每条禁令,
都响着心灵铸成的镣铐。
多少扫烟囱孩子的喊叫
震惊了一座座熏黑的教堂,
不幸兵士的长叹
化成鲜血流下了宫墙。
最怕是深夜的街头
又听年轻妓女的诅咒!
它骇注了初生儿的眼泪,
又用瘟疫摧残了婚礼丧车。

在 19 世纪中期的现实主义文学作品中,依然处处流露出儿童纯净而成人邪恶这样的观点。查尔斯·狄更斯笔下的儿童,都是柔弱、希望、高兴和爱的象征。在《雾都孤儿》、《圣诞颂歌》和《大卫·科波菲尔》中,道德纯洁无辜的儿童受到罪恶的成人的剥削、背叛和摧毁,它反映了这样的观点:在腐败的成人社会中,儿童作为纯洁的生物,没有未来。

19 世纪 30 年代,浪漫主义发展到美国超验主义,产生了一种极端的观点:儿童是一个圣徒。与英国诗人一样,他们所表达的也是对社会和成人的极度不满。在爱默生等人看来,大多数美国人屈从于物欲的贪婪和卑屈的顺从,而儿童因为没有这些特质,还来不及被成人的虚伪所侵蚀,所以在政治、经济和社会上具有天生的道德优越性,因此他们崇拜儿童。斯塔夫人(Harriet Beecher Stowe)的小说《汤姆叔叔的小屋》(1952 年)成为美国史上的一本永久畅销书。经济社会生活中的弱者,以小说中女童 Eva 和黑人 Tom 叔叔为代表,他们的脆弱、依赖却反衬着道德上的崇高。这一切与成熟、野心勃勃、独立、创造性等同时期的美国主流文化和价值观明显区别开来。

卢梭和浪漫主义的这些关于童年的理念,表现在当时的社会文化中,促进了社会儿童观的改变。福禄贝尔就将儿童比作花朵,将儿童养育的环境比作花园。他这是强调了儿童柔嫩和脆弱的本质。福禄贝尔的幼儿园后来风行世界,浪漫主义关于纯洁童年的理念也随之开枝散叶。

第二节　理性主义童年

理性主义的童年,其儿童形象是独立自主的个性形象。这种个人主义的儿童具有"美国国籍",本杰明·富兰克林是其代表。他们聪明、积极、好奇,同时又单纯。通过个人的不懈努力,他们有着明确的未来,将会成为科学家、政治家、外交官,等等。家庭的有限性是可以通过个人努力克服的,通过一系列被背叛的教训,不再轻信他人,最终也不再天真,却不为失去天真而后悔。这样的儿童,通过经验的学习,最终成为独立成熟的个体,与浪漫主义小说中那些圣洁的完全依赖性的主人公一点也不相同。这是一个相信自己,要求自律的儿童。在这种儿童形象的引领下,美国的家长们都形成了一种普遍流行的态度,即儿童有权决定自己的未来。

正是洛克等人的启蒙思想,才使得美国人认为,年轻人身上具备自立的品质和能力,应该据以培养。比如对于儿童犯错,一般的过错,采用自然惩罚的原则,而不是体罚或训斥。这就是相信并培养儿童自身独自承担责任的意识和能力。

19 世纪个人主义的儿童,还是道德纯洁的象征。但到了 19 世纪末,随着对儿童的关注和研究越来越多,尤其是儿童研究运动,使得儿童的形象发生了变化。儿童既是自立的,又不是那么神圣。首先是弗洛伊德对儿童的基本假设,破坏了儿童与性无关的概念。他认为正在发展中的婴儿拥有性欲望,并按性欲的发展将儿童的发展划分为四个时期:口腔期、肛门期、生殖期、潜伏期。以及他用来进行心理分析的恋母情结的理论和梦的解析的原理。他所要告诉人们的是,生活在未开化的野蛮社会里的儿童才可能是快乐的。

霍尔是第一个宣称要科学了解儿童的人,他对 8 到 12 岁儿童的研究,认为他们不是被动、温顺的，也不是狄更斯小说中那样的圣洁。相反，他们爱跑、掷、打架和组成帮派。在本性上，他们是自私的，任何对他们进行的道德教导都会使他成为假道学者，就像自立的儿童一样，他们充满生气和主动性。也就是说，他们是不懂是非的儿童。所以，霍尔建议，要给予男孩子们充分的机会跑、掷和组织帮会。这不仅有利于健康，而且能够提供机会引导野蛮的冲动为下一阶段的发展做好准备。他的建议对当时的家长和教育者影响巨大。

而在文学作品中，不约而同地出现了这样一些顽童的形象，最典型的如马克·吐温的"汤姆·索亚"和"哈克贝利费恩"。这些孩子信奉享乐主义、自私、专门与成人世界作对。他们不爱学习，也不温顺，聪明并且早已经洞察世事人情，懒惰，有时候残酷，能够躲避无赖，被奉为新时期的儿童英雄。他们对"好孩子"极尽嘲讽之能事，认为勤奋并不总是带来成功。在故事《坏小孩》中，马克·吐温讲述了一个叫作雅克布的男孩，他想做一个星期日学校的英雄，但"他感到一点点的不舒服，因为他反思那些好的男孩子总是死去。他爱生活，你知道，这是一个星期日学校读书的孩子最不幸的特质。他知道这对于成为一个好孩子是不利的"。

马克·吐温对现代性童年的想象是非常重要的，它影响到现代社会童年的基本构建。他在将儿童从成年人的束缚中解放出来，还原到野蛮人的状态时，关注这些本真状态的儿童怎样能够在成长的过程中不失去他们的正直。二战后的塞林格继承了马克·吐温的童年问题，他将考菲尔德（《麦田的守望者》）描述成一个不合社会主流价值观的少年形象，但内心却有着道德的洞见。他认为成人绝大部分都是虚伪的，他的伟大愿望在于保护弱小。

> "不管怎样，我老是在想象，有那么一群小孩子在一大块麦田里做游戏。几千几万个小孩子，附近没有一个人——没有一个大人，我是说——除了我。我呢，就站在那混账的悬崖边。我的职务是在那儿守望，要是有哪个孩子往悬崖边奔来，我就把他捉住——我是说孩子们都在狂奔，也不知道自己是在往哪儿跑，我得从什么地方出来，把他们捉住。我整天就干这样的事。"

汤姆索亚这样的顽童形象几近成为现代儿童文学作品的典范，后来者无出其右。社会的认可度说明，这样一种自然理性成为现代童年的一种特质。

第四章　异化的童年

在新媒体技术的支持下聪明的孩子完胜愚蠢的成人,比如《小鬼当家》,这不禁让人们产生这样的疑问,在知识无处不在的时代,儿童在什么程度上还需要成人的帮助呢?

其实,《小鬼当家》的时代已经走过了现代性。不知何时,童年和儿童已经变得让大人们捉摸不透,无法理解了。对这一后现代童年的研究,比较著名的是由斯滕伯格(Shirley R. Steinberg)和林奇洛(Joe L. Lincheloe)主编的《儿童文化:童年的建构》(*Kindercultrue:the Corporate Construction of Childhood*)。[①] 当斯滕伯格等人开展关于童年研究的时候,时代已经进入了童年研究最火热的20世纪90年代末。这一时期,"儿童中心"的人类学、以儿童权利公约为代表的社会意识、童年建构的社会历史文化意识、波兹曼提出的现在童年所仰赖的媒介文化的变迁等学术观点俱已相对成熟。在前人研究的基础上,这些研究人员的主旨已经非常清晰,即童年的新时代正在到来。

研究认可后现代童年的基本现实,并立足于这一现实,对那些对现代童年还抱有幻象的人士和研究人员提出尖锐的批判,分析当代童年文化中存在的问题,提出改革制造现代童年的机构和制度的现代教育的强烈主张。

第一节　堕落的童年

斯滕伯格等人认为,20世纪50年代以来,越来越多儿童的经验都是由公司制造的——如电视秀、电影(有线电视),电玩和音乐构成童年的主要场域,它们建构了儿童的欲望、想象、意识,等等,革命性地颠覆了传统的童年。这种革命,通过生动的彩色技术,不仅推销自己的产品,还推介着自己的世界观,诱

---

① Shirley R. Steinberg and Joe L. Lincheloe. kindercultrue: the corporate Construction of childhood. Boulder, Colo: Westview Press, 1997.

导消费者将自己想象成现代的、快乐的、重要的、不断进步的人。①

科纳(Douglas Kellner)对"瘪四与大头"②这一反映底层、没有未来、受教育不足、有潜在暴力的青少年电视剧进行了分析,认为它代表了一种公共复仇的媒体文化。他认为,在我们这个时代,媒体文化代替了传统的社会化机制,年轻人主要从媒体公司而不是父母或教师那里得到角色模仿和自认的物质。在这种媒体的青年文化中,流行音乐、电视、电影和录像以及计算机游戏制造出新的偶像,激励和人工品,深刻地影响了当代年轻人的思想和行为。电视剧制造了这样一个乌托邦:没有家长权威、无限的自由,想做什么就做什么。没有社区、没有共同的规则和道德来约束他们,不用关心别人。十几岁的孩子单独在家看着电视、对邻居大搞破坏,这代表着一种社会家庭破碎、社区分裂、个人的社会道德沦丧、没有价值和目标。

而与此同时当代年轻人面对的现实却是工作或职业没有前景,婚姻、家庭和一种有意义的生活几乎没有希望。在这种情况下,年轻人所能做的除了看电视或偶尔外出搞破坏以外,还能干什么呢? 这些从破落户里出来的骑摩托的年轻人,受教育不足,没有稳定可靠的工作,没有未来。事实上,使青少年沉浸其中的重金属文化反映的就是对生活的无望,对所有事物加以涂抹,逃避进一种喧闹的、野性的世界中,而这种行为反过来又表达了他们的沮丧,以及自恋、空虚、没有安全感、仇视、寻求极端的行为。

科纳最后提出一个问题,家长、教师及其他的公民该如何应对这种儿童价值观和自我意识呢?

第二节　早熟的童年

加里·克罗斯对美国儿童的玩具进行了一番历史的追踪。③ 他认为玩具的历史变化,更多的是社会变化的结果。这里面包含了家庭、成人与儿童关系以及社会价值取向的变化。如玩具总是会受制于复杂的、相互冲突的育儿方

---

① 加里·克罗斯:《小玩意:玩具与美国人童年世界的变迁》[M],上海:上海译文出版社 2010 年版,第 40 页。

② Douglas Kellner. Beavis and Butt - Head：No Future for Postmodern Youth. *In* Kindercultrue：the Corporate Construction of Childhood. Pp. 85 - 100.

③ 加里·克罗斯:《小玩意:玩具与美国人童年世界的变迁》[M],上海:上海译文出版社 2010 年版。

式的影响。19世纪时,父母基本不给孩子什么玩具,即便给,也不符合儿童的渴望与想象,只合乎成年人自己的口味与方便。儿童有自己玩耍的物质是20世纪的现象。在某一时期流行建筑组装玩具,是因为大多数成年美国人都相信存在着一个无限的技术进步的世界。所以希望男孩子们将来都成为工程师和科学家。而与此同时,女孩子们通过玩具屋和洋娃娃,被教导作为一个现代主妇和母亲。这些玩具反映的育儿观,是希望在想象游戏中训练孩子怎样做一个成年人。在父母的愿望中,既希望孩子有一个不需要工作的童年,又希望童年是由父母控制的。

但到了20世纪60年代末,这种积极的观念遭到质疑并处于消解之中。父母们对于什么是成功的男人和女人不再确定无疑,自然也不敢确信他们的孩子需要什么样的玩具。这时,玩具制造业直接与孩子做买卖,以大众媒体中的人物主角来开发玩具,以激发孩子们的想象力。传统的训育和益智型玩具让位给虚幻的、新奇的玩具。这些玩具制造者不断地制作和促销虚幻的战争游戏,将暴力作为解决冲突的手段教给孩子。而在这些玩具背后,是男性至上主义和性感的、难以实现的女性形象。比如克罗斯对玩具芭比的分析,显示了玩具制造者是怎样向儿童注入消费主义价值观及现代女性意识的。芭比本身就是一个女孩关于成年女人的想象,她有着高高的胸脯、苗条的细腰,穿着入时,并且有着大量时髦的装扮。她既不是母亲,也不需要工作,而是一个解放了的年轻曼妙的女子。这个玩具形象的出现——芭比的沙漏型身材(据估计其标准比例应是36-18-33)刺激了小女孩对她们自己的身体抱有不切实际的期望。[①] 这些价值观早已不是传统的价值观了,它鼓动女孩们将成年人的自由与无忧无虑的消费联系起来。

第三节　孤独的童年

变化的经济现实及儿童对成人世界信息的获得极大地改变了童年。传统童年的幽灵已经从瓶子中跑出来,再也回不去了。"童年消逝"、"儿童成长得太快"、"在孤立的破碎家庭和社区中的儿童暴力"等充斥着今天的大众文化。而在大众文化展示的这些当代儿童危机的意象中,最突出的无疑是儿童所面

---

① 加里·克罗斯:《小玩意:玩具与美国人童年世界的变迁》[M],上海:上海译文出版社2010年版,第3页。

对和惧怕的孤独。孤独几乎是所有后现代童年故事中的一个或隐或现的主题。

林奇洛在对《小鬼当家》影片的文化分析中,①就揭示了这样一个后现代童年的问题。她提出 20 世纪最后 20 年经济条件的变化所带来的压力动摇了家庭的稳定,对当代儿童的研究必须分析型塑家庭生活的社会条件。《小鬼当家》中的主人公凯文独自一人在家,这是西方世界童年常见的一个现象。当儿童独自一人在家,遇到问题时无法求救。影片显示了家庭功能的缺失及对乡村家庭无上幸福的一种怀旧,从侧面凸显了人们理念中现代童年的消失。所有这些独自在家的时光都要付出代价。

《小鬼当家》中的主人公凯文,代表了一种后现代儿童的基本状况。当你以为他们一无所知的时候,他们早已通过其他途径得知了一切,而大人们却根本不清楚这些。在孩子们看来,学校也没什么希望——学校是一个无聊、受限、依据一个不再存在的童年的基础而建立的,它将差异排除在外,根本不予考虑。所以,在明白了这样的成人与儿童的关系之后,孩子们逐渐开始退回到自己的文化中去。凯文就根本不需要大人,当他(用优惠券)购物、看家并保护自己而与坏人做斗争时,大人们根本表现得什么都不知道。所以,那些家长、教师、社会工作者和其他对儿童福利感兴趣的人必须理解,20 世纪的最后这些年影响儿童和儿童文化的社会因素是什么。当家长感到这种后现代儿童文化威胁的焦虑并反击时,他们只是在扩大这种冲突。在这种情况下,家长应该放弃控制;这和儿童的需要没有一点关系。

凯文这样的"聪明蛋",是当代儿童文化的主人公。他们已经看透了所有的事情,因而对所有事情都保持距离并且态度冷漠(Grossberg,1994)。这种对极端和情感渴求的童年和青少年,在成人看来是非常危险的。大部分的成年人非常害怕这些激情的、充满能量的、生命驱动的孩子,而这却是后现代教育必须面对的问题。它提出的问题是,当通信革命将成人秘密暴露给儿童时,我们发现无路可退。无休止争论电影和电视的副作用是无用的。现在的问题是如何给儿童提供情感和智力的支持以帮助他们平衡能量和洞察力。传统的教学形式和课程安排、纪律和控制策略都过时了。学校监管对于 90 后的孩子

---

① Joe L. Lincheloe: Home alone and "Bad to the Bone": The Advent of a Postmodern Childhood. *In* kindercultrue: the corporate Construction of childhood. Boulder, Colo: Westview Press, 1997. 70.

们来说早就不够了——其实对于任何时代的儿童来说都是不足的。那我们该怎么办？

我们该做什么

我们需要重构当代的儿童教育。Valerie Polakow（1992）认为儿童在经历着各种欲望冲动所产生的冲突，学校教育应建立一个意识规则以帮助这些儿童从这些冲突中解放出来。批判教育学将儿童的欲望解释为儿童努力对世界和自我的理解，这意味着教育者必须研究儿童文化以及儿童的内心世界。如果我们更多地了解了学生，更深入地了解他们对自我和世界的概念，那么我们就会重新思考儿童的生活经验与学校确定性知识之间的关系。这个问题将带领我们进入一个新的学习领域，但其实这一直是教育学的基本问题。

二战后美国人开始意识到儿童是和成人完全不同的一个特殊的群体，家长无法控制子女。20世纪50年代的青少年文化成了成人世界的恐惧，它使得20世纪后半叶的青少年学术研究常将孩子们看作"问题"，对主流文化和成人世界的价值观不加批判，将父母与子女间的冲突看作功能障碍问题。儿童"专家们"和教育界经常坚持认为儿童需要教导以顺应要求，他们坚持环境的秩序和稳定必须保持。这就确保了像学校这样的机构不能顺应变化，保持平衡。

当这种冲突普遍存在时，它就不是个人问题了，我们必须理解这种现象的社会本质，在此基础上，试着去超越对秩序的要求而进入一个更大的文化意识中去。所以，当成人感到这种后现代儿童文化的威胁并反击时，他们只是在扩大这种冲突。正确的做法是放弃控制；这和儿童的需要没有一点关系。

综上所述，文化研究对童年文化进行了剖析，它认可当代童年的信息媒介背景，并对大众文化如何影响儿童文化和儿童的价值观进行了分析。它指出了后现代童年问题的现状，即成人与儿童界限的消失，儿童无所不知，成人还依然努力控制着儿童按部就班地成长，学校坚持传统的童年观而对后现代童年问题无所作为，等等。在目前的状况下，要想维持成人对儿童的绝对控制是不可能的，也是反教育学的。要想解决后现代童年的状况，必须重建学校教育。

第二部分 童年的解放：现代教育学的基本设想

现代童年与教育有密切的关系。现代社会建立学校教育制度,将童年交给了教育。一个社会具有什么样的教育观,就会塑造什么样的童年。

第一章 卢梭：童年的价值

卢梭是现代社会的理论奠基者之一,其思想历来备受关注。白璧德在论述卢梭与浪漫主义时,曾担心读者因为"又是卢梭"而感到厌倦。这足以说明西语界对卢梭的研究可谓是汗牛充栋。

20世纪60年代前,对卢梭的研究结论大部分不能统一:有人认为他时而非理性,时而又似乎非常理性;时而是自由主义的倡导者,时而又有导致极权主义之嫌。甚至大多数人将这种种矛盾都归于卢梭的人格特征,认为他本身就是个过于偏执、自相矛盾的人。

但随着研究范式的改变,人们的结论也悄然发生着变化,一种新的研究范式改变了对卢梭思想的普遍看法。这种起源于20世纪二三十年代的范式以"卢梭问题"为出发点,将卢梭的主要作品看作对问题解决的系统思考。这种方法不仅使得卢梭思想得以前后一贯,而且顺理成章地消解了以往因割裂而带来的对卢梭的种种误解和指责,将之置入思想史的语境中来理解。这种得益于人文学科方法的自我反省与自觉——以狄尔泰的哲学解释学为表征,即认为在对文学作品、文化体系、社会团体、历史现象或所有各个时代进行分析时,把这些东西当作处于更加复杂的"上下文"(contexts)中的复杂的实体①——的思想史研究,赋予了卢梭思想以前所未有的价值。

关键在于提出问题。"一旦我们不再满足于考察它的后果,而是用其根本的假设来关怀我们自己,那么卢梭的学说便马上表现为一种完全是当代的、生气勃勃的探讨问题的方式。卢梭向他那个世纪提出的问题绝对没有过时:这些问题没有被简单地'解决掉'——即便对我们来说,也是如此。对这些问题的表述往往只有从某一历史角度来看才是重要而可以为人所理解的;然而他们的内里却依然与我们那样切身相关。"②

20世纪60年代之后,这种研究路径及成果几乎成为卢梭研究的定论。

第一节　卢梭问题与基本假设

朗松认为,卢梭的问题是:"文明人怎样才能不返回自然状态,也不抛弃社会状态中的便利,就重新获得那如此天真幸福的自然人才有的好处?"赖特认为:"必须通过人类的理性,按照人类天性的样子来使人类得以完善,这一根本观念贯穿卢梭的所有著作,并赋予其本质上的统一性。"亨德尔认为:卢梭寻求的是界定善的生活;他的基本问题是"把人类从他们自己内在与外在的暴政之下解放出来"。卡西勒认为卢梭的关键在于他的理性主义的自由观。③ 而笔者认为,更通俗地讲,卢梭问题的核心是个人的自由何以实现。

卢梭对这一问题的思考,无疑有其特殊的人生际遇。但真正促动他产生问题自觉的则是法国科学院的竞赛论文《论科学与艺术》。在这篇文章中,他第一次反省到,人类文明的推进非但没有带来个人的解放与自由,反而赋予道德败坏以各种矫饰的名目和手段,使人类深陷其中,痛苦而不能自拔。"随着科学与艺术的光芒在我们的地平线上升起,德行也就消逝了;并且这一现象是在各个时代和各个地方都可以观察到的。"④卢梭设置了一个想象中的人类原初状态来做比照。在想象中,在前文明时代的自然法则下,人类本没有那造孽的无止境的欲望。此时,人性虽然不见得更好,不一定能使人行善,但它却能

---

① 里克曼:《狄尔泰》[M],殷晓蓉、吴晓明译,北京:中国社会科学出版社1989年版,第20、22页。

② 卡西勒:《卢梭问题》[M],王春华译,南京:译林出版社2009年版,第32页。

③ 卡西勒:《卢梭问题》,王春华译,南京:译林出版社2009年版,第18~23页。

④ 卢梭:《论科学与艺术》,何兆武译,北京:商务印书馆1997年版,第11页。

使人们很好地避免种种罪恶,因而人们可以找到他们自己的安全。① 这是一种"永恒智慧为我们安排的那种幸福的无知状态"。因此,解决之道是反求诸己,从自己内在天性中寻找德性,履行自己的义务。

这篇论文使卢梭名声大噪,但从思想上看,也不过是擦出的火花。卢梭敏感地抓住这一偶然迸出的意识,循此前行,进一步发微。

在第二篇论文《论人类不平等的起源和基础》中,卢梭继续发挥他一如既往丰沛的想象力,将这种返璞归真的方式发展为人类学方法,从人类社会的进化史中,通过"将人为的人和自然的人对比,向他们指出,人的苦难的真正根源就在于人的所谓进化"②。通过仔细地探寻和分析,终于得出人之所以要反求诸己的根据所在。这就是人天生所具有的一种能力——自我完善。这种自我完善的能力是"人与其他动物相较的一种特长,即一种具有趋于完善和往前发展的能力"③。而这种天赋的生命力,在文明社会不同的政治环境下却可能出现不同的结果。因被赋予的发展机会和资源条件的差异,将会导致个人发展的差异。社会不平等不是源自个人天赋,而是源自政治体制。所以卢梭叹道:"从那时起,我的眼界因为研究伦理学史而大大地展开了。我已看出一切都归源于政治,而且,无论我们做什么样的解释,一个民族的面貌完全是由它的政府的性质决定的。究竟是哪一种性质的政府才能使人民变成最道德的、最明智的、最富有学识的、最好的人民呢?"

1761—1762 年间同时成就的三部作品——《社会契约论》、《爱弥儿》和《新爱洛漪丝》对问题的解决做了进一步探讨。而其中又以《社》和《爱》最受关注,惹起的争议也最多。卢梭在《爱弥儿》中申述道:"应该通过人来研究社会,也经由社会来研究人:想把政治与道德割裂开来的人,对两者都将永远一无所知。"④

在这系列作品中,卢梭提出了问题解决的两个基本假设:

第一,人的本质规定性在于意志自由,由自然和社会两部分组成。以个人的力量为其界限的是自然的自由;被公意所约束着的是社会的自由。自然的自由是自我保护的向善的自由天性,无所谓善恶,受自然法则的约束。当且仅当个人涉足社会,其行为才具有道德意义。当人们能够在与他人的意识和行

① 卢梭:《论科学与艺术》,何兆武译,北京:商务印书馆 1997 年版,第 9 页。
② 卢梭:《忏悔录》,北京:商务印书馆 1986 年版,第 480 页。
③ 卢梭:《论人类不平等的起源和基础》,何兆武译,北京:商务印书馆 1982 年版,第 121 页。
④ 卢梭:《爱弥儿》,彭正梅译,上海:上海人民出版社 2005 年版,第 15 页。

动的互动中,根据自己的意志理性选择、形成有利于共同体(所有个人)的公意,并且将自己的自由权利交出而服从公意时,个人才真正成为社会意义上的自由人。因为仅只有嗜欲的冲动便是奴隶状态,而唯有服从人们自己为自己所规定的法律,才是自由。①

第二,人性往而不返,"人们可以争取自由,却永远不能恢复自由"。一个野蛮的民族保有先天的自由;可是当政治精力衰竭时,它就不再能保证自由了。当风俗一旦确立,偏见一旦生根,再想加以改造就是一件危险而徒劳的事情;人民甚至于不能容忍别人为了要消灭缺点而碰一碰自己的缺点,正像是愚蠢而胆小的病人一见到医生就要发抖一样。② 所以,要想使人类在社会中重新获得幸福,非革命不能成功,创造新人与新社会。

基于以上两个基本假设,《爱弥儿》和《社会契约论》对从个人到社会的建构,进行了人类解放道路的新构想。

第二节　论自由的教育

卢梭接着最初的两篇论文提出,出自造物主之手的东西都是好的,但一进入社会就变坏了。要寻回失去的人性,就要回到自然,从人之初开始着手,不能指望公共教育用已经腐化堕落的文明和制度来进行培养。

人性的培养主要在童年期(2—12岁的阶段),这一时期是儿童个体的精力还很柔弱的时期。这一时期儿童生长的自然使命是精力的生长,以满足其天然的物质需要。如果成人能够顺应这一生长,在它的精力不够强壮时,给他必要的辅助,以使其得到基本需要的满足,那儿童的性格必将是愉快的。儿童运用自己的能力满足自己的生物性需求,这一行为无所谓善与恶,是一种生物的本能,卢梭称之为自爱。在这种天然的自爱心的驱动下,儿童的生长是向上的,因而也是快乐的、积极的。在顺应自爱自然发展的同时还应避免对儿童不必要的需求提供帮助,以造成他不恰当地理解自己的能力与欲求之间的关系,产生虚假的幻想,以致产生奢侈与役使别人的不良性格和坏品质。

儿童在这种以自我的天然生长为主的缓慢过程中,会通过一次次的成功与失败,逐渐感应到需求与能力之间的合理关系,自动寻求关系的平衡。这是

---

① 卢梭:《社会契约论》[M],何兆武译,北京:商务印书馆2010年版,第26页。
② 卢梭:《社会契约论》[M],何兆武译,北京:商务印书馆2010年版,第56—57页。

自然法则,是自然性自由的法则。"我们一定要让孩子为他自己找到其自身能力的边界。"①这一过程非常缓慢,性格一点一滴地形成。也正因为如此,这样自由的根基才能有足够的时间发育壮大,养成习惯,以为未来自觉履行社会性自由法则做铺垫。

少年期和青年期,儿童的精力生长远远超出了满足其基本需要的界限,这个时期非常危险。成人要防止他们因此而走上歧途。所以一方面要将多余的精力引导到各种有意识设计的学习活动和劳动中去;另一方面,通过这些活动和工作,发展他的理性。他学习推理和判断,为与人和社会打交道准备好心智能力。理性是由自然人向社会人发展过程中的关键。自然人的理性是对自然需求法则的意识归纳和推理,使之成为内在的法则。理性的进一步发展是将之推介到与他人和社会的关系中,形成恰当的尊严、自由意志与服从。他按他的想法生活,他不为别人活。这是一个自由的人。当然他的生活需要朋友和伴侣,这些朋友和伴侣必然是和他性格相仿的人。在他们那里他获得了情感的支撑,他们能形成一个享有充分个人自由的集体。

但至此形成的人仍然是一个自然人,他的自由意志、理性选择等精神和行为仍不具有道德性,因为他的心灵关涉的还仅仅是他自己,并不是共同体的利益。没有他人,他也能活。当一个人开始寻求社会归属,在社会组织中生活和行动时,他才最终完成了"人性"的塑造,成了"人"。因此人部分的培养与教化,是通过共同体而完成的,这就是社会契约所关心的主题和目标。

在人性生长过程中有两个潜在的原则需要牢记。其一是,人类必须首先在他自身之中感受并确立、把握住清晰确定的自然性自由法则之后,才能去探寻这个世界的法则,也就是外部万事万物的法则。一旦掌握了这第一位的也是最急迫的问题,一旦在政治世界与社会世界的秩序中,精神获得了真正的自由,那人类就能让自己投身于探索的自由中而毫无危险了。②

其二,在他将被教育成有独立意志和独立品格的人的过程中,他将受尽困苦、竭尽全力、尝遍艰辛。我们要为之操心的,仅仅是使他免于遭到外部意志暴烈的压制,免于接受他不理解其必然性的命令。也就是说,从孩童时代一开始,他就处处受事物的强制,他将学会在其面前低头;但他将免于人类的暴政。③

---

① 卡西勒:《卢梭问题》[M],王春华译,南京:译林出版社 2009 年版,第 18 页。
② 卡西勒:《卢梭问题》[M],王春华译,南京:译林出版社 2009 年版,第 50 页。
③ 卡西勒:《卢梭问题》[M],王春华译,南京:译林出版社 2009 年版,第 53 页。

卢梭的教育学逻辑是非常清晰的。教育受命于人类的解放，不站在人类福祉的基础上，谈教育是虚伪的。这种教育论述只能是服务于某种政治意识形态的目的，置个人的幸福于当权者的暴政之下。卢梭的教育目的是个人本位的，而在他的理解中，解放人类实质上指的是个人的自由，包括内在的自由和外在的自由。外在的自由取决于个人所处的环境；内在的自由取决于从出生伊始就进行的教养，取决于教育如何引导人的自然德性，小心呵护，促其壮大，最终可以独立自主，使人获得内在精神的自由，从而使个人得到解放所需的内在条件。教育学就是研究如何引导善端、小心培养、促其壮大的学问。教育方法要有意识地排除不利善端成长的因素，设置良好的环境，相信儿童自爱与自我完善的先天才能，让儿童自然地、自由地成长。同时，教育要同压迫者的强权做斗争，教育本身是解放而不是压迫。这前一思想后来成为西方现代教育发蒙的重要思想来源，也成为 20 世纪现代教育学的主流意识，并主导了当代世界范围的教育改革。而后一思想，在笔者看来却是批判教育者的先驱。

第三节　康德对卢梭的理解

卡西勒称，在 18 世纪卢梭的读者之中，几乎只有康德一人是因为卢梭那真正的而不是号称的美德才青睐他。① 康德称："卢梭是指引我的第一人，对我思想的基本倾向有着决定性的影响。"

众所周知，人类的自由是康德念兹在兹的思想中心。康德认为，人是自由的，人具有与生俱来的天赋的自由。人之所以为人，只因为他能够做出选择。人之外的事物受制于因果律，必须严格遵守一些预设好的因果程序；而人却可以依照自己的意志自由选择。这种意志，便是区分自然界中人与其他事物的东西。② 如果人类的行为不是缘起于自身内部而是自身之外的事物，即那些外在于他们或某种他们无法控制的东西（包括屈从于自然摆布的决定论），那么我们就有理由认为他们是不负责的、不道德的、不自由的、不成熟的，是被奴役的状态。③ 康德认为，意志以自己为目的，以自身的自由为目的。当它达到自律时，就会为贯彻意志而立法，建立自己的意志的法规、法律。

---

① 卡西尔：《卢梭 康德 歌德》，刘东译，北京：生活・读书・新知三联书店 2002 年版，第 58 页。

② 以赛亚・伯林：《浪漫主义的起源》，吕梁等译，南京：译林出版社 2011 年版，第 73 页。

③ 康德：《回答这个问题：什么是启蒙运动》［EB/OL］，http://www.douban.com/group/topic/3162074/。

那么"这个道德如何能够通过教育在民众中普及"①呢？康德认为，教育学，或关于教育的学说，或者是自然性的，或者是实践性的。自然性的教育是关于人和动物共同方面的教育，即养育。实践性的教育或道德性的教育则是指那种把人塑造成生活中的自由行动者的教育。（"实践性的"指教育中所有关于自由的东西。）这是一种导向人格性的教育，是自由行动者的教育，这样的自由行动者能够自立，并构成社会的一个有机组成部分，而又意识到其自身的内在价值。②

教育基于如下假设：(1)"教育应以合乎人性的理念及其完整规定为准。"(2)人的禀赋中无恶的成分，只有向善的萌芽。而天意并没有将它们作为完成了的东西放在他里面；那只是单纯的禀赋，还没有道德上的分别。教育应该尽量使这些萌芽得到最大可能的发展。（3）人性并不仅仅就是自然禀赋，人性是人区别于动物的本质规定性，即自由。人对于自由，有一种如此强烈的、出自自然的趋向，以至于如果他有一段时间习惯于此，就会为它牺牲一切。(4)而教育中最重大的问题之一是，人们怎样才能把服从于法则的强制和运用自由的能力结合起来。（5）教育不仅仅是使少数人达致解放，还要致力于民众的解放。所有的人，只要他们心灵纯洁，一旦自问何谓正当行为时，在相似的环境下他们得出的答案是一致的，因为对于所有问题，人们共有的理性将使他们得出完全相同的答案。③

至此，在对人的规定性理解、对教育最高目的的追求、对达到这一最高目的的困难或关键所在，卢梭和康德几乎是一致的。无怪乎康德会赞叹：卢梭第一个在人类所呈现出的千姿百态之中发现了深藏于其间的人类天性，并第一个觉察出证明天意之正义的隐秘法则。④ 因为正是对这一隐秘法则的揭示，为人的自由习性的教育理论奠定了实践的出发点和基础。而对道德如何通过教育在民众中普及的问题，康德也受到卢梭的启发。有段时间，康德认为只有少数人受到足够的启蒙，获致足够的经验或具有足够高尚的道德才能给出问题的正确答案。但是，在读完卢梭的《爱弥儿》之后，他逐渐相信了所有人都有能力给出问题的正确答案。任何一个人，不论他有什么知识缺陷，他依然能够发现问题的合理答案：我应当有什么样的行为举止？所有对这个问题的合理

① 邓晓芒：《康德哲学讲演录》[M]，桂林：广西师范大学出版社 2006 年版，第 72 页。
② 康德：《论教育学》[M]，赵鹏译，上海：上海人民出版社 2005 年版，第 15 页。
③ 康德：《论教育学》[M]，赵鹏译，上海：上海人民出版社 2005 年版，第 8—13 页。
④ 卡西勒：《卢梭问题》[M]，王春华译，南京：译林出版社 2009 年版，第 63 页。

回答必定是一致的。

但康德试图通过学校教育将人性的自然性部分和社会性（道德性）部分合二为一，毕其功于一役，这在卢梭看来是完全行不通的。

康德将教育分为自然的、规训的和道德的三个阶段，认为只要学校教育和教师很好地关注培养学生服从道德规则，养成自觉的依据道德规则行事的习惯，以及后来发展对规则推理的理性能力，这样学校就能培养出相似的或一致的、能够知道并遵循共同道德法则的国家公民。尽管康德对教师与学校做了一些建议，但卢梭却尖锐地批评道："在没有真正国家的地方，也就不会有真正的公民。"①只要处在社会中，"偏见、权威、需要、先例以及一切加之于我们身上的这些社会制度和习俗都将会戕杀他的天性，而不会给它添加什么东西。"②现有的公共教育从没有解决过善待自己同时对别人有所贡献的受教育者的培养问题。面对卢梭的指责，康德无法回答：培养一个绝对理想化的新人，需要什么样的教师和学校环境？

康德的著作《论教育学》中处处可见《爱弥儿》的影子，足见卢梭对其影响之深。不仅如此，康德还将卢梭的肖像挂在自己书桌的正上方——这是他书房中的唯一画像。康德是理解卢梭的，他们在此（"爱弥儿"）相遇。

第四节　对卢梭的两种误解

一、对自然教育和消极教育的误解

有人认为，将卢梭自然教育推至极致将会导致教育消亡，这种推理大概是不恰当的。康德就论述过，教育要将人性从自然蒙昧状态引导至自觉状态，教育就是一种艺术。

卢梭的原初是一种幸福的无知状态。但是这种状态并不停留在原地，而是在自我完善的指引下继续发展。卢梭考虑的是，怎样使原初的善性保留下来，因为德性（即不为恶）并不因为文明的发展而会有所进益。这种善性是需求与能力之间的制衡；在自我完善中，是怜悯心对自爱心的制约。教育是对这种先天道德判断的保护和促使其生长巩固。教育时时守护着人性中的先天道

---

① 卢梭：《爱弥儿》，彭正梅译，上海：上海人民出版社 2005 年版，第 3 页。
② 卢梭：《爱弥儿》，彭正梅译，上海：上海人民出版社 2005 年版，第 1 页。

德,并在适当的时候开启儿童的理智之眼,以使儿童的自然的德性与自由,发展成为成人自觉的德性与自由。他不是在培养一个与世隔绝的野蛮人,而是在为社会培养具有高尚道德的自由人。儿童化的成人是卢梭所不屑的。

卢梭语境中的"自然"是"天赋人权"的原初环境,也是理性环境。它既是物质的,又隐含着人类普适性伦理、先天法则,具有形而上的意义。对此康德在人性和动物性的区别中,已做过解释。因此,卢梭的教育,从方法上是消极的;但从态度上,却是极为积极的。消极方法的目的,在于防止儿童跌入内在和外在的奴役与被奴役状态中。外在奴役指屈服于各种外在权威的力量;内在奴役是儿童自身意志的松懈和放弃,将自我放逐于欲望之中。

二、个人教育与公民教育

有人认为,卢梭在培养自然人和培养公民之间,长期依违莫定。这一看法,割裂了《社会契约论》与《爱弥儿》的关系。爱弥儿是一个非常健康的自然人,可以绝对地、天然独立地生存,也即拥有自然状态中的自由,①但是他还不是一个真正意义上的人,他还必须在共同体中接受教育,由人上升到公民,真正的人才形成。

《社会契约论》接续《爱弥儿》,论述了人类为什么要组织共同体生活,这样的共同体需要什么样的必要条件才能保证人的平等和自由。"要寻找出一种结合的形式,使它能以全部共同的力量来卫护和保障每个结合者的人身和财富,并且由于这一结合而使得每一个与全体相联合的个人又只不过是在服从其本人,并且仍然像以往一样的自由。"②这就是要寻找某种形式的社会契约。契约即公意,乃是自然人自由意志的最大公约数。它保护个人出于天性的对自己的偏爱,但同时又保证了这种自爱不妨碍他人的利益,以全体的最大幸福为依归。

但契约社会有个前提,即"为之而立法的那些人民是否适宜于接受那些法律"③。只有"爱弥儿"才能明白自由是什么。卢梭曾说:"缺乏天性来做基础,社会习俗的制约力能够坚实吗?人若不热爱自己的邻人和亲人,他能养成对于国家的忠诚吗?……难道不是良好的儿子、良好的丈夫和良好的父亲,才构成良好的公民吗?"④

---

① 卢梭:《社会契约论》,何兆武译,北京:商务印书馆 2010 年版,第 24 页。
② 卢梭:《社会契约论》,何兆武译,北京:商务印书馆 2010 年版,第 18—19 页。
③ 卢梭:《社会契约论》,何兆武译,北京:商务印书馆 2010 年版,第 55 页。
④ 滕大春:《卢梭教育思想述评》,北京:人民教育出版社 1984 年版,第 50 页。

由人而为公民，在集体中进行，将采用惩罚和约束的方式：一旦个人的自由意志违反了公意，就会遭到驱逐。

第五节　当代语境中的卢梭

卢梭对现代教育的贡献，杜威曾有中肯的评价："教育不是从外部强加给儿童和年轻人某些东西，而是人类天赋能力的生长。从卢梭那时以来教育改革家们所最强调的种种主张，都源于这个概念。"[①]可惜对于这一概念，汉语界却迟迟未能领悟。

汉语学界对卢梭思想的引介始于清末民初寻求富国强兵之路时。《社会契约论》和《爱弥儿》跻身于最早的汉译名著之中，但一开始两者就分属不同的领域，一个被作为政治论著，一个被作为教育小说来看待。也就是说，在汉语思想中，卢梭一开始就是分裂的。这显然大大降低了卢梭思想应有的境界，减弱了其丰富的思想内涵。卢梭在当时教育界的地位，比不上杜威；在哲学界的地位，甚至不如罗素脍炙人口。这种状况虽与时代的特殊性有关，但很大程度上也与中国"五四"前后人文学术传统的断裂和其后的不发达有很大的关系。加上在政治语境中，民主冲击了个人自由，民主成了解放。

由于人文学术传统的断裂与迟迟得不到伸张，对卢梭思想的正本溯源几乎不可能。更何况这还是一种外来的文化。林毓生曾叹言：了解外国文化，谈何容易？我们对西洋文化的精微之处，对它的苦难，对它起承转合、非常复杂的过程，与因之而产生的特质，又有多少设身处地的了解呢？把外国的东西当作权威，常常会变成口号。[②]卢梭的问题从来没有得到过统一。而近年来，分裂的卢梭又被贴上各种"儿童中心"和"儿童本位"的标签，被乱用一气，加剧了对卢梭的误解。仿佛卢梭的思想尽可以概括为一句话，即"使儿童成为儿童的样子"。

卢梭的贡献在于对真正社会"天性"——伦理法则的廓清。童年期是形成自由人的关键时期。它是天性发展的关键期，是形成自由习惯和能力的关键时期。这时期的教育至关重要，它是自由的看护者，关系到个人与人类的福祉。这是卢梭为什么强调童年教育的原因所在，也是卢梭发现儿童和童年的

---

① 杜威：《学校与社会·明日之学校》，赵祥麟、任钟印、吴志宏译，北京：人民教育出版社2005年版，第215页。

② 林毓生：《中国传统的创造性转化》[M]，北京：生活·读书·新知三联书店1988年版，第8—9页。

意义所在。卢梭的思想不可简单化为一句口号,不可简单定位为"儿童本位"就完事儿了。因为卢梭还说过,既不要儿童像成人一样,也不要成人像儿童一样。他的教育目标是指向独立自主的(成)人,是康德意义上得到过启蒙的成人。儿童阶段儿童的生活是充满教育意义的,是为理性(这里的理性是自由的保证)成人的准备。这是现代教育学的基本立场,自卢梭以来,无论是赫尔巴特的教育性教学、杜威的经验的生长,还是底特里希·本纳总结的可塑性与主动性原则,均认为如此。

当前形形色色阐释卢梭的话语,或许在某种程度上应验了哥尔达美尔的观察:形形色色的自然爱好者把他推崇为偶像来实现他们的或多或少是无害的雄心。[①]

卢梭与柏拉图、康德、杜威等人一样,并非专职教育学者。他们都是将教育看成实现人类福祉的某种和政治并驾齐驱的手段。也就是说教育学在思想层面上属于人文学科,须用人文学的方法来研究和处理。而人文学科关注的是价值和意义问题,其思想的迈进是以深重而原创的问题的提出为标志的。对问题的理解更倾向于在意它的具体与特殊,而非普遍与一般,强调上下文之间的关联。这就要求对之解读,应置于思想史的境界中进行。与上下文的割裂,必导致教条的出现、曲解和误解,对于当下问题的把握和处理并无裨益。

卢梭问题的提出与解决,在思想史上的地位永远要高于其被教条化的学说。也只有在问题中,我们才可与之相遇,并以其提出问题的方式、内涵与寻求解决的思考来研究当前我们的状况。卢梭的教育思想对于我们的意义在于:教育要培养具有自由意志的人,这是现代社会的基础,它具有社会伦理道德和政治的意义。这也就是为什么"康德、赫德、歌德、席勒尔、费希特,等等,都在心灵深处为卢梭所焕发了"[②]的原因所在。

---

① 卢梭:《论人类不平等的起源和基础》,北京:商务印书馆1982年版,第190页。
② F. Paulson, German Education, Past & Present, London, T. Fisher Unwin, 1908:157.

第二章　赫尔巴特:儿童内在 生活的丰富性

都说赫尔巴特是对康德持批判态度的,因此,很少有人将赫尔巴特教育学的哲学基础建立在康德哲学之上。有人认为赫尔巴特对康德的批判是对康德的超越。更有甚者,通过批判康德的实践哲学来认可赫尔巴特为道德教育而采取的实在论的方法。但是,也许这样一种理解的路径从方向上一开始就是错误的。

首先,赫尔巴特生活的时期,是德国启蒙运动最为鼎盛的时期。全德国的知识精英们都沉浸在康德、席勒、歌德、黑格尔、费希特、贝多芬等人的思想和著作中。在哲学领域,赫尔巴特还无法超越这些人物。

其次,赫尔巴特对康德的批判,未必就意味着赫尔巴特没有对康德进行继承,且不说在西方哲学史上,德国古典哲学领域中还无人能超越康德。赫尔巴特将自己称为实在主义者,并非完全摆脱了康德的影响。

其三,认为康德的实践哲学无法解决道德教育的问题,实践理性与理论理性的分裂是赫尔巴特得以超越康德的原因,这种看法实在勉强。因为众所周知,康德在《纯粹理性批判》和《实践理性批判》之后,还有两部重要的作品《判断力批判》和《历史理性批判》,来解决前两部批判所未完成的问题。这个问题就是"人是什么"。

因此,对赫尔巴特教育学的解读绕不开康德。如果不回到康德的话,我们很难弄清楚赫尔巴特论述的含混之处。比如:为什么要提出审美教育是道德教育的主要任务? 为什么道德教育中要提出想象力和情感甚至欲望的问题? 为什么赫尔巴特的教育学好似脱离了社会历史情境,却又坚持"教学是经验和交往的补充"? 为什么要提出教育性教学的问题? 道德、内心自由、善和意志之间是一种什么关系? 为什么文中在不同的地方提出了这些不同的概念,却又没有很好地解释,而是一带而过? ……如果仅仅从赫尔巴特教育学论著中来寻找这些问题及这些问题之间的相互关系的话,我认为是不明智的。

其实这个问题不难回答。赫尔巴特的教育学思想成熟时,他在大学里担任《教育学》课程的讲授。而当时的大学生大概很少有不受康德哲学影响的吧。虽然没有证据表明他们都读过康德的哲学著作,但至少大部分应该是康德的热爱者或熟知康德的基本思想。这就是赫尔巴特言说当时的历史文化氛围。所以,很多问题,赫尔巴特都认为对当时的人来说是不言而喻的,不需要交代得那么详细和清楚。即他们都是在康德哲学的基础上来讨论教育学的。自然这些论述对于今天的我们来说,有很多不明了的地方需要澄清。而这种澄清不是通过猜想,也不是从其他的教育学论著中寻找,还是应该回到康德。所以,我们在对赫尔巴特教育学思想进行解读之前,回到康德,寻找康德对"人是什么"这个问题的综合理解。

第一节　康德论道德哲学

众所周知,康德是德国古典哲学的代表人物,其哲学学说属于超验哲学一派。我们也知道,康德是启蒙思想的主要贡献者,他在著名的论文《回答一个问题:什么是启蒙运动?》中,提出的人独立运用自己的理性、解放自身受奴役状况的问题,成为后人领悟和理解启蒙精神的一个精神坐标。是的,康德一生都在孜孜不倦地追问理性的作用及其限度问题,体现在《纯粹理性批判》和《实践理性批判》之中。这两大批判回答了这三个问题:(1) 我能认识什么?(2) 我应做什么?(3) 我可期望什么? 与第一个问题相对应的是人的理论理性,限于对人以外物质世界的认识,上升到形而上学的范畴。与第二个问题相对应的是人的实践理性,限于对人际伦理关系的认识,属于道德范畴。而第三个问题则由宗教来回答。但康德并没有止步于此。作为伟大的哲学家,康德和前古典哲学家一样,他需要在他的历史情境中对哲学最根本的问题"人是什么"给予回答。这就使他的思考由认识论到实践论再上升到哲学人类学之上。也就是说,前面三个问题并不能解决最终困扰人关于自我意识的最根本潜意识的焦虑。并且这一焦虑在康德这里得到进一步加深,因为在前面关于理性的作用及其限制的思考中,发现人的认识和人的实践(道德)两者是无法结合的。人在认识领域中,有一套知性规则;而在伦理道德领域中,又有一套理性规则。但是,是否知晓了这两种规则,就能使人获得自由了呢? 答案显然是否定的。人除了认知和道德问题外,还充满了对终极问题的追寻和困惑。因此,在否定了上帝的意义和价值后,康德转向美学和历史,依然想通过人来解决人本身的问题。所以有很多学者认为,康德的道德绝对律令是无法通过教育来获得的,这是康德思想一个重大的缺陷。所以,审美不仅完成人之为人的"意义和价值"的终极问题，还是道德教育的手段，解决道德问题，即"美是道德的象征"。这样，三大批判再加上《判断力批判》、《历史理性批判》才最终完成了"人是什么"的问题。

何兆武也认为，一般人从《纯粹理性批判》读起，晦涩难懂，因而读到《实践理性批判》，也就停止了。但"假如我们能从另一条途径去读康德，先读（或者哪怕是后读）他的第三批判，即代表他晚年力图打通天人之际的《判断力批判》以及所谓的第四批判即《历史理性批判》，再加上某些前批判时期的作品……那么我们大概就会看到另一个较有趣味的康德，而且也会更近于康德这个人和这位哲学家的真实面貌"①。

人类的思想起源于对世界与自身的思考，先有对人之为人的本质问题的思考，才有如何使人为人的思考。所以教育学原先包含在哲学范畴之内。而对人的本性的认识，几乎又都归结到人的道德上来，所以大部分历史时期，教育即意味着道德教育。

1. 道德的三个原理

在启蒙时代的道德哲学中，较为流行的是经验的幸福论和情感主义。康德就是在对这两种思想意识的批判中建立自己的道德哲学的。在康德看来，道德（原则）必须脱离经验。② 因为幸福经验论太过主观，幸福没有客观标准，所以要求人的自由（当然这里的人，既是个体的人，也是总体的人类）、人的行为要遵循的道德规范和原则必须是普遍必然的，这就是绝对的道德律令。它不受任何经验的制约，完全摆脱了种种感觉经验。所以，康德认为，这个绝对命令的道德律令是先验的。所以自由是先验的，它包括两个必要的成分：一是动机，二是其立法形式。康德说："一个只能以准则的单纯立法形式作为自己律令的意志，就是一个自由意志。……一个自由意志既然不依靠于律令的实质，就只有以律令为其动机了，但是在一条律令之中，除了实质，也只含着立法形式，别无他物。"③

这个先验的道德律令与经验的关系，它绝对不是来自经验，却在日常经验中大量呈现和存在着，可以由日常道德经验来论证它的性质和表现；并且人们又可将之运用到活生生的经验和行动中去。"可见，在经验现象中去追求寻找

---

①　康德：《论优美感和崇高感》[M]，何兆武译，北京：商务印书馆，2001年版，第2页。

②　李泽厚：《批判哲学的批判：康德述评》[M]，北京：生活·读书·新知三联书店2007年版，第283页。

③　康德：《实践理性批判》[M]，韩水法译，北京：商务印书馆1999年版，第28页。

一种先验的普遍原则,两者又仍然是共同的。"①

所以人之为人,在道德上的表现,就是人根据或遵循道德律令来行动,自觉克服控制自己的人性的方面,即情欲愿望等,有所为而有所不为,这就是善的意志,这样才能达到理性的自由。动物没有这种意志,神无须这种意志。

道德律令有两个基本的原则,一个即著名的"人即目的"。"这样的行动,无论是对你自己或对别的人,在任何情况下把人当作目的,决不只是当作工具。"②因为人是理性的存在。另一个著名的原理则是所谓的"意志自律",也就是说,"每个有理性的存在者的意志当作普遍立法的意志"。即自己为自己立法。康德的这一思想显然受之于卢梭。卢梭在论述怎样由理性自由的个人组成公民社会时,曾论述过相关的"公意"、"人民立法"的思想。但卢梭将之最终落实到社会政治中,引发了后来的大革命。而康德将之落实到内心精神中,掀起了哲学的革命。黑格尔指出:"卢梭已经把自由提出来当作绝对的东西了,康德提出了同样的原则,不过主要是从理论方面来处理它……(法国人)很实际地注重现实世界的事务……在德国……只是在理论方面得到了发挥……让思维自由地在头脑内部进行活动。"③普列汉诺夫认为:"……软弱无力的德国市民只有'善良意志'。康德只谈'善良意志',哪怕这个善良意志毫无效果他也心安理得。……康德的这个善良意志完全符合于德国市民的软弱、受压迫和贫乏的状况。"④

康德的"意志自律"、"自己为自己立法"包含两层意思:使自己的行为符合普遍立法的原则;人可以为自身立法。第一条是要求人遵循客观的道德律令,第二条说明人在服从外在命令的时候,具有主动性。人可以认识这一规律并自觉服从。当人在服从道德律令方面达到了自觉时,他就获得了实践方面的自由。"正是在善的意志——人们对道德律令的绝对服从的行为中,展示了'自由'的无比尊严。所以,一方面,自由是绝对命令的根源和依据,是道德律令的基础和前提;另一方面,道德律令又是自由体现出来的途径,自由离开了

---

① 李泽厚:《批判哲学的批判:康德述评》[M],北京:生活·读书·新知三联书店 2007 年版,第285 页。

② 康德:《道德形而上学原理》[M],上海:上海人民出版社 1986 年版,第43 页。

③ 黑格尔:《康德哲学论述》[M],北京:商务印书馆 1962 年版,第17 页。

④ 李泽厚:《批判哲学的批判:康德述评》[M],北京:生活·读书·新知三联书店 2007 年版,第211—212 页。

道德便永远不能被人感受到。"①所有自由有两层性质：作为先验的自由，它体现为道德律令；而作为行动的自由，则体现并强调了它主动决定和自觉选择的特点。所以，作为道德律令的自由，强调的是它超出自然因果的先验性质；而作为个体行为的自由，强调的则是它主动决定的特点，亦即可以在经验的自然因果系列中，作为自由的本体原因产生效果。自由或意志自律乃是纯粹理性自身具有的先验的实践能力（即普遍形式的道德律令）绝对必然地在个体行为中为自己立法。② 自由的后一层性质，突出了人在实践理性面前的主动性，直接指向了"善的意志"。

所以，道德、道德自由和善的意志间就这样勾连起来，是这样一种顺乎其然的关系，而并非可以相互替代的。

康德的道德哲学，强调和论证的是道德的形式层面。在康德看来，道德的实质并不重要。但这种形式主义并不像后人所误解的割裂道德实践与历史经验的关联。李泽厚认为，康德的先验的道德判断的形式，是由历史积淀所造成的，也就是"经验变先验，历史建理性，心理成本体"。它并不是一个封闭的体系，任何一个学说都不是也不可能是一个封闭的体系。它是一个理论体系，但是开放的。形式论的主张有利于坚持伦理道德行为的理性力量，而避免道德流于庸俗和世俗。理性的两个用途：一个，理性就只是自然用以装备人类的一种特殊方式，使他达成畜类依其天性要达成的那个目的，而并不会使他能实现一种较高的目的。……还具有一个较高用途，那就是，它不但要考察本身为善或为恶的东西（只有不受任何感性利益所影响的纯粹理性才能判断这一层），而且还要把这种善恶评价从祸福考虑完全分离开，而把前者作为后者的最高条件。③

康德的伦理学，是从理性出发（道德律令），到概念（善恶）再到感性即道德情感。从道德律令出发，就可以判断何为善何为恶。服从绝对命令的即为善，反之即为恶。善的行为能产生愉悦的道德情感，而恶的行为自然产生的是不道德的情感。所以在这里，人的道德感情，也正可以说是理性战胜人性（自然

① 李泽厚：《批判哲学的批判：康德述评》[M]，北京：生活·读书·新知三联书店 2007 年版，第305 页。

② 李泽厚：《批判哲学的批判：康德述评》[M]，北京：生活·读书·新知三联书店 2007 年版，第307 页。

③ 康德：《实践理性批判》[M]，关文运译，北京：商务印书馆 1960 年版，第 62—63 页。

性），道德战胜情欲在感情上的产物。①

而对恶，也就是理性不能克服感性欲望，"因追求个人利益以致违背普遍立法的个体性。在人类社会的历史发展中，也有其积极的一面。从野蛮到文明的第一步就这样开始了。……没有这种产生对抗的、不可爱的、非社会性的本性（人在其自私要求中便可发现这一特征），所有才能均将在一种和谐、安逸、满足和彼此友爱的阿加底亚的牧歌式的生活中，一开始就被埋没掉。人们如果像他们所畜牧的羊群那样脾气好，就不能达到比他们的畜类有更高价值的存在……这种无情的名利角逐，这种渴望占有和权力的贪婪欲望，没有它们，人类的一切优秀的自然才能将永远沉睡，得不到发展。人希望谐和，自然知道什么对种族更有利，它发展不谐和……""恶"并不是自然人欲，而是因追求个人利益以致违背普遍立法的个体性。康德说："自然的历史从善开始，因为它是上帝的工作；自由的历史从恶开始，因为它是人的工作。"②

2. 审美判断力

思辨理性（认识）不能达到伦理领域，实践理性（伦理）却要作用于认识领域。

在康德看来，由自然人过渡到道德人，需要中介和桥梁。这个中介和桥梁就是人的一种特殊的心理能力，即"判断力"。康德说，"判断力"并不是一种独立的能力，它既不能像知性那样提供概念，也不能像理性那样提供理念。它只是在普遍与特殊之间寻求关系的一种心理功能。③ 普遍性既定，从普遍到特殊，即辨认某一特殊事物是否属于某一普遍规律的能力，是"决定的判断力"。而如果特殊是既定的，从特殊中去寻找普遍，就是"反思的判断力"。这也是审美的和目的论的判断力。判断力都属某种天赋能力，前者"只能锻炼而没法教授"，后者连培育也难奏效。康德认为正是这种"反思判断力"，能够把知性与理性联合起来。它既有知性的性质，又有理性的性质，又不同于两者。

"反思判断力"的这种特性反映在审美活动的过程中。首先，什么是审美？审美是超脱了任何（包括道德的或生物的）利害关系，对对象存在无所欲求的

---

① 李泽厚：《批判哲学的批判：康德述评》[M]，北京：生活·读书·新知三联书店 2007 年版，第319 页。

② 李泽厚：《批判哲学的批判：康德述评》[M]，北京：生活·读书·新知三联书店 2007 年版，第349—351 页。

③ 李泽厚：《批判哲学的批判：康德述评》[M]，北京：生活·读书·新知三联书店 2007 年版，第383 页。

"自由的"快感。①

单个人不产生审美活动，不具备美的活动的社会条件和社会要求。只有在总体人类社会中的一个人才会有美的要求和审美活动。因此，审美判断必须具有普遍性。当然这种普遍性也必须是由历史经验积累的。但审美判断和逻辑判断不同，它不取自概念，概念并不导致审美，产生审美愉快。虽然审美判断要求普遍有效性，却仍只是一种人们主观上的感性感受状态。康德说："这种判断之所以叫作审美的，正因为它的决定根据不是概念，而是对诸心理功能活动的协调的情感……"②审美愉快是人的许多心理功能（主要是想象力和知性）处在一种康德所谓"自由"的协调状态中的产物，即两者（想象力与知性）的关系不是僵死固定的，而是处在非确定的运动之中。这也就是这种反思"判断"的具体含义。③

因此，审美的特征是"无利害而又产生愉快"、"无概念而又有普遍性"的。

那么，既然这种普遍性既不来自概念认识，又不能来自经验，因为经验不可能提供必然，又是如何得来的呢？康德最后假定是来自所谓的先验的"共通感"，即"人同此心，心同此理"。因此，这个"共通感"不是自然生理性质的，而是一种具有社会性的东西。④

康德在论述了审美判断力的诸种特征后，他的目的是在审美和道德之间建立某种关系。因此这就涉及康德对理想美的讨论。

在《论优美感和崇高感》这本小册子中，康德区分了美的两种形态：优美和崇高。"美有两种，即崇高感和优美感。每一种刺激都是令人愉悦的，却是以不同的方式。""崇高感动人，而优美感则迷醉人。""崇高必定总是伟大的，而优美却也可以是渺小的。崇高必定是纯朴的，而优美则可以是经过装扮和修饰的。"⑤王国维对这两个概念的解释可谓要言不烦："优美与壮美之别：今有一物，令人忘利害之关系而玩之不厌者，谓之优美之感情；若其物直接不利于吾

---

① 李泽厚：《批判哲学的批判：康德述评》[M]，北京：生活·读书·新知三联书店 2007 年版，第390 页。

② 康德：《判断力批判》[M]，北京：商务印书馆 1964 年版，第 66—67 页。

③ 李泽厚：《批判哲学的批判：康德述评》[M]，北京：生活·读书·新知三联书店 2007 年版，第392—393 页。

④ 李泽厚：《批判哲学的批判：康德述评》[M]，北京：生活·读书·新知三联书店 2007 年版，第398 页。

⑤ 康德：《论优美感和崇高感》[M]，何兆武译，北京：商务印书馆 2001 年版。

人之意志而意志为之破裂,唯由知识冥想其理念者,谓之壮美之感情。"①根据何兆武先生的解释,这两种美的基本形态向来是美学关切的主要问题。"崇高"这一美学上重要的范畴自古罗马晚期出现,17—18世纪蔚然成风。李泽厚也证实,康德对这一问题的思考和论述,迎合了当时的浪漫主义运动的大潮。但康德前的人认为美是客观事物的属性作用于我们人自身而使我们产生的一种心理作用。是康德将这种审美从客观转移到主观来,因而早在他的《纯粹理性批判》之前就在美学上进行了一场哥白尼式的革命。②

17—18世纪所谓的崇高,大都指的是外在事物,如宇宙的无限等,使人产生惊愕、恐惧,进而又意识到它对我们并没有危险,于是这种惊愕之感就转化为一种愉悦之情。而康德进一步认为,想象力无力适应自然对象而感到恐惧,因此要唤起理性理念(人的伦理力量)来掌握和战胜对象。这样原本对客观对象的恐惧、避畏转化为对人自身尊严、勇气的肯定和快感。

在对"崇高"的审美过程中,突显了道德、伦理和人的实践理性的力量。当人在对"崇高"的审美过程中获得愉快时,这种愉快是人对自己道德力量的愉快。当然,这种感情还不是真正的道德感情,它仍是对自然景物的形式的趣味判断。因此,在对"崇高"的审美过程中,就顺利完成了道德和美的统一。审美的道德性在这里凸现。

康德在谈到优美和崇高的关系时,一再地肯定崇高的道德性。他认为,优美与崇高是两种互补的美的形式。崇高如果没有优美来补充,就不可能持久;它会使人感到可敬而不可亲,会使人敬而远之而不是亲而近之。另一方面,优美如果不能升华为崇高则无由提高,因而就有陷入低级趣味的危险,虽则可爱,但又不可敬了。③

何兆武认为,康德在《论优美感和崇高感》中,还提出了一个观点,即美感是可以培养的。美感不是快感(或官能的享受),但也不是思辨原则所推导出来的结论。它虽不是这两者,却是可以培养的,并且是和德行相联系的。美感可以培养,也就意味着人性是可以改善的,可以提高的。我们应该不断地培养并追求更高的美。……庸俗的享乐(快感)并不需要培养或修养,只有更高级的美(那是一种精神活动或精神状态)才需要。④

① 王国维:《静庵文集》[M],沈阳:辽宁教育出版社1977年版,第29页。
② 康德:《论优美感和崇高感》[M],何兆武译,北京:商务印书馆2001年版,第6页。
③ 康德:《论优美感和崇高感》[M],何兆武译,北京:商务印书馆2001年版,第8页。
④ 康德:《论优美感和崇高感》[M],何兆武译,北京:商务印书馆2001年版,第8页。

但是李泽厚显然不是这样认为的。他早就曾指出，反思判断力是天赋的，而后天的培养是不可能的。也就是说，审美判断力是先验的。可是，他后来又指出：康德认为，由于与理性理念相联系，对崇高的审美感受必须有一定的文化教养和"众多理念"。……要能欣赏崇高……就需要欣赏者有更多的主观方面的基础和条件，需要更高的道德水平和文化水平。[①] 也就是说，崇高美这种审美的特殊形式，为判断力的形成指出了某种途径。不管判断力是否可以培养，如果缺乏了一定的文化修养和理性基础，那么，对崇高的感受是不可能的。这个说法是可以得到我们日常经验证实的。同样的狂风暴雨、电闪雷鸣，对于有些人来讲只有可怕而没有审美；但对于有些人来讲，就会产生一种愉悦的美的感觉来。这是每个人内在的主观精神方面的差异造成的。

李泽厚认为，康德与卢梭对人性的态度有区别，区别在于，卢梭崇尚自然人，立足于自然人来探讨自由的问题。而康德是立足于"文明人"，即"文化——道德人"来阐述自由的问题、审美的问题。康德曾说，"我们生活在规训、文化和文明化的时代，但还远不是道德教化的时代"[②]。也就是说，康德并不认为文化发展是造成人类堕落的原因。相反，科学艺术（文化）即使不能使人在道德上进步（卢梭的观点），但它使社会更富有教养，使人更为文明，"这样就对克服感性偏执的专横大有贡献。因之也就决定了人作为主宰存在。在那里只有理性统治；灾恶或由自然、或由人的自私袭来时，就唤起、加强和坚定了心灵的力量，不去屈服于它们，而是使我们感到有一个更高的目的藏在我们身上"[③]。

也就是说，文化的人是康德理想的人的状态，他首先是指能摆脱自然的欲望束缚，独立于它，而又能按照自己的自由意志去利用自然，以实现自己的目的，即有运用自然的技巧，从而是有文化的。[④] 因此，文化是最终目的，因为它与道德有关，它间接促进道德，这就是"自然向人的生成"。

康德立足于文明人的立场来阐述人的自由问题，也就是在人类文明社会

① 李泽厚：《批判哲学的批判：康德述评》[M]，北京：生活·读书·新知三联书店 2007 年版，第402 页。
② 康德：《论教育》[M]，上海：上海人民出版社 2005 年版，第 11 页。
③ 李泽厚：《批判哲学的批判：康德述评》[M]，北京：生活·读书·新知三联书店 2007 年版，第98 页。
④ 李泽厚：《批判哲学的批判：康德述评》[M]，北京：生活·读书·新知三联书店 2007 年版，第423 页。

中如何实现人的自由问题。遗憾的是,他仅仅是进行了哲学批判或哲学思考,并没有就如何在文明社会培养未来社会成员,使之成为文明人,或如何进行道德教化,进行进一步阐述。这个任务应该是由教育学从哲学手中接过来。

同样令人可惜的是,康德毕生都奉献于对使人自由的人性能力的思考,并最终在审美判断力中完成了人的自由,但他并没有在教育学中应用起来。众所周知,康德分别于 1776—1777 年间和 1786—1787 年间两度在柯尼斯堡大学开设教育学讲座。这两个时期,分别是其撰写《纯粹理性批判》和《实践理性批判》的时期。因此,他当时的教育学思想最多仅仅限于对实践理性问题的思考,并不能代表他后期对整个人的自由的问题的成熟的观点。当时他的哲学还没有发展到后来的人类学上去,因此,我们完全有理由认为,康德对教育学的观点,并不能代表他完整的思想和思想中的精髓。

康德对教育的兴趣可以归结为他对"无法认识更高尚的事物"的民众进行启蒙的关心。在 1776—1777 年前后,他对巴泽多在德绍的泛爱学校表示出非同一般的关心和兴趣,对学校给予物质上和社交方面的支持。18 世纪 60 年代,康德还读过卢梭的《爱弥儿》,深深为之倾倒,因为这本书改变了他将"无法认识更高尚事物"的民众排除在启蒙之外的看法。所以,今天我们在阅读康德《论教育》这本关于教育学的论著时,我们不难设想其中不仅有康德自己对于实践理性的观点,有卢梭消极教育的影响,还有泛爱学校的经验。这本书后来由听讲座的学生在康德逝世前一年出版。

我们对康德不能苛求,因为他并不是教育研究者,他仅仅是启蒙教育的热衷支持者,对启蒙教育保持着强烈的关怀和兴趣。他对教育的观点和论述,仅仅是并不成熟的哲学思想在教育中应用的设想和观察当时学校教育后的一些经验的总结和自己的想法。对赫尔巴特教育学的理解,不能站立在康德教育学的基础上,更不能将之作为一个批判的对象来进行批评,以树立赫尔巴特教育学的形象。

尽管如此,康德在其教育论述中,对教育作用的看法(如"人是唯一必须受教育的被造物"[①],"人只有通过教育才能成为人。除了教育从他身上所造就出的东西外,他什么也不是"[②]。),对人的发展主动性的肯定(如"教育一方面是把某些东西教给人,另一方面还要使某些东西靠其自身发展出来;因此人不

---

① 康德:《论教育》[M],上海:上海人民出版社 2005 年版,第 1 页。
② 康德:《论教育》[M],上海:上海人民出版社 2005 年版,第 5 页。

可能知道，在他身上自然禀赋到底有多大"①。），等等，以及一些其他中肯的教育观点，还是得到了赫尔巴特的继承。而康德没有从事的启蒙教育学的事业，更有待于赫尔巴特去开拓。

第二节　对世界的审美表述

在教育学的哲学基础方面，我们完全可以将赫尔巴特看作康德启蒙哲学的继承者，他几乎所有重要的教育学基本理论观点均来自于康德。除了上文所说的一些观点的直接继承外，相对重要的在两个方面：一是对相关重要概念，如道德、内心自由、道德意志等的解释与实践理性相关概念的理解保持了一致；二是通过审美来达到道德自觉的培养目标，这一教育方法得自康德关于"审美判断力"的殚精竭虑的思考与论述。包括"教育性教学"、"多方面的兴趣"和"思想范围"这一组概念和原理，都取自康德关于审美和道德的关系的界定。因此，我们可以说，赫尔巴特在教育目的、培养目标、教育过程和教育方法方面，都是基于康德的哲学理念。

那么赫尔巴特的贡献在什么地方呢？

赫尔巴特的贡献在于将教育学从哲学中脱离出来，建立成为一门独立的学科体系，赋予其独特的科学地位。在赫尔巴特之后，教育学本应该成为具有独立自主性的一门新的科学。

赫尔巴特 1804 年的一篇论文《论对世界之审美表述是教育的首要工作》很少引起教育学研究者和教育研究者的关注。而恰恰是这篇文章，是赫尔巴特为教育学所做的独立宣言，它为教育学的学科性质、基本目标和通往目标的基本方法奠定了基础。两年之后（1806 年）的《普通教育学》是对教育学基本逻辑的具体阐述。而到 1835 年的《教育学讲授纲要》时，几乎就是教育学的行动指南了。因此，要了解赫尔巴特教育学的基本思想，除《普通教育学》外，不能忽略了这篇文章。并且只有从这篇文章开始，才能对赫尔巴特的教育学理论体系有个大致完整、相对准确的理解。

赫尔巴特的教育学被称为现代科学教育学的奠基者，构建了科学的教育学理论体系，使教育学从哲学中独立出来。这话固然不错，但对于何谓科学教育学，何谓教育学学科的独立性，他的科学的教育学理论体系是什么，这三者之

---

① 康德：《论教育》[M]，上海：上海人民出版社 2005 年版，第 5 页。

间是相互关联的,后来者尤其是中国的教育理论工作者对这三个问题的理解常常失之偏颇。关之尹在给卡西尔的《人文科学的逻辑》一书作译序时,曾对德语中的"科学"一词的含义做过解释。在德语传统中,Wissenschaft 一般译为英文 science,但就概念内容而言,所指的都只是广义的"学问"。自启蒙时期以来,Wissenschaft 一般都用以泛指任何有一定规模的学问。康德便提出了关于 Wissenschaft 最经典的界说:"任何一门学问(Lehre),只要能构成为一系列,即一按原则而被组织起来的知识的整体,都可称为科学(Wissenschaft)。"康德所指的原则是先验原则;到后来的黑格尔,进一步把原则理解为"思辨原则"。所以,赫尔巴特教育学被称之为科学的教育学,大概是这个意思,跟自然科学的 science 不是一回事情。从心理学的统觉理论的应用来赋予赫尔巴特教育学的科学的圣神地位简直是无稽之谈,[①]显然不符合当时德国人文学术传统的理路。赫尔巴特时代(18 世纪后半期至 19 世纪上半期)科学实证主义还没有出现;作为现代科学分支之一的心理学也是在教育学之后才脱离哲学的,这还得归功于赫尔巴特的贡献。

这里所谓的"科学"教育学就是指教育学学科自身建构一套相关的理论体系。这一理论体系有自己的问题、概念原理和规律等。赫尔巴特在 1802 年"关于教育学的两个讲座"中就提出:"一门科学的内容又是什么呢? 科学是包含了全部思想内容的一系列原理的综合,这些原理有可能相辅相成,体现为基本原理的结果,原则中的原理。那么,什么是艺术呢? 艺术是一系列能相互统一起来以实现某一目的的技能的综合。也就是说,科学要求的是从其缘由中导出原理,是哲学性的思考;艺术要求的是不断地活动,只是通过艺术活动得到结果,艺术在其实践中不会陷于思辨、瞬间唤来的帮助,不合它意的成千事件会招致它的抵抗。"[②]这其实是在讲理论与实践了。所以教育学要独立,必须具有一套相对完整的理论体系,而理论的实践是艺术。

在《论对世界之审美描述是教育的首要工作》(下简称《审美教育》)开篇就谈到了这个必要性问题。他说,从以往的教育经验来看,当教育目的和教育任务较单一时,对教育的理论思考是相对统一的,便于指导实践的;但随着社会越来越复杂,教育的任务越来越多,我们如何才能将对各个任务的思考协调起

---

① 这一部分对"科学"含义的解读,详见关之尹为卡西尔《人文科学的逻辑》所作的译者序第 9、10 页,上海译文出版社 2004 年版。

② 赫尔巴特:《赫尔巴特文集》(卷四)[M],杭州:浙江教育出版社 2002 年版,第 197 页。

来行动呢? 如果对每个任务都有一种教育思考,而相互之间并没有确认关联和支持,及其适用的范围和限制,那教育不就乱了套了吗? 我们不就会感到日常所经历的教育的混乱及由混乱而带来的疲惫了吗? "然而经过分析和验证已十分广泛与频繁地证明,纯粹的实践毕竟都只是墨守成规,局限性极大,得不出任何决定性的经验。只有理论才能告诉人们如果要得到某种肯定的答案的话,怎样通过尝试和观察去了解本质。这也完完全全适用于教育学实践。"[①]因此,需要一个统一的理论,理论是高于经验的。

　　赫尔巴特认为:"教育的唯一工作与全部工作可以总结在这一概念之中——道德","道德普遍地被认为是人类的最高目的,因此也是教育的最高目的"。显然这是秉承了思想史和教育史的主要认识和主张。自古希腊以来,"人是理性的存在"成为人区别于动物的本质所在。古希腊首先建立了理性的伦理学,人听从自己内在声音的支配。因此,这以后,人类社会就有了这样一个共同的准则:人总是在理性的检验下,应该和能够行善。"只有靠理性生活的人,才是真正有个性的人。服从自己的理性意味着仅仅服从自身。接受自己的指导不是接受一般的传统和规则,而是接受自己的灵魂。理性伦理学是自主的伦理学,理论理性毫无阻碍地发展,甚至以自主个体不再束缚于传统为前提。"[②]

　　赫尔巴特是理性主义的信奉者。他和其他前前后后的思想家一样,认为在人的心灵深处存在着一种所谓"本源性"的道德意识,这种道德意识处在沉睡状态。人来到世界上,当他在孩提时代处于他正在成长着的环境中,在被他理所当然地接受的世界与生活范围内产生意识的时候,他免不了早已受到环境的影响,产生偏见。因此教育的一项不可推卸的责任就是唤醒儿童处在沉睡状态的道德意识,使他们回到本源上去。正是这种唤醒使一个人有可能真正认识自己和自己所处的世界,同时也可能理解自己存在的处境、生命的历史和未来的使命,使自己成为一个具有自我意识和充满生命希望的人。[③]

　　对于如何认识"道德",将是区别教育学与哲学的关键,也是后来如何进行道德教育,建立教育学自身逻辑的关键。赫尔巴特指出,和哲学将"道德"看作理念、理论范畴不同,教育学将"道德"看作一种本体现象、一桩事件。它可以

　　① 赫尔巴特:《赫尔巴特文集》(卷四)[M],杭州:浙江教育出版社 2002 年版,第 198 页。
　　② 兰德曼:《哲学人类学》[M],北京:工人出版社 1988 年版,第 125—126 页。
　　③ O. F. 博尔诺夫:《教育人类学》[M],李其龙等译,上海:华东师范大学出版社 1999 年版,第 12 页。

被清晰地观察到，在学生身上是如何出现、发展、撤退再前进的。这种过程，它根本不遵循物质规律，"跟精神作用的规律没有一丝相似"。所以教育学只能依靠自身的观察和实验来确定这种规律是什么。这就是所谓的"实在主义"的观点。

在现实生活中道德的表现是特殊的，"在特殊情况下，在各瞬间、在与人类和命运直接接触时的恰当判断，是做什么、找什么、避免什么的最好的，真正的人的唯一的善。哲学直接在概念中找到这一切，并且期待它或者同样直接地要求它在人身上作为一种自由的表现反映出来"①。如果教育者放弃实践中道德的特殊性，而将遵循哲学家的观点，那么"他更彻底放弃了其工作中最重要部分"。如卢梭认为善存在于人的天赋之中，教育者所做的事情无非就是"等待那极端的善——或许也包括极端的恶——在其学生身上表露出来"。这样也就是取消了教育学存在的合理性了。

因此"教育学"这个名称要成立，必须首先确定"教育必须是可能的"这一人类学假设，"然后在感性世界里找到足够的空间"。所以教育学与哲学的差异在于，教育是人类总体实践的一部分，它只与现象世界打交道，但它打交道的对象与目标，又是指向本性世界，即人的精神的改变；而哲学只与理念世界打交道。两者对世界的改造方式不同，但教育学又必须借助哲学来进行目标定位、伦理证实和合目的性的反思。

所以赫尔巴特批判康德的先验哲学，说自己是"实在主义者"，是在教育学和哲学这两种与世界打交道的方式之间划界。"这一种实在主义观点根本不能容忍唯心主义观点的干预，不能让一缕超验自由的风钻过一个小缝吹进教育者的领域。"②教育是激发，是对障碍的排除，它是行动。"超验自由根本不可以，也不可能像一个内部现象一样出现在意识之中。相反，我们大家在内心里做出选择的那种自由，我们尊其为自身最美的现象，我们想从其他我们自身的现象中将它突显出来。这正是教育者力求对此产生作用并坚持的。"③

教育如何展开？却要从其行动的理论基础中进行分析，找到其行动的前提，然后再进行综合，这又要回到哲学。"我的意图是要让你们形成某种教育学的感觉，要让你们知道教育学是关于人的本性和可塑性的某些思想和信念

---

① 赫尔巴特：《赫尔巴特文集》(卷四)[M]，杭州：浙江教育出版社 2002 年版，第 178 页
② 赫尔巴特：《赫尔巴特文集》(卷四)[M]，杭州：浙江教育出版社 2002 年版，第 179 页。
③ 赫尔巴特：《赫尔巴特文集》(卷四)[M]，杭州：浙江教育出版社 2002 年版，第 180 页。

的结果。我要建立这些思想,对它们进行论证,对它们进行连接、建构,使它们融为一体,这样可以从中产生那种感觉,这种感觉最后会促成上面所描述的教育行为。但是,这些思想的建立、论证和建构,是一项哲学的任务,并且是最高级也是最困难的,在这里又特别困难,因为我不能以纯哲学的基础为前提,这原本是我建立理论的应有基础,且主要是心理学和伦理学。"①赫尔巴特的教育主张就是完全建立在康德超验哲学的基础之上的。

什么是道德? 道德首先表现为一种善,这种善也就是理性认识完全克制了感性的欲望。人自觉对理性的服从就是善,就是道德。而这种理性不是个体的,它是普遍有效的,也就是相当于康德的绝对律令。个人认识到这个道德命令,将之提升为对自己自觉的命令,也就成了有道德的人,对自己的命令就是道德意志。但这绝对命令来自哪里却很重要。传统教育将某种意识形态作为外部的绝对命令灌输给儿童,造成某种奴役,这是危险的。而现代社会将诸多理论概念——对神灵、纯粹的我、绝对的接近——还有国家的道德和法律,或干脆将有用之物,那愉悦,推进到这里。② 所以这里就涉及启蒙理性的根本问题了:怎样才能使个人不受到奴役? 赫尔巴特说,"这个意志(命令)必须是原始的、首要的,随后是服从。如果这原始的意愿不是特定的,而是真实存在的,那它显然就是不确定的、多方面的。这里就是我们不以服从为出发点引导到意愿的原因,因为作为命令,它面对的只是普通概念"③。

这个原始的命令要在另一个截然不同的范围里去找。首先它存在于各种多方面的活动中,其次,"只要这一不确定的多方面的行动引起了服从的动机,它们就必然如此建构起来,以使自己可以用普通概念加以理解,这普通概念包括那普通的和忠诚的誓言,连同道德冠冕构成的一次性的和不断的注意、自我批评和谦逊"④。

意志自由在哲学和教育学中的存在和发生逻辑是有差异的。教育学从经验现象出发。首先从启蒙的历史要求出发,要求个人服从自己的意志而不是他人的意志。而这种个人意志的产生,从现象世界来看,是与在一个个特殊或偶然的现象遭遇中找到一种普遍性有关。康德哲学认为,绝对命令是排除经验成分的,是普遍的抽象的形式。赫尔巴特认为这是正确的:"康德的原理永

① 赫尔巴特:《赫尔巴特文集》(卷四)[M],杭州:浙江教育出版社 2002 年版,第 202 页。
② 赫尔巴特:《赫尔巴特文集》(卷四)[M],杭州:浙江教育出版社 2002 年版,第 180—181 页。
③ 赫尔巴特:《赫尔巴特文集》(卷四)[M],杭州:浙江教育出版社 2002 年版,第 181 页。
④ 赫尔巴特:《赫尔巴特文集》(卷四)[M],杭州:浙江教育出版社 2002 年版,第 181 页。

远是真理，没有哪个实践原则可以要求任意一个对象的真实性。"①实践哲学要求由普遍性出发，去认识特殊。但教育学的出发点却不是这样。启蒙理性要求唤醒人的自觉意识，教育就要促动儿童的主动性，避免道德灌输，"让学生发现自己是在从善弃恶"。这样，认识就应该是从特殊中寻找普遍性，从日常经验与交往中，感受普遍的道德命令。这也是个体在教育开始前客观道德意识自发形成的状态："它观看并校对着，然后它转移目光，继续观看。""它不是理论性的……它也不是逻辑性的……它显示出一种更高的基本原理。……它并非是推论出来的，并非是学会了的，并非是在经验中有过的或通过自然理论研究出来的。……我们在这里根本不是在谈道德范畴。我们谈的是原始的必要性，当它与倾向性相反而控制着服从时，它才会变成道德必要性。"②这里的论述活脱脱就是康德的翻版，这就是康德所谓的"反思判断力"。判断力对于康德而言，是将理性世界与感性世界结合起来的桥梁和中介。康德之后，席勒就试图通过审美教育将自然的人提升为自由的人。而只有到了赫尔巴特，才真正将判断力的培养作为教育学的关键任务。道德的形成，尤其是在开放时代要使人成为自我负责、运用自己的理性、学会合理生活的人，判断力的培养就是关键。在对判断力性质的认识方面，赫尔巴特与康德一致。

两者都认为判断力是一种创造力，与想象有关，是自由实现的前提和表现。"这种必要性的特点是，它根本没有证明，完全是纯粹的判断在发言，另外也没有强制要求实行它的所长。它根本不考虑这种倾向，它既不赞成它，也不反对它。它产生于对其对象的完整想象之中。有多少不同的对象，同样也就有多少原始的判断，它们不是互为依据，以至于可以从逻辑上去互相推断出来的。……它们位于艺术的巅峰，带着完全理所当然的威严。"而当审美转向人自身时，这种判断力就成了道德判断力，成为对自己的命令。"如果他自己成了这种判断的对象，这些判断，通过其虽平静但总是听得到的语言，随着时间的推移会对他产生一种强制……由于发自内心的一种鉴赏判断，甚至常由于它产生的方式，会使人感到本来在它讲出的东西里面并不存在的一种强制力。……它缓缓的压力，被称之为他的良心。"③

所以当审美判断力成为一种最高原则时，原先的道德原则（外在的、传统

---

① 赫尔巴特：《赫尔巴特文集》（卷四）[M]，杭州：浙江教育出版社 2002 年版，第 182 页。
② 赫尔巴特：《赫尔巴特文集》（卷四）[M]，杭州：浙江教育出版社 2002 年版，第 182 页。
③ 赫尔巴特：《赫尔巴特文集》（卷四）[M]，杭州：浙江教育出版社 2002 年版，第 183 页。

的）就该被统统放弃了，"通过我们慢慢地在最简单的可以想象出来的关系中——它跟它自己、他人的意志和事件的关系——观察意志，就会对这每一种关系产生一种原始的、完全独立的审美判断……从中构成一种生活秩序。"它既有理论理性的部分，又不完全是超验理性。这样一种源自经验与交往的日常实践的判断力又可以非常顺利地反转应用到日常实践中去，很好地解决了认知与实践的难题。所以赫尔巴特都不由自主地为自己的这一发现而赞叹："这一教育学的思想来得太早了，虽然只是早了一点点，但这很接近于运用普通的考虑。"①

"教育的反转"是教育学的一个难题。这个名词，由底特利希·本纳创造。他说：教学充满艺术地传授的知识和能力形式不仅是普遍的，即超越了日常的世界经验和人际交往，而且还要求把这些知识和能力翻转到日常的世界经验和人际交往中。这样的反转不仅是对传统秩序的传授，同时也是向现代社会的分化的行动领域的过渡，在这种社会中，成长着的一代可以作为成人来选择自己的生活方式，寻求一种职业场所，并参与到分化的行动形式之中，这些行动形式都有自己的逻辑，并不再受等级性的伦理、政治和宗教规范调节。② 这是教育学所要解决的一个根本性的矛盾之一。而在哲学人类学中，也表达了对这一问题的意识。"唯有靠更深的教育，我们的心灵才能得到精炼，靠与朋友的交往，我们才能显现为人之存在，靠职业的活动，我们才能训练和充分展开我们的能力。如果我们拒绝更高的教育，如果我们没有遇见我们的朋友或者他拒绝给我们友谊，如果为我擅长的职业已经超员，没有给我提供机会，那么，'内在的东西'对我毫无用处。"③这是教育的一种反转，我们通过教育提升我们对日常生活的经验和感受，指引我们超越生活；同时，我们必须通过生活经验才能证明我们的存在本身，支撑教育。

赫尔巴特也多次表达出了这样一种困难和焦虑。在对卢梭的批判中，他认为卢梭的失败在于没有办法处理这样一种反转。"要在开化了的人群中间教育出自然人来，那自然得花去教育者许多心血，就像这个受了教育的人以后要费很大心血才能在这个极其复杂的社会中继续生活下去一样。"而洛克的教育显然又太世俗了。赫尔巴特讽刺"洛克的学生最懂得投身社会了。按照洛

---

① 赫尔巴特：《赫尔巴特文集》（卷四）[M]，杭州：浙江教育出版社2002年版，第184页。
② 底特利希·本纳：《普通教育学——教育思想和行动基本结构的系统的和问题史的引论》[M]，上海：华东师范大学出版社2006年版，第2页。
③ 兰德曼：《哲学人类学》[M]，北京：工人出版社1988年版，第127页。

克的见解,对于父辈来说,决定使他们的儿子成为他们那个世界的人……请不惜一切代价雇佣一个具有良好德性的稳重的人,'他自己了解谦恭与有钱人的规矩以及因人、因时、因地不同而产生的一切变化,并会始终不渝地引导他的学生们在其年龄许可的条件下注意这些事情'。对于洛克的这种意见,我无话可说。"①

他在 1818 年德意志协会中的讲演"论学校与生活的关系"中明确提出这样的一种认识:"不是为学校而学习,而是为生活而学习。""我们不能以贬低生活为代价来赞美学校。学生应当成为一个真正的人,生活则在与学校相对立的层面上造就了人。学校中的聪明者便是通过生活成人的。"②可问题是,何处才能发现真正的生活。显然赫尔巴特在"审美判断力"这里找到了解决这个问题的通途,对世界的审美描述成为道德教育的途径和方法。

本纳认为赫尔巴特的贡献在于建构了或廓清了教育学自身的逻辑,这是一种行动的逻辑。从上述赫尔巴特对教育学与哲学的比对中,从对教育学自身问题的思考中非常清晰地表明了这一点。在对如何在现代开放社会中对未成年人进行启蒙教育的主要方法进行阐述后,赫尔巴特接下来要做的是具体阐述教育学的行动逻辑。

第三节　教育性教学

赫尔巴特教育学科学性的两个前提,一是哲学人类学的假设;二是心理学发展的支持。人类学是德国古典哲学的遗产,也是教育学的出发点。尽管教育人类学的出现很晚,它与哲学人类学一样,迟至 20 世纪 20 年代才产生。但其主要观点早已在教育学中作为理所当然的假设被运用了。这些不言而喻的假设包括:① 人是唯一需要教育的动物。② 教育的必要性的证明:只有教育才能使人成为人。③ 人的可塑性,尤其是通过使人精神世界发生改变。④ 儿童发展的主动性。前面三个成为教育目的的合法保障,即教育的目的指向道德。而自从卢梭之后,这个僵化的道德直接指向解放人类与个人的内在自由。法国人将这个自由的获得转向政治和社会革命,而德国人却转向人的思想改造。赫尔巴特高度估计教育的社会作用,他认为社会变革的杠杆是教育。

---

① 赫尔巴特:《赫尔巴特文集》(卷三)[M],杭州:浙江教育出版社 2002 年版,第 8 页。
② 赫尔巴特:《赫尔巴特文集》(卷四)[M],杭州:浙江教育出版社 2002 年版,第 288 页。

在他看来,通过教育可以培养德性,传递文化,从而实现讲道理的理性社会。他认为通过教育比通过国家的直接改革甚至革命,更有希望实现道德的进步。因此,他把社会变革、国家的改良完全寄托在促进道德教育上,指出:"责任感、注意各种原因、承认必然性、正义、善、美与效益——除此以外,治国艺术再也找不到其他支柱了。完美的安定是根本不存在的。对付巨大祸害的最大可能的保障就在于对整个民族进行道德教育。"①

而最后一个人类学假设和心理学的联结主义观点联系在一起,成为教育行动的主要依据。它具体表现为对教育按照儿童的生理状况分期和教育的三种行动方式上,即管理、教育性教学和训育。

在赫尔巴特教育三个阶段中,管理的目的是使儿童学会服从,避免伤害自己和他人。这服从并不是有一个成人预设的目标,仅仅是保护儿童不因不恰当行为而受伤害。第二个阶段是训育。训育是通过教育手段促进学生主动性的发展,形成道德意志,发展性格。教育性教学是提高审美的判断力,以提升和巩固个人的趣味与道德感,向理性的人靠近。兰德曼说,哲学人类学的主要任务是真实和完善地表明作为一个人的真正含义是什么?这个含义的界定是在两个极端之间。也就是说,他们在寻找最低点和最高点。人存在的最低点,在这一点上,人的这个概念得到最初的正确使用;或者是寻找最高点,人存在的最高点,人类的理想(如果有这种事情的话),在这点上,人常常是没有达到的。那么教育性教学就是致力于将人从最低点向最高点竭尽全力地提升。

如果说,卢梭对现代教育学行动逻辑方面最大的贡献是消极教育的话,那么赫尔巴特就是站在其对立面而采取积极的手段了。当然两者所站的立场是不同的,一个基于自然人的立场,一个与康德一样,站在文明人的立场上。而如前所述,赫尔巴特积极的教育行动就是对世界审美的描述。这个方法有两个特征:① 儿童必须被置入环境中,即要有教育的气氛;② "教育的义务是为了使学生今后能像正常人一样生活,必须完全地揭示他看不见却必须看见的东西。"这也就是学校的任务。具体的培养学生审美能力(审美结构)的做法,则是通过教育性教学来进行的(当然,经过半个世纪前卢梭的启蒙,赫尔巴特的积极教育行动是以消极教育为前提和基础的。它们共同奠定了西方现代教育的传统)。

在普通教育学的开始,赫尔巴特具体阐述了建立教育学学科的必要性,他

---

① 　赵祥麟主编:《外国教育家评传》[M],上海:上海教育出版社 2002 年版,第 46—47 页。

希望教育学尽可能严格地保持自身的概念,并进而形成独立的思想,从而成为研究范围的中心。只有当它尝试运用自己的方式,并与其邻近科学一样有力地说明自己方向的时候,它们之间才能产生取长补短的交流,所以以此出发的教育学需要借鉴其他学科,但不能被其他学科侵占。比如我们需要心理学对儿童的研究,但这绝不能代替我们对儿童的观察。"个性只能被发现,而不能被推论出来。"①

而教育学学科要在起始回答两个问题:① 教育者应带有什么意图去着手进行他的工作;② "在理论上说明教育的可能性,并按各种情况的变化去说明它的界限"。前者由《论对世界之审美描述是教育的首要工作》这篇论文完成了论证。而"教育如何可能及其界限"? 赫尔巴特提出了通过"教育性教学"来进行教育的可能。首先教育有两个目标,这个目标是由学生将来作为成年人本身所要确立的目的来决定的。教育必须为这些目的而事先做好心理准备。这个成年后的目的由两方面构成:"一种纯粹可能的目的领域和一种完全与此区分开来的必要的目的领域,即意向目的和道德目的。"所以道德教育是教育必需的、基本的、主要的构成。那么这两个目的所反映的学生成长的需求是多方面的,就需要教学来达成。

我们可以将赫尔巴特意向性的目的看作职业目标,因为学生的兴趣、欲望是未定的,多种多样的,所以教学的内容应是尽可能多方面的,以满足并促进学生多方面兴趣的需要。但各种兴趣之间,在一个人而言,应该是相互协调的。教学不应使它们之间产生冲突。而这样产生的思想范围对道德性格的形成是有决定作用的。"从思维中将产生感受,而从感受中又会产生行动的原则和方式。"②这就是判断力的形成。康德不是说过了吗,判断力与文化修养有关,它不能通过培养与训练获得,不能通过概念推论出来。但既然和文化修养有关,即意味着教学的价值和意义所在了。所以,"思想范围是如何形成的,这对于教育者来说就是一切"③。"我们只知道如何在青年人的心灵中培植起一种广阔的、其中各部分都紧密地联系在一起的思想范围,这一思想范围具有克服环境不利方面的能力,具有吸引环境有利方面并与其本身达到同一的能力,那么我们才能发挥教育的巨大威力。""人类不断地通过其自身产生的思想范

① 赫尔巴特:《赫尔巴特文集》(卷三)[M].杭州:浙江教育出版社2002年版,第12页。
② 赫尔巴特:《赫尔巴特文集》(卷三)[M].杭州:浙江教育出版社2002年版,第13页。
③ 赫尔巴特:《赫尔巴特文集》(卷三)[M],杭州:浙江教育出版社2002年版,第15页。

围来教育自己。假如这种思想范围中的许多方面是松散地联系在一起的，那么它作为整体所起的作用是微弱的；而个别突出的部分，设若它是荒谬的，就将激起不安与冲突。假如其各方面是矛盾的，那么就会产生无益的争执，这种争执将不知不觉地赋予粗野的欲望以维护它的力量。只有在有思想的人相互一致的时候，理智才能胜利；只有在善良的人相互一致的时候，善才能胜利。"①

所以，整个教育的主要目的，就是形成儿童思想范围的教学，包括训育也可以看作教学，而管理只是教学前的准备。从实践理性的基本原理来看，幼小儿童还没有所谓的意志，他们有的只是稚嫩的欲望，他们的行为不涉及道德，不能用道德标准来对他们评判。所谓管理，只扼制他们不合理的任性的要求，使他们习惯于某种合理的、有秩序的生活。所以赫尔巴特甚至认为管理可以不属于教育的范畴，它应该交给家庭、父母来进行。"这种管理并非要在儿童心灵中达到任何目的，而仅仅要创造一种秩序"，给予儿童心灵以帮助。如果教师必须对儿童采取管理，也以像父母般用权威和爱的方式进行，而不能压制了儿童本身的意志。所以，真正的教育就是围绕儿童形成思想范围为主旨的教学活动，这一教学活动被赫尔巴特称之为"教育性教学"。

思想范围的形成（教养）是德育的先决条件，"只有在进行其他方面教养的过程中才能有把握地开展德育"②。而在这一思想范围形成过程中是要尽可能平衡扩大并拔高的，而不能迁就儿童。赫尔巴特特别指出当时迁就儿童的教育现象，指出这不利于儿童提升思维品质和判断力水平。在思想范围的形成中，教学只是一个引导和辅助的手段，关键还在于学生自身精神活动的程度和范围。"主要是成长着的一代人的活动，即他那内在的和明显表露出来的活动力与敏捷性的总和。这种总和越大，越充实、越广泛、越和谐，就越完美，而我们带着善意要去实现目的的把握就越大。"③

既然不能迁就儿童，那么如何把握这一必要的目的就是教育学思考的问题了。"德育绝不是要发展某种外表的行为模式，而是要在学生心灵中培养起明智及其适宜的意志来。"④所谓明智，就是审美判断力，就是拒绝未来生活的平庸。因此由适当的思想范围所促进的多方面的兴趣（精神活动），将决定一

---

① 赫尔巴特：《赫尔巴特文集》（卷三）[M]，杭州：浙江教育出版社2002年版，第20页。
② 赫尔巴特：《赫尔巴特文集》（卷三）[M]，杭州：浙江教育出版社2002年版，第36页。
③ 赫尔巴特：《赫尔巴特文集》（卷三）[M]，杭州：浙江教育出版社2002年版，第38页。
④ 赫尔巴特：《赫尔巴特文集》（卷三）[M]，杭州：浙江教育出版社2002年版，第40页。

个人自身精神活动的丰富性，并且能使人适应未来不确定的生活方式，"创造这种富源，并把它恰如其分地奉献给儿童乃是教学的任务"。

思想范围产生的多方面兴趣，可以改变人的个性，形成一般形式的判断力，来接近普遍的道德律令；而那些已经变坏的儿童也可以通过适时适宜的教学，改变其思想的范围和性质，从而改变性格。那么如何提供教学内容，采用什么手段来形成学生的思想范围呢？

赫尔巴特强调，教材的选择是很重要的。教材是师生间相互沟通的中介，是教师得以唤醒学生、促动学生的工具。赫尔巴特继承古典人文主义的教育传统思想，认为古典文科对形成儿童对人性的同情和理解，学会与人交往是非常重要的。他为儿童选择的教材包括诗人、哲学家和历史学家的著作，主要从荷马、希罗多德、修昔底德、色诺芬、普鲁塔克、索福克勒斯、欧里庇得斯和柏拉图，乃至罗马历史学家中选取材料。特别重视荷马史诗《奥德赛》，认为对这些名著的学习，起点越早越好，而终点是找不到的。人可以持续一生在丰富自己的教养，提升审美和道德判断力方面不断追求。

这样的学习，虽以学生的主动性为前提，因为审美判断力无法灌输，只能自我修养，但教师在教学中要注意引起学生思辨、鉴赏的活动，引起学生的同情和宗教情感。这也就应了前面所提到的，教学是心灵的培育，是对心灵的触动、感染、引起反思。那么，对教材的处理就是教师发挥作用的所在了。"有时教师只需在某些事情上给学生以初步的推动，并继续注意引起他们的动机，给予他们材料，这样，他们就会自己进行学习，并且也许会很快摆脱教师的照料。"[1]

赫尔巴特指出，有些材料可以同时学习，或无所谓先后；而有些材料是需要讲究顺序，环环相接的。这就是围绕形成思想范围的心理学观点——观念统觉原理。

教学是一种非常严谨、耐心、细致的事情。它所要打交道的是还未定性的儿童的心灵。教师应具有丰富的教养，他能把教学看作一项郑重的事业，而不是游戏般轻率，也不是工作般应付。他"须尝试灵巧而有把握地促进它，不断地满足和充实青年人纯洁的心灵，并不是一件小事"[2]。

教学的结果就是年轻人心灵的充实，这"比任何其他细枝末节的目标更重

---

① 赫尔巴特：《赫尔巴特文集》（卷三）[M]，杭州：浙江教育出版社 2002 年版，第 75 页。
② 赫尔巴特：《赫尔巴特文集》（卷三）[M]，杭州：浙江教育出版社 2002 年版，第 109 页。

要"。"在心灵中,生活的乐趣与内心崇高的感觉一致,后者知道如何从生活中解脱出来。""它本身将对生活计划发表意见,甚至包括选择或淘汰各种活动的手段与途径,创造希望,争取朋友,使忌妒感到羞耻。这种兴趣将通过纯粹地体现正直的人性,此外通过丰富多彩的练习,在行动上表现出来;只要需要,这种练习就马上可能成为熟练的技巧。而轻率的任性将借以得到限制,不再能随心所欲。"①所以只要现代知识可能,多方面的教学就要力求训练它。最终能使个体在茫茫大自然中不仰仗别人而幸福美满地生活。

教育性教学形成儿童对生活的审美趣味,但道德教育并没有就此罢休。道德性格的形成还有一个环节,就是坚定的意志,以及如何形成良好性格的主观部分,改造原来性格的客观部分,这就是训育的任务。

训育是直接对儿童的心灵发生影响,支持儿童进入到自我负责的行动之中。训育是使儿童教育性教学过渡到由儿童自己负责的并指向普遍的伦理标准的行动。它使儿童照看自己的性格、反省自己的性格,不是遵从最强烈的动机或意志,而是对之加以考察,遵从明智的意志。②

总而言之,赫尔巴特力图通过教学形成学生的思想范围,以提升学生的判断力,做出明智的选择,并形成多方面的兴趣,积极地改造未来的生活。他是启蒙理性的坚决拥护者,是理性主义的教育思想家,同时,又被称为"主知主义",这也不是没有道理的。教育性教学是赫尔巴特教育学理论体系的主要部分。而通过上述的分析,我们也可以发现,赫尔巴特对教材的重视,对教师的重视和对学校的重视。其实这三个方面是一致的,都反映了他对教育是否可能这一问题的思考。他是一个积极教育的倡导者。但他对教育的重视,尤其对教学的重视,是建立在促进儿童主动性的基础上的。而对儿童主动性的认识涉及人类学的观点,也是现代教育学的基本前提,在赫尔巴特的教育学中处处可见,这也是启蒙运动号召运用自己理性的勇气的题中应有之意吧。

教育性教学不仅反映了教育如何可能这个问题,而且也体现了教育的界限。教育并非无所不能,而且教育必须要在学生主动性的基础上才能发挥作用。限于篇幅的原因,这里不再赘述。

---

①　赫尔巴特:《赫尔巴特文集》(卷三)[M],杭州:浙江教育出版社2002年版,第114页。
②　彭正梅:《现代西方教育哲学的历史考察》[M],上海:上海教育出版社2010年版,第50页。

第四节　赫尔巴特的百年孤独

赫尔巴特的教育学思想历来受误解颇多，众人只看到他经验性的一面，甚至也只注重于他经验性教学的那一面。对其赞扬也好，指责也罢，都在本质上排斥了他所号称建立"科学"教育学的"科学"意义所在，否定了他指向（道德）教育的唯一途径——审美，不知这是不是历史的偶然。赫尔曼对赫尔巴特的评价不可谓不高，他也指出诸多赫尔巴特教育思想的突出贡献，他超越前人和后人的地方，如他认为赫尔巴特真正哥白尼式的对教育学说拨乱反正的地方，是对"兴趣"的认识。"一个人可以树立的目的的对象对于教育者来说是根本不感兴趣的，而教育者感兴趣的主要是成长着的一代人的活动，即他那内在的和明显地表露出来的活动力和积极性的总和。"赫尔巴特将这种精神活动称之为兴趣。"相当广泛地开拓这些源泉，使它们变得丰富起来并无阻地流动，这就是加强人的活力的一种艺术。"人们要求青少年对学习与认识产生兴趣，"仿佛学习是目的，而兴趣是手段。我把这种关系颠倒过来，学习应当为从中产生兴趣服务。学习将过去，而兴趣应在整个一生中保持下来"。赫尔曼认为，在这一点上，即使是最激进的现代教育学也不能超过。[①] 尽管如此，赫尔曼对从根本上来理解审美判断力乃是最高目的的意图，却毫不提及。悲乎，赫尔巴特！悲乎，康德！

赫尔巴特是个不折不扣的理性主义者，他所遵循的促使学生通过学习和交往，发现判断力并最终形成道德意志的教育理念，是相信儿童内在理性并欲唤醒使之自觉的信念。他始终注意处理好感性与理性之间的关系，一方面是注意到教育的最根本任务是为了生活，教育只是生活的一个实践领域，与生活呼吸相应；另一方面，也是人内在自由的内涵。所谓感性与理性之间的关系，在康德看来，是人与自然的关系，是个体与总体之间的关系。所以康德最终将对"人是什么"的人类学思考，落实于判断力和历史理性之中来进行处理，通过判断力来连接感性与理性之间的绝然对立，从而达到认识与实践之间的统一。而在教育学领域，赫尔巴特也围绕如何处理教育理性与现实生活之间的统一，提出了"教学是经验与交往的必要补充"这一思想前提，解决了"教育反转"这一历来教育学的难题，并最终通过"审美判断力"的形成来构思教育行动的逻

---

① 赫尔巴特：《赫尔巴特文集》（卷三）[M]，杭州：浙江教育出版社 2002 年版，第 361 页。

辑框架。

赫尔巴特所处的时期，前有狂飙突进，后有浪漫主义风起云涌。从 18 世纪 70 年代中叶，是德国狂飙突进运动鼎盛之时，持续了将近 20 年；从 1765 年到 1795 年，被浪漫主义运动所接替。在这样一个历史情境下，赫尔巴特仍然坚持着启蒙理性的宗旨，坚持理性乃人之为人的本质属性，难能可贵。这也是其学说得不到充分重视的可能原因之一。赫尔巴特自己也这样评价其思想在当时的境遇："我早就知道，无论是我还是我的学说，不符合这个时代的精神。我也不想要什么手段去迎合这种精神。"

本纳说，传统教育学思想没有被充分地研究过，虽然它极富实践教育学的反思，相反，20 世纪新的教学思想则首先把科学理论问题和研究逻辑的问题置于核心位置，强调收集经验数据，并进行评价，而对教育和教学的实践问题则鲜有建树。这里，他将传统思想包括在 18 世纪和 19 世纪出现的卢梭、赫尔巴特、施莱尔马赫、费希特、黑格尔等人的教育，教养学说和学校理论；现代思想则包括 20 世纪新出现的教育科学思想，分为三种思潮：经验教育学、精神科学教育学和结合了经验方法和解释学方法的社会科学的教育学。[①] 他的看法是中肯的，无疑也是痛心的。赫尔巴特是伟大的，他开创了教育学，构建了教育学自身的理论体系，从而力求教育摆脱经验积累、盲目摸索、效率低下、行动偶然等处于较低层次的实践状态，而上升为一门科学。赫尔巴特用自己的探索告诉后人，教育学的理论体系是由教育行动的逻辑来构成的。尽管它的基础或前提思考是哲学的、人类学的和心理学的，但教育学理论本身则是实践的，这个实践指行动。这一思想可惜未被后人重视，直到当代才被德国著名教育学家底特里希·本纳发掘，并做进一步阐述。

赫尔巴特教育学主要论述了道德教育的原理和方法。在赫尔巴特看来，教育要不进行灌输，束缚奴役社会成员，就应该促使学生自己去求知。如果在古典时期，人文学科知识与道德教育之间的密切关系对于传统教育是不言而喻的话；在近代社会，如何将知识教学与道德发展联系起来呢？这是赫尔巴特要回答的问题。这时，康德的判断力批判就为赫尔巴特教育学扫清了理论障碍。判断力就是连接知性与理性的中介和桥梁。通过对知识的学习，扩大自己的思想范围和多方面的兴趣，一方面形成高尚的情操，提升了判断力；另一

---

① 底特利希·本纳：《普通教育学——教育思想和行动基本结构的系统的和问题史的引论》[M]，上海：华东师范大学出版社 2006 年版，第 2 页。

方面也为未来生活的新变化准备了条件。因此,赫尔巴特将教学命名为"教育性教学","教育性教学"也就是赫尔巴特教育学理论体系的主要构成部分。

但是,形成了判断力还不够,教师不能满足于学生偶然的道德实践和道德行为。要将学生的道德情操转变成坚定的道德意志,这就不是教学的任务了,因为这里不涉及知识问题,而是情感问题。训育出场了。训育就是影响学生情感,进而对学生心灵直接起作用的教育手段。在持续的情感晕染、激励、阻碍等作用下,学生巩固了道德认识,逐渐形成坚定的意志。当然教育的作用也是有限的,不是万能的,也有教育不好的学生。所以赫尔巴特特别强调这一时期的教育不能采用卢梭消极教育的方式。在学生发展的关键时期,一定要进行干预,而不能坐等学生自己去发现,失去了大好的教育时机。

赫尔巴特教育学以康德哲学为基础,如果比对康德哲学和赫尔巴特教育学的思想,这是不言而喻的。但是,教育学区别于哲学的地方,在于两者认知和行动的方式是不一样的。康德研究的是人如何认知和实践、其界限何在、两者如何统一;而赫尔巴特研究,如何促使学生去认知,并由认知转化到实践。这是两个不同的逻辑体系。至此,我们已经完全明白了教育学的学科立场了,它本就是一个关于行动的理论体系。

因此,在赫尔巴特教育学中,目标是道德意志的形成,途径是审美判断力的培养,手段是教育性教学(知)和训育(情、意与行)。教学内容是含括在教学理论之中的,而不是现在课程论的意旨。教学是使学生认知的手段,通过教学来形成学生的思想范围,并促发学生多方面的兴趣。这将不仅影响学生的生活趣味,而且将影响学生做出道德判断。所以教学内容的选择就要慎重。怎奈后人将这个教学论教条化,完全失去了原有的理论脉络和话语情境,完全扭曲了赫尔巴特。所以,有人质疑,赫尔巴特主义中还有赫尔巴特吗?

赫尔巴特所提倡的是一种审慎的、明智的、审美的和静态的生活方式。这种生活不是不自由,恰是通过这种方式来达到内心的自由。但这种生活方式与工业革命之后的喧嚣与躁动的时代氛围,显然是不融洽的。他所生活的时代,正是倡导主体性、解放情欲、解放个性,以此达到个人解放的浪漫主义时代。在那个时代他都不能被接纳,何况是为物质所激动的工业革命时代的人类社会呢?所以赫尔巴特是孤独的。

第三章　杜威：儿童经验的生长

　　杜威是 20 世纪最伟大的教育学家和教育哲学家,这个称号一点也没有过誉。杜威他所思考的问题是什么呢? 出生于美国南北战争之后,又经历了第一次世界大战,以及一战前生机盎然的美国工业社会的发展,巨大的生产力的勃发;在政治生活中,卢梭腐心构思的契约社会,经过几个世纪的发展,已基本具有一定的形态;思想界,古典哲学的终结,浪漫主义、存在主义等不满意理性主义宰制人性的思想,早已起而瓦解之。新的知识大量出现,当然是在自然科学方面,早已揭示了自然界乃至人本身所不曾想象的秘密与状况。但经验与理性之间,自然科学与人文科学之间仍是无法沟通。这一思想上的矛盾更是反映在人类的社会实践方面所面对的环境及其中的问题更为复杂,阶级(等级)差异依然存在。一战的爆发,更是将技术进步、经济发展与人类理想、生存状态之间的矛盾揭露得彻底无疑。

　　所以,这一切都给杜威的思考带来很大的刺激。他一方面研读前人的思想,一方面积极参与社会的变革,观察所处环境的变化。前人的思想,除了哲学方面的传统与新科学的发现外,他同时代的思想家及主流思想也给他很大的启发,比如达尔文的进化论。生物学发现,生物有机体与环境之间的关系并不仅仅是单方面的关系,即不仅仅是有机体的被动受动的过程,或对环境的适应,而是主动地去与环境互动的过程。它不仅适应环境,也主动积极地去改造环境。在有机体主动出击的情况下,环境受到影响后又反作用于机体。这样的互动循环往复,进而使各自越来越复杂,这就是进化。这一生物学的革命引起和人研究相关的学科知识的变化。进步主义时期美国的古生物学家沃德(Lester Frank Ward)撰写了一本名为《动态社会学》的书。书中阐述了这样的观点:"人脑的功能是把社会引向平坦发展的道路,是使这些社会力量能够继续得到自由地发挥,防止它们因撞上路障而受到抑制。总而言之,为了保证人脑在文明社会中的作用,就必须保持社会力量的动态条件而防止静态条件,必须防止在社会力量与也起作用的自然力量之间恢复平衡。"①这是对英国哲学家斯宾塞的决然反动。斯宾塞早年的处女作名为《社会静态学》(1850，Social Statics)，比达尔文的《物种起源》早出版了9年。斯宾塞的进化观是，历史是对环境方式的逐渐适应，或者换言之，历史就是人的特性对生活环境的适应。在历史进程中，人的完善最终是可以实现的，但是，与其说人是历史的创造者，毋宁说，人是历史的创造物。所以，"改革是枉然的"。因而，斯宾塞提出的"什么知识最有价值"的教育问题，将知识看作完全静态的完成的东西，教育的目的是生活的准备。在社会进化中，教育决不可能是重要的因素，教师所能做得最好的事情，就是提供知识，使人们能够更容易地适应周围的环境。②

霍尔被誉为美国"心理学的达尔文"，他也是美国现代教育史上最重要的两位人物之一(另一位当然是杜威了)。他自认为："把进化的概念引进心理学，我出力很少；我只是提出了一种观点。"③即"普通心理环境规律"。这个论点是：个体发育，即个人机体的发展复演了种系发生，即种族的进化。这个论点假定，心理生活和个人行为的发展经过一系列阶段，这一系列阶段或多或少相当于种族从原始社会到文明社会的那些阶段。此外，既然任何一个阶段的发展是对下一阶段的正常刺激，那么，心理的正常发展就需要经过每一个阶段。④ 霍尔强调说，自然生长是适当的，特别是在儿童的生活中。克雷明评价认为，"对于一个将要庆祝'儿童的世纪'的国家来说，他的学说具有巨大的吸引力"⑤。霍尔将学校的重心转移到儿童的生长上面，这种转变是哥白尼式的，影响极大。

而詹姆斯将进化学说应用于心理现象，则比霍尔更进了一步。霍尔的种族复演说，似乎在表明斯宾塞的观点，即对儿童的发展不要干预。这种自然决定论是詹姆斯所十分厌恶的东西。他坚决主张在环境显然影响心理的同时，心理也能动地通过一种有创造力的方式对环境起作用。智力的职责不仅仅是适应环境，也改变环境。詹姆斯认为，有知识的人不只是一面被动反映他所看到的那个世界的镜子，还是一位行动者。他努力改造世界，也是那个世界的一

---

① 沃德：《动态社会学(第1卷)》[M]，纽约，1883年版，第698页。摘自克雷明：《学校的变革》[M]，单中惠、马晓斌译，上海：上海教育出版社1994年版。

② 克雷明：《学校的变革》[M]，单中惠、马晓斌译，上海：上海教育出版社1994年版，第106页。

③ 克雷明：《学校的变革》[M]，单中惠、马晓斌译，上海：上海教育出版社1994年版，第114页。

④ 克雷明：《学校的变革》[M]，单中惠、马晓斌译，上海：上海教育出版社1994年版，第115页。

⑤ 克雷明：《学校的变革》[M]，单中惠、马晓斌译，上海：上海教育出版社1994年版，第115页。

部分。① 这是一种机能主义的观点。他把人设想为生物人，他们的行为是对某些本能倾向的反应。习惯的和随意的行动都是以这些倾向为基础的。作为行为重复的一个结果，习惯的形成证明了人类神经系统的可塑性和可变性。习惯一旦形成，就越来越支配行为，直到最后成为社会和个性绝对的决定性因素。② 但习惯一旦支配了生活，形成成见或偏见，如何才能使生活进步？詹姆斯提出了一种心理能量，他称之为意识——"思维流"。他把意识描述成一种积极活动的现象，即连续不断地忙于注意、强调、忽视和解释直觉经验的原始资料。③ 人的选择决定了他的命运；有知识的人再一次是行动者，他有意识的行动改造着世界。

将心理学的观点应用到教育领域，他提出儿童是行为机体，儿童的心理主要帮助他适应今世的生活。"各种正确的习惯必须及早形成，以使儿童成为有理性的人，但他的观念又必须经过实践的检验。最后，教师的工作是使儿童这个'敏感的、冲动的、联想的和反应的机体'变成有目的的、能思考的和为争取更好的生活会最充分发挥才能的成人。"④ 最后，他的思想上升到哲学的思考中，形成著名的观点："某个观念的真理所固有的特性不是停滞的。真理产生观念。它之所以成为真的，是活动造成的。它的真实性实际上是某个活动、某个过程，即证实自己的过程、检验过程。"⑤

以上这些就是当时社会的主要思潮。首先人被看作是一个生物体，会进化的生物体。而进化的关键在于人主动地与环境发生关系，即实践，在实践中不断形塑自身。心理学的联结主义，及后来的行为主义，教育学上的儿童研究（霍尔是美国儿童研究运动之父），都是建立在这样的基本假设之上的。如果这些思想观点形成了一个池塘，那么，杜威的思想则是扎根于这片池塘里的一根摇曳的芦苇。

回答本文一开始提出的那个问题：杜威在思考什么？其实杜威的思考仍然是那个最根本的问题：儿童该如何认知和如何实践；认识与实践该如何统一

---

① 克雷明：《学校的变革》[M]，单中惠、马晓斌译，上海：上海教育出版社1994年版，第120页。

② 克雷明：《学校的变革》[M]，单中惠、马晓斌译，上海：上海教育出版社1994年版，第121页。

③ 克雷明：《学校的变革》[M]，单中惠、马晓斌译，上海：上海教育出版社1994年版，第121页。

④ 詹姆斯：《与教师谈心理学》第109页。摘自克雷明：《学校的变革》[M]，单中惠、马晓斌译，上海：上海教育出版社1994年版。

⑤ 詹姆斯：《实用主义》[M]，纽约：1907年版，第210页。摘自克雷明：《学校的变革》[M]，单中惠、马晓斌译，上海：上海教育出版社1994年版。

的问题。杜威就是在继承了以上同时代人物的思想观点的基础上,开创了自己著名的"经验"论的。他关于"经验"的概念,是贯穿所有论述的,包括哲学、社会学、政治学和教育学的根本概念,也是他用以批判前人的武器。而这一"经验"的观念,实又是起源于近代以来由于自然科学博兴而产生的知识论和认识论的转变,以及生物学、心理学等方面的新发展。

第一节 经验说——知识论的转变

在由自然科学的勃兴而产生的传统知识论和认识论方面,杜威非常崇奉培根。在《哲学的改造》一书中,杜威认为,是培根"知识即力量"的"新工具"论,开辟了对知识和认识研究的新视野,他"将当时引起知识改造的一种新精神的要点启示在我们眼前"。培根认为,以往论理只是在知识自身逻辑内进行论证,不能造成任何事实的变化,与现实无关。因此,新事实和新真理的发现就要比旧有的论理要优越得多。"可以走向发现的只有一条路,就是彻底探究自然的秘密"。而科学的秘密和法则并不显露在事实的表面,所以需要用一种技术去使之显示出来。这种方法,与以往哲学中的论理的方法是完全不一样的。以往寻找真理的方法,是纯粹推理,就仿佛从自己身上抽丝制网的蜘蛛。新方法是探究,强调"主动地实验",而不是"被动地积累经验"。主动地实验是"将自然的种种表面事实逼进一些与他们平日所表现的形式全然相异的形式里面去,使它们把自己的真相全盘托出,好像刑讯可以迫胁一个不情愿的见证人吐露出他所隐秘的事情一样"[1]。

培根认为发现法比证明法高明,认为进步的意义是纯正的知识目的和验证。"凡是把知识的方法看成是既得的真理的论证的,都是在挫抑研究精神,缚束人心使它不能越出传统的学问范围。"[2]发现的伦理乃是着眼在将来,它认为所接受的真理是要用新经验去检验,而不要奉为教条,必须信受的东西。"新论理的任务是保获心意使它不自矛盾,教它忍耐持久地去学习事实中无限的差别性和特殊性,教它在知识方面顺从自然,以便在实践中支配自然"[3],"科学的意义在于对未知界的进军,而不在于对既知事物的论理的反复叙

---

① 杜威:《哲学的改造》[M],北京:商务印书馆1987年版,第18页。
② 杜威:《哲学的改造》[M],北京:商务印书馆1987年版,第19页。
③ 杜威:《哲学的改造》[M],北京:商务印书馆1987年版,第21页。

述。……对于未知的事实和原理的无限地、不断地发现——这就是归纳法的真精神"①。培根还认为，谬误是由社会的影响发生和长存的，而真理则须以真理的发现为目而组成的社会机关去探索。

所以，杜威的"经验说"。我们不妨称之为"新经验说"，因为他是借助了培根的"新工具"，并对之有所超越，是对以往经验与理性对知识和实践的二分所做的修正。在杜威这里，经验既是结果，也是过程。经验本身就是方法，是比归纳法还要进步的方法，既包括了归纳，又包括了演绎。

在《确定性的寻求》中，杜威非常明确地表示，这个世上，只有经验，没有绝对永恒的知识，而所谓知识是经验已经完成的过去式的部分。怎么会有这一说？杜威始终是将人类的知识和经验放在人类的处境中来看待，从发生学上来寻找对知识和经验本质的界定。

人始终处在不确定的情境中，"确定性"只是一个神话而已。因为我们需要安全感，需要一种安慰和自信，所以我们转向信仰和神话，来对当前无法控制和掌握的处境进行解释。这是一种与决定命运的力量进行和解的方式。人寻求安全的另一种方式是发明技艺，"通过它们来利用自己的力量，从而在威胁他的那些条件和力量本身中建造了一个安全的堡垒"。这两种方式，一种是通过情感和观念改变自我；另一种是改变世界。在人类历史中，这两种方式同时存在并发挥着作用。在近代之前，在知识的分类方面，显然通过前一种方式产生的知识占据了上峰。由信仰、神话转化发展成形而上学和宗教，它们逐渐以理性逻辑自身来建构一种永恒的知识和价值，解释世界。这类知识，因为回避了危险、困难、偶然和随即，给人类以情感上的安慰，所以在价值上优于关于技艺的、实践的知识。因为，"实践行动所涉及的乃是一些个别的、独特的情境，这些情境永远不会完全重复，因此不可能完全加以确定"。这显然不能满足人们对安全感的需求，当时落后的技术也不能使人增强自信。这是一个相互支持的循环。因为不重视实践知识，以回避现实和现世的理念知识为重，因而也相应地阻碍了人自身解决生活矛盾和问题的能力与知识的积累和创造。近代以前，自然的外界的力量强于人类的力量，"我们考察各种情况，尽量做出最为明智的选择；我们采取着行动，其余的则必须听由命运、运气和天意"。"不管我们如何细致、彻底地进行评判，计划和选择，也不管我们如何谨慎、明智地采取行动，这些都不是事件结果的唯一因素。敌对的、冷漠的自然力，不

---

① 杜威：《哲学的改造》[M]，北京：商务印书馆 1987 年版，第 19 页。

可预见的条件会在事件中发挥作用,并可能起着决定性的作用。"①所以,"安全第一"是人们偏爱知识和认识甚于行动和制作的主要原因。

"确定性的寻求,安全的寻求就是寻求一种可靠的和平,就是寻求一种没有由行动所产生的风险和恐惧阴影的事物。因为我们不是不喜欢确定性本身,而是不喜欢不确定性会有使我们陷入恶果的风险。"②

近代以来,自然科学和新技术的突破,使这种状况发生了根本改变。尽管目前新的生产方式和运输方法的技艺给人带来新的危险,但是,人们已经学会了怎样来对付危险的源泉。……我们已经获得了一定的自信感,至少在下意识中是有这种感觉。我们感到自己在很大程度上控制着命运的主要条件。我们的生活有着千万种的保护,并且发展了不同的安全计划来减轻和分散不利结果的负担。③ 所以,人们从对形而上的知识,从对宗教信仰的追求,转向了生产实践和劳动改造。这种人类现实处境的变化,改造了人们关于知识的内在哲学观。

所以,知识即经验。

那么这种不确定性的情境是否会随着人类技术和科学的进步而走向终结呢?答案是否定的。在《人性与行为》中,杜威进一步分析了人类的行为和环境的关系。因为情境一直是在变化着的,不管我们在当前清除困难、化解冲突上取得多大的成功,问题总是以不同的形式或在不同的层次重新出现。实际上,当一个问题得到解决时,新的情境更加复杂了。它引发了新的问题和干扰因素。也就是说随着人类行为的持续,变化也是连续性的。它"表现为在复杂性和相互作用方面的当前成长",这就引起"在表面上坚固的习惯让位于过去未曾起作用的能力的危机",需要行为重新适应和重新调整。而从另一个方面来说,人所意识到的、所面对的情境是狭隘的。当他处理完一些问题后,提升了自己的眼界,他又会发现自己面对着一个更广阔的、更复杂的情境。这就是进化。因此,进化使得归纳法变得有限。所以,培根讲,谬误的出现是来自于社会,真理的发现也应该是由组织成社会的集体来进行。皮尔士赞成培根,也认为公

---

① 杜威:《确定性的寻求》,彭正梅选译,《民主经验教育》,上海:上海人民出版社 2009 年版,第215 页。

② 杜威:《确定性的寻求》,彭正梅选译,《民主经验教育》,上海:上海人民出版社 2009 年版,第216 页。

③ 杜威:《确定性的寻求》,彭正梅选译,《民主经验教育》,上海:上海人民出版社 2009 年版,第217 页。

100

共应与个人有机结合。

杜威在约翰·霍普金斯大学读书的时候，皮尔士是他的导师。但早期的杜威却也发现，符号的陈述，像铲子一样，是让人控制自然的工具；也像铲子一样，符号陈述作用于物体和事件，但并不与它们相吻合，这是一个微妙而重要的差异。因此，他对于从特殊到一般的方法越来越持怀疑态度，他开始寻找另外一种方式来代替归纳主义。

其实杜威的进化论与以往的进化论是有区别的，这个区别在于他更强调了人对于环境的主动性。这也是他从前人那里继承并且认真对待的一种认识。他说，人之所以要继续生存下去，是因为他是一个生物体，而不是因为理性使他相信他肯定或可能在将来获得满足和成就。他具有促使他活动的本能，这些活动裹挟着他前行。……他拥有毅力、希望、好奇、渴求和行动的热情。这些特性是从机体结构上属于他，而不是因为他思考才拥有它们。① 这就是人的"生之勇气"。这个概念是他经验论的核心，构成了经验的生长品质的动因。

在1916年的《民主主义与教育》中，杜威谈到了"经验"的性质。在"经验与思维"这一部分，他说，经验包含了一个主动因素和一个被动因素。主动因素就是尝试，而被动因素是承受。即主体对事物有所作为，然后它回过来对我们有所影响。只有当这两方面的结合，才构成经验。如果只有主动没有被动，即只有行为的发动而没有目的，则是任性和盲目的冲动，我们在这样的活动和行为中学不到任何东西，对生长也就毫无意义。生长就是经验的不断积累，在我们的作为和结果之间建立联系。所谓联系，对于一个经验来说，意味着从做中我们可以预料什么事将会发生；从累积的经验即生长来说，则意味着先有的经验在处理新的环境和问题时，可以预期什么。所以，"行动就变成尝试；变成一次寻找世界真相的实验；而承受的结果就变成教训——发现事物之间的联结"。因此，(1)经验本来就是一种主动而又被动的事情；它本来就不是认识的事情。(2)估量一种经验的价值的标准在于能否认识经验所引起的种种关系或连续性。当经验已经是积累性的经验，或者有点价值、有点意义时，只是在这个程度上，经验才含有认识的作用。②

---

① 杜威：《确定性的寻求》，彭正梅选译，《民主经验教育》，上海：上海人民出版社2009年版，第205—206页。

② 杜威：《民主主义与教育》[M]，王承绪译，北京：人民教育出版社2001年版，第154页。

在《人性与行为》(1922年)中,他再一次论述经验的生长的品质。经验为什么要生长? 正如上文所言,是由情境的特殊性和人的本能所决定的。经验的第一个品质就是情境性。经验的动态成长,一定是由于出现了新的情境和新的问题。当习惯无法起作用时,经验的生长就出现了一个契机。经验的第二个品质是"当下性"。任何一个经验仅仅在当下是有效的,是生长着的。或者说,"当下"这个概念包括了经验生长的全部内涵。杜威说,面对日益复杂的进步状态,我们只需要关注"当下"就可以了。"当下"的活动在时间上并不是"薄"如锋利刀刃。"当下"是复杂的,包含大量的习惯和冲动。"当下"也是持续的,是一个行动的历程,一个包括回忆、观察和前瞻的过程,它一会儿向前推进,一会儿向后反顾,一会儿又向外旁视。……它标志着行动朝向全面和清晰进步,或朝向凡庸和混乱倒退。进步意味着在当前进行意义重建,增加了意义的丰富性和明确性。倒退意味着意义、确定性和掌控感在当前减少。① 进步表现为当下的重建,否则它什么都不是。卢梭主张从文明状态返回简单的自然状态;斯多葛学派和佛教主张寡欲,认为这样可以摆脱人类无止境的烦恼,这都是错误的。我们不可能回到那种状态,任何的回去或指向一个完美的世界,都是对当下的逃避,是生长无力的表现,是对肯定生命意义的消极否定。

经验的发展即人的改造自然的能力的增长,或者可以说是人的实践能力和实践智慧在量与质方面的积累、丰富和转变。从个人角度讲,这就意味着生长;从社会方面讲,意味着社会的进步。

从以上论述中我们可以发现,经验内在的包含着思维。经验的生长,离不开思维的发展。传统意义上的理性,超越于被认为是主观的、流变的经验之上的理性,现在也被纳入经验之中,成为推动经验发展的动力。理性成为一种思维品质,它是批判反省的力量,是创造的前提。

第二节 创造性思维的发展
——兼论两个概念:冲动和习惯

理查德·帕瓦特说,杜威教育思想的核心概念是"习性"与"冲动",并认为对两者及其关系的思考在杜威一生的思想历程中是发生变化的。杜威用"冲动"来代替私人或个人知识,用"习性"来代替"公共知识"。这两者是沟通个人

---

① 杜威:《民主经验教育》[M],彭正梅选译,上海:上海人民出版社2009年版,第199页。

与社会的桥梁和中介，或者说是对个人与社会关系的喻示。杜威在 1919—1921 年间的中国之行，为他思想的改变提供了契机。[1] 笔者非常赞同并欣赏帕瓦特的观点及他对杜威思想的洞察力，帕瓦特的观点对于我们理解"冲动"和"习性"的关系，提供了很好的视角。但其实，研究杜威的所有作品，"习性"与"冲动"一直都有提到，并且并没有太大的差异。笔者更愿意将之看作是杜威思想的历史展开过程，而不是转变。在杜威的系列作品中，看不出杜威思想有太大的变化（早期的作品也许有些许不同，因没有全部阅读，所以不敢下此结论）。[2] 尤其是关于经验和思维的思考与论述，在不同时期的著作中，都可以看到"习性"和"冲动"这一对概念的出现。因为中译本中，habit 被译为"习惯"，所以下文都将以"习惯"称之。

一、什么是思维？

在《我们如何思维》中，杜威对思维进行了分析，思维是经验生长的动力和工具。克服冲动与习惯的弊端，需要思维。

思维对我们生活的价值，它的最大价值在于：它是我们脱离纯粹冲动的行为或纯粹习惯性行为的唯一的方法。在这里，冲动和习惯分别代表了产生盲目行动的本能和习俗偏见。这两种方式都不是理想状态，思维应该超越这两者才能使经验得以生长。在这篇文章中，杜威主要针对的是"习惯"问题，此时他认为，习惯有两个方面的趋势：一方面是传统的偏见和谬见；另一方面是节约我们思维的经济方式，它是旧的、我们不太会去关注和注意完全熟悉的事物，我们要利用它们。它们不会提出问题，但可以节约我们的精力去关注新的问题和环境，有助于问题的解决。习惯是我们某一个思维过程的起点和终点。

我们的思维就是要克服盲目的冲动和习俗的偏见和谬见。洛克曾将人类各种不同的错误认识，即偏见和谬见进行了分类，他冠之以"偶像"。这些"偶像"分为"种族偶像"、"市场偶像"、"洞穴偶像"、"剧场偶像"。这四种错误可以分为两类，一类（种族偶像和洞穴偶像）是由于个人的状况所引起的，是根植于人的本性的，是内在的；而另一类（市场偶像和剧场偶像）则由于社会条件所造成的，即一般的社会情境（比如倾向于认为一个语词对应一个事实，语词不存

---

[1]　理查德·帕瓦特：《杜威：习性与冲动——20 世纪初杜威教育思想的转变》[J]，《北京大学教育评论》，2003 年，第 2 期。

[2]　杜威作品分为早期（1882—1898 年间）；中期作品（1899—1924 年间）和晚期作品（1925—1953年间）。

在,相应的事实也不存在)和局部的、一时的社会流行趋势的根源。① 因此,杜威认为,需要对人类的思维保持高度的警惕,认识到错误、认识到可能发生的条件,对它进行严格系统的控制,即观察以及严格的思考训练才有可能认识到哪些信念是错误的,哪些信念是合理的。这种系统的思维的控制,一方面是要根据人的天生的自然倾向转化为受过训练的思考习惯,还要加强思考,以反对社会环境中的非理性趋势的影响,去除已经扎根的错误习惯。②

二、如何提升思维?

他给出提升思维的几个方面的措施:

首先,要关注到思维中意识到的和没有意识到的,将两者保持在一定的张力状态下。杜威指出,在思维中我们为什么会停滞不前,是因为我们常常没有考虑到无意识层面的东西,这包括一些无意识的态度和习惯。在正常的连续思维过程中,有些观念往往被我们认为是想当然的,不需要考虑的。但是当我们对思维进行检验的时候,我们就必须将无意识的东西显现出来。就有必要"在某些特定的环节上对这种熟悉的背景进行有意识地探讨和考察"③。因此,富有成效的思考总是存在于无意识和有意识的节奏变换之中进行。"计划和反思,直接前行和回顾检验,应该交替进行。没有意识到的为我们提供自发性和新鲜感,而意识到的则给予我们确定性,调控着思考过程。"④

其次,过程和结果也应该在心智生活中保持平衡。为了说明如何保持平衡,杜威举儿童思维的例子来进行说明。儿童心智活动的特征是自由的、开放的、好奇而灵活的,没有独断与偏见。这样一种自由的心智活动有时会表现出恣意"胡闹",这是儿童精力充沛的表现。如果不给儿童的心智活动指明一个方向和目的,那么这种心智活动便没有结果,导致精力的分散与浪费。而如果仅关注结果对过程进行了压制,儿童的思维就得不到发展。杜威并不反对儿童的胡闹,因为它是生长的原始表现,也是思维发展的契机,是对已有的常规俗套的抵制。但一味地胡闹不是生长,反而不利于生长,阻碍生长。因此必须使这种原始冲动有一个目标,将它引导到一个结果上。"即使最自由的活动,

---

① 杜威:《民主经验教育》[M],彭正梅选译,上海:上海人民出版社2009年版,第44页。
② 杜威:《民主经验教育》[M],彭正梅选译,上海:上海人民出版社2009年版,第47页。
③ 杜威:《民主经验教育》[M],彭正梅选译,上海:上海人民出版社2009年版,第48页。
④ 杜威:《民主经验教育》[M],彭正梅选译,上海:上海人民出版社2009年版,第51页。

也要设置一个目的或结果。"①针对传统教育对结果的重视，杜威更强调思维的过程。注重思维的过程，也就是尊重儿童思维的特性，给心智活动一个自由发展的空间。它会使心智超越成见和习惯的目的，使之有兴趣从主题本身来展开探索，基于开放的、没有偏见的思考方式和对自己心智的、没有外在支持和武断限制的自主性和独立性的信任。从童年的有关描述中，可以看到这种心智活动的深沉、专注和热情。它使儿童生活于当下，关注现时，但从现时中提取的深远的意义和继承物是如此丰富而充实，成为未来成长最好的保障。②

最后就是思维中的想象和现实问题，用杜威的话来说就是"远和近"的问题。构建未来行动的纲领，是思维的主要目标。所以该如何促使学生去进行未来的规划呢？这断然需要丰富的想象力。因为未来的境况并不在眼前，也是学生所不熟悉的。想象力并不是一种特殊的思维，而是包含在思维之中的一种品质。所谓思维，就是要从已知走向未知，解决新的问题。远和近就是思维中的已知和未知。已知是已有的习惯，未知需要我们想象。所以，这就需要对已知事物和材料进行观察，从新的情境中鉴别出我们熟悉的事物及其与环境的关系；而且还需要想象力在其中起关键的作用，从已出现的事物中找出尚未出现的事物。由熟悉的事物中发现新的因素，是想象力的作用。"想象的恰当功能在于以一种感官所不能的方式来看待现实。其目的在于清晰地洞察遥远的、不存在的和模糊的事物。"③如果始终以学生已经熟悉的材料来作为思维的内容，那么就会禁锢学生的理智，钝化他们的感觉。或者换句话说，就是使他们形成静态的习惯。因此，向儿童提供离他们经验较远的材料，这可以提供刺激和动机。

远和近的关系，还有另一层意思。它表示着个人经验与种族经验的平衡关系。个人经验总要进入到种族经验中才能寻找到生活更加丰富的意义。

其实，在《我们如何思维》之中，杜威虽没有明确的论述，但是我们可以看到习惯包含着很丰富的内容。它包含观察、推理、想象、反省等认知的方式和规则，以及元认知等思维方式；还包含了一些事实材料及其相互间关系的知识等思维内容。所以，在这里，习惯有些类似于后来认知心理学中所讲的"图式"（schema）。

①　杜威：《民主经验教育》[M]，彭正梅选译，上海：上海人民出版社2009年版，第52页。
②　杜威：《民主经验教育》[M]，彭正梅选译，上海：上海人民出版社2009年版，第53—54页。
③　杜威：《民主经验教育》[M]，彭正梅选译，上海：上海人民出版社2009年版，第57页。

三、"习惯"的主动性

时隔六年之后,杜威对"习惯"的静态概念开始发生转变,使之具有了主动的性质。在《民主主义与教育》中,明确讨论了习惯与生长的密切关系,而这里,生长并不是生物学意义上的成熟,而是思维能力的发展。

习惯是生长的表现。[①] 它表现为一种执行技能或一种做事效率,也就是利用自然条件达到特定目的的能力,它即包括动作的经济效率,还包括理智、情感和道德的因素。杜威对以往我们对习惯的理解,即我们常常会将它看作某种固定的、僵化的既定规则,看作控制和偏执,是"一种缺乏新鲜、敏感型和创造性的常规",认为忽视了习惯主动性和积极性的一面。在杜威的概念中,习惯既包括常规性,也包含主动性方面。"习惯有两种形式,一种形式是常规化的习惯,就是有机体的活动和环境取得全面的、持久的平衡;另一种形式是主动地调整自己的活动,借以应付新的情况的能力。前一种习惯提供生长的背景;后一种习惯就是生长本身。主动的习惯包含思考、发明和使自己的能力应用于新的目的的开创精神。"[②]习惯是生长的表现,也是生长的结果。既有的常规性习惯赋予人改造环境的力量,而当环境受到影响时,"又会生成许多新的刺激,这些新的刺激又会赋予其力量以新的目的,从而使之不断发展"。所以习惯就是在常规性和主动性之间不断地转化。

这里,杜威必须要考虑习惯如何主动的问题。主动的习惯是建立在冲动基础之上的。当然有些冲动仅仅是表面的胡闹,而有些则是某种已萌生的但未经训练的能力的征兆。对于后者,必须使它们明确,使之成为进一步向前发展的力量和手段。对于前者,则要克制。既不能放纵那些表面的胡闹,又不能指望那些未经训练的能力的征兆能够自主地发展壮大起来。"既不放纵它们,也不能仅为了它们自身而培养它们。"冲动与习惯并不矛盾,冲动是使习惯克服被动而变为主动的原因。

转化是指思维上的,如何将有益的、无目的的冲动转化为可靠的能力,从而纳入习惯之中。

用现代心理学的观点,杜威的"习惯"概念,包含了两层意思:一层意思是,习惯是某种类似于"图式"的抽象结构,它通过主体与环境不断相互作用而形

---

① 杜威:《民主主义与教育》[M],王承绪译,北京:人民教育出版社 2001 年版,第 65 页。
② 杜威:《民主主义与教育》[M],王承绪译,北京:人民教育出版社 2001 年版,第 73 页。

成，是不断建构中的。当习惯固着于既定的程式时，它也就失去了生长的能力，不能再应付新的情境，不再具有开创性。所以，早期杜威关于"冲动"与"习惯"的思维概念，与后来的皮亚杰的认知图式理论是非常相似的，是一种顺应和改造两方面同时进行的过程。但与杜威不同的是，皮亚杰强调了儿童认知发展的逻辑能力，使儿童的经验走向抽象，而忽视了儿童的原始本性——"胡闹"，即冲动。他认为逻辑的才是文明的，进而导致了他在关于思维的研究中，忽视了创造性思维的发生与发展的研究。但杜威更强调了习惯的主动性方面，冲动和习惯是思维的两端，不可偏废。杜威在认可思维逻辑化重要作用的同时，能够强调儿童天性的机制和冲动，明了这种机制和冲动对常规性习惯改造的重要作用。他说，成人和儿童在"习惯"的形成方面，都包含一致的思维路径或思维方式，但两者又具备各自的特征。"儿童具有特别的力量"，儿童因为先天未成熟状态的特征（依赖性和可塑性），赋予儿童优于成人的学习能力。他"生来的机制和冲动都有助于对社会刺激做出敏捷的反应"。"就同情的好奇心、无偏见的敏感性和心灵的开放而言，我们可以说，成年人应该向儿童看齐。"①

在对习惯的常规性和主动性关系方面，杜威的把握是非常到位的。对思维的发展，他更在意思维的创造性维度。其实，他所有关于思维的说法，包括经验在内，所谓的反省、习惯等，都是创造性的。

习惯本身具有一种机制，即主动性机制。即是说，"习惯能主动地寻找运行的机会，并转入全面的运作。如果习惯的表现过于受阻，它就会显出不自在的状态和强烈的渴望"②。习惯要不断地进化，需要保持全方位的冲动，以引起对新事物和情境的警觉。这些都是对前面所说的思维过程性的重视，它是实现创造力非常重要的环节。

而习惯的创造性离不开理性，习惯中的理智因素，包括对所作用的情境的观察和用清晰的、特定的方法加以理解；包括对行动所及的材料和工具的熟悉。"思维、观察和反思的方法与模式作为各种技能和愿望，一同进入特定人的习惯。"③这就保证了当儿童的冲动天性丧失之后，成人的经验还能不断地生长。当习惯限制了我们的行动和生长，那一定是习惯中的理智因素停止了

---

① 杜威：《民主主义与教育》[M]，王承绪译，北京：人民教育出版社 2001 年版，第 62 页。

② 杜威：《民主主义与教育》[M]，王承绪译，北京：人民教育出版社 2001 年版，第 67 页。

③ 杜威：《民主主义与教育》[M]，王承绪译，北京：人民教育出版社 2001 年版，第 67 页。

作用。

冲动也好，习惯也好，它们本身既是思维，也是经验。以经验的生长角度看，习惯的转化，就是经验的不断改组与改造。从思维发展来看，这就是习惯内部既有习惯向新习惯的转化。

四、反省思维

在"经验与思维"这一部分，杜威阐述了这样一种过程中需要或产生的洞察力，称之为反省思维。这是通过仔细地观察、分析，以考察处在中间的东西，把原因和结果、活动和结果结合起来的一种智慧。它使行动有可能的目标，也即"它是我们所以有各种目的的条件"。当我们的洞察力扩充，我们对未来的预见也就更准确、更全面。如环境发生变化，我们则可以凭结果所依靠的条件，注意是否已经拥有了所需要的条件。只有这样的理性因素参与其中，经验才成为经验。

反省思维本身具有几个方面的特质：首先反思需要既在事中又在事外。只有遇到环境改变或新的问题时，反思或思维才得以发动；而只有置身事外，才能很好地思考"所发生的事情对可能产生、但尚未发生的事情的关系"①。所以要完成思维的任务，必须具有一定的、超脱的、不偏不倚的态度，还要拓宽眼界，看到眼前事实以外的事情。这大概类似于对习惯的元认知的监控。

其次，思维是一个探究的过程，是观察事物和调查研究的过程，它所要探索的不是现成的东西。所以一切思维都包含着冒险。"思维的结论在事实证明以前，多少是属于试验性的，或是假设性的"，它是暂时的。对于传统理论而言，暂时的、不确定的知识不能称其为知识，它是低级的，人类欲摆脱的。它意味着情境性、易变性。但当代科学的发展却恰恰证明了这种知识的重要性。混沌理论、复杂性思维都说明以往静态知识的局限性。这种将原因和结果所联系起来的情境（条件）是假设的而非真实的，是对许多作用因素人为地排除而创造出来的知识。如果我们将之看做是绝对的，则不仅消解了这类知识的实践价值，也使我们的经验僵化与相互间割裂，无法由认识走向实践。杜威早在19世纪末20世纪初就提出了知识的不确定性本质，这具有重大意义。他指出，我们"生活在一个向前发展中的世界，在这个世界上，我们的主要任务是展望未来，而回顾过去——一切知识和思想不同，它是回顾过去的——它的价

---

① 杜威：《民主主义与教育》[M]，王承绪译，北京：人民教育出版社2001年版，第161页。

值在于使我们可靠地、安全地和有成效地去应付未来"①。

所以,他提出了反省思维过程的一般特征:(1)困惑、迷乱、怀疑,因为我们处在一个不完全的情境中,这种情境的全部性质尚未决定;(2)推测预料——对已知的要素进行试验性的解释,认为这些要素会产生某种结果;(3)审慎调查(考察、审查、探究、分析)一切可以考虑到的事情,解释和阐明手头的问题;(4)详细阐发试验性的假设,使假设更加精确,更加一致,因为与范围较广的事实相符;(5)把所规划的假设作为行动的计划,应用到当前的事态中去,进行一些外部的行动,造成预期的结果,从而检验假设。②

反省思维仅仅是思维的一个断片,它是一个单一的认识过程。它所得到的认识会被纳入到习惯的范围中去。从这一个思维断片中,我们也可以发现,思维的产生完全出自于问题。如果推而广之,从人生的角度来观察,思考是人生受压迫、受束缚,而至不能直接以其行动而操胜算的人。③

五、什么是"抽象"?

思维中还有一个断片,是需要我们注意的。这就是"抽象"。

经验可否迁移,这是认识与实践中必须要考虑的问题。经验的生长就暗示了经验在自己原有或他人已有经验之上的发展。经验的发展不是孤立的,如果是孤立的话,那么经验就成了盲目的冲动与胡闹。它没有太大的实践价值。所以经验应该是可以迁移的,也就是说,一个新的情境的出现,原有的经验是可以用来成为解决新的问题的基础,这是经验的改造。但问题是如何迁移和迁移什么。古典理性主义哲学只看到经验的情境性和易变性,认为经验是暂时的,就是否认了经验的连续性,否认了经验的可迁移性。而教条主义却又认为经验是绝对的,完全可以迁移。这就忽视了经验的情境性和经验的创造,事实是不可能的。卢梭等人认为儿童有创造的理性能力,但他相对没有对儿童的经验如何生长,理性与经验的关系如何相互砥砺进行研究。近代以来的"儿童中心"又对儿童自发的意识和冲动过分崇拜,不去有意识地促进儿童经验的改造,满足于他们的胡闹,看不到经验的生长如果得不到支持,他的兴趣和创造力将会败坏和腐烂。

---

① 杜威:《民主主义与教育》[M],王承绪译,北京:人民教育出版社 2001 年版,第 166 页。
② 杜威:《民主主义与教育》[M],王承绪译,北京:人民教育出版社 2001 年版,第 165 页。
③ 杜威:《哲学的改造》[M],许崇清译,北京:商务印书馆 1987 年版,第 1 页。

所以经验的改造需要思维理性的帮助,这就涉及抽象。因为新的情境出现时,要想已有的经验完全符合现实情况是不可能的,只能从具体经验中选出某一面,借它的帮助掌握其他事物,这就是抽象。更确切地讲,如果一种经验要是在别种经验中也可以适用,抽象是少不了的。每一具体的抽象都是独特的,绝无二致。抽象是思维的一个断片,它使某个因素得到自由而可以使用,因此它是一种经验能利用到其他经验上去的唯一途径——能够得到一种启发的唯一途径。因此抽象被认为是一种解放,它离具体状态中经验的东西越遥远,就越可能被用于以后可能发生的无限驳杂的事物中。这也就是说,越是一般普遍的抽象知识,越具有迁移作用。①

现代认知心理学认为,在问题解决的过程中,这种可以得到普遍迁移的东西,对于问题的解决,所起的作用并不大。问题的解决,更需要特殊的技能。其实这和杜威所强调的抽象不是一回事儿。杜威强调抽象是一个断片而不是一个整体的绝对。抽象并不高于经验,把抽象本身看作比它出自的那个具象更为绝对和高级的话,就会产生谬见。它仅仅是经验的一个部分的"贫乏的替身"。

第三节　杜威经验说的实践意义

杜威对认识与实践关系的认识是有巨大意义的。他通过"经验"这个既是主动又是被动的概念,暂时解决了认识与实践之间的矛盾。经验的主动与被动相互转化的过程,就是认识与实践相互作用的过程。经验,它始终是一个关系行为,是环境与主体之间的关系,是前识与后识之间的关系,是冲动与习惯之间的关系。并且它是一个行动,是由困境所引起的,追求解放和自由的行动。经验并不会停歇,始终处在不断地改组和改造过程中,这就表现为个人创造力的生长和解放。思维是促进经验主动与连续的工具。这些观点改变了传统实践领域的状况,打破了传统形而上的幻象,而使人类和个人专注于现实事务中。经验的生长,成为衡量一切实践的标准。

在自然界的改造中,它使行动根据一定的观念或概念来清理所遭遇的特殊对象,提出要求、主张或计划,所有的真伪都包含在活动中受到检验。所谓

---

① 杜威:《哲学的改造》[M],许崇清译,北京:商务印书馆 1987 年版,第 88 页。

真理即效用,就是把思想或学说认为可行的拿来贡献于经验改造的那种效用。①

道德实践也被抛弃那虚妄的终极目标、理想社会,而转向在当代道德问题解决过程中形成合适的人格特征。当代的社会道德问题转向自然善和道德善的冲突如何愈合,经济目的与道德目的分离的问题。所以,如果经验的生长,从个人意义上讲,他的创造力得到发挥即意味着自由和最高的善;从人类整体而言,所有人都会获得奉事社会的手段和个人创造力发展的机会,创造最大的社会善。只有生长自身才是道德的"目的"。②

从社会领域来看,经验的生长即是解放。从个人角度,使每个人获得最大的生存机会和生活能力。从人类群体的角度,个体经验与种族经验的相互依存,使得人与人之间只有相互依赖与合作,才能达到最大的社会的善,因而促使人们形成民主平等的生活和交往的方式。近代国家的意义已经发生变化,已从黑格尔的绝对理性代表转为各人欲望的代表。"社会"只是一个词,是无定的许多东西。在形式上,它包括人们由合群而共同享受经验和建立共同利益和目的的一切方式。而个人的自由,意味着必须变时能立刻就变,即能力从障碍中脱出。所以,现代社会,"政府、实业、艺术、宗教和一切社会制度都有一个意义,一个目的。那个目的就是解放和发展个人的能力(不问其种族、性别、阶级或经济状况如何)。换句话说,他们的价值标准就是他们教育各个人使他达到他的可能性极致的那个限界。民主政治是有许多意义的,但如果它有一个道德的意义,那么这个意义在于'一切政治制度和实业组织的最高标准,应当对社会每个成员的完满生长有贡献'"③。所以民主是一种生活方式,而非一种政治制度。杜威的民主主义要比狭隘的政治上的民主主义深刻宽广得多。民主取代自由,成为一种根本的追求。而且这个目标的实现,是通过经验的生长达到的。

帕瓦特将"冲动"与"习性"分别代表着"个人经验"和"社会经验"。"冲动"向"习性"转化,意味着个人经验向种族经验、社会经验的回归。这就为道德和社会层面的善的实现,提供了方法。这对我们是很有启发意义的。杜威在后期思想发展中,对"习性"的重视,也说明他更关注个人与社会关系如何才能和

① 杜威:《哲学的改造》[M],许崇清译,北京:商务印书馆1987年版,第94页。
② 杜威:《哲学的改造》[M],许崇清译,北京:商务印书馆1987年版,第105页。
③ 杜威:《哲学的改造》[M],许崇清译,北京:商务印书馆1987年版,第110页。

谐共生这个问题。个人的创造才能只以种族经验为前提和基础,才能得到发展;并且,也只有将个人经验纳入进种族经验中,奉事社会才体现出它的价值和意义。环境是个人创造才能、自由意志和好的经验习惯形成的重要条件。所以社会要进步,就决不能产生传统的谬见和偏见,以阻碍和限制个人与社会经验的成长。

而对教育来讲,教育就是如何促使儿童经验的生长,养成正确的经验和思维的品质和态度。所以学校首先就要为那些充满创造冲动和天赋生机的儿童营造合适的环境,这种环境必定是民主的。这种环境中有各种刺激,激发儿童天赋冲动的发展,识别能够壮大的那些成分,给予支持。

在儿童经验的发展中,最重要的是依赖和借鉴他人的经验。儿童的经验是偶然的、尝试性的和绕了弯路的经验,它不是自明的,而是过渡性的,只是生长的一个信号而已。它需要受到外部的刺激、鼓励和支持来将这种冲动明朗并获得力量。"希望一个儿童从他自己小小的心灵发展到一个宇宙,就像哲学家力图完成这种任务一样,当然不会有效果。发展并不是指仅仅从心灵里获得某些东西的意思。它是经验的发展,发展成真正需要的经验。"①

儿童的经验是人类的原始经验,这种类比,显然是受了霍尔种族复演说的启示。要给儿童经验以合理的支撑,就涉及儿童课程的问题。课程或教材,是种族经验的抽象概括,它表现为逻辑化的表述方式。课程所展现的是积累起来的已得到检验的种族经验。它本身就是经验这个事实说明,它并不是绝对的终点,它只是人类认识过程中的一个阶段。它是抽象的,意味着它是可迁移的,可以运用到儿童经验发展中的。"经验的逻辑表述并不是最后的、确定的。它的价值不在于它本身;它的重要意义在于它所提供的立场、观点和方法。"②课程经验对儿童经验生长的支持,并不否认或忽视儿童经验的意义。相反,儿童经验的成长才具有绝对的意义。这个生长,是建立在儿童处境的基础上的,以儿童自身的天赋力量为主要能量,课程经验要适时地提供咨询,纳入儿童经验发展之中。儿童学习前人的经验方法,促进思维习惯的改变和发展,但绝不在课程面前止步。儿童经验对课程的超越,才是社会进步的希望。

儿童为什么是社会进步的希望呢?因为儿童原初经验的方式和儿童强烈

---

① 杜威:《学校与社会·明日之学校》[M],赵祥麟译,北京:人民教育出版社 2005 年版,第 120 页。

② 杜威:《民主经验教育》[M],彭正梅选译,上海:上海人民出版社 2009 年版,第 28 页。

的生长能量。儿童认识世界总是从整体的、总体的状况出发，这种特质非常宝贵，社会的发展离不开这类特质去重新发现问题、思考问题。儿童对新异有强烈的探究欲望和兴趣，他在游戏中投入的力量是不竭的。而随着人的长大，成年人早已失去了整体洞察和全心投入这两项重要的品质。

所以，学校教育应该做到：（1）教育必须从儿童出发，注重心智发展的过程。不要着急，应该让儿童在他的生长期充分地发展，养成良好的习惯。这将决定着今后成人是否保持有创造力的思维品质。（2）从经验生长的角度，认识教材在儿童经验发展中的作用和意义，使之纳入儿童的个人经验中。提供机会，使儿童在探究的过程中明白个人对社会和他人的依赖性，形成民主的交往方式和道德品质，以及关怀与合作的习惯。（3）从更高更全的角度看待儿童，从经验生长的角度来分析，在儿童现有的经验和冲动中，哪些是易败坏的、一时的兴趣，哪些是值得欲求的。并且决定采取什么方式和步骤，将儿童盲目的冲动明朗并获得力量。（4）这种力量的获得，很大程度上来自科学思维的养成。因此，要训练儿童的思维，使之科学。如帮助儿童形成抽象、反省的思维品质。反省思维在杜威看来，是科学的思维。

当然，杜威对儿童思维品质的认识还并不全面。现代科学认为，儿童全面整体把握事物的原始能力是创造力的一个非常重要的品质。

卢梭是否认学校教育作用的，认为成人控制下的学校就是腐败社会缩小的机构，只能败坏儿童的天性善端。他甚至完全不考虑学校教育的改革。赫尔巴特强调学校教育，认为在一个专制社会中，只有通过教育机构的变革才能赋予个人以理性和自由，而以之改变社会。而杜威时期的美国，是进步的、开放的社会。开放社会中的学校，应观察儿童、有选择地恰当、适时地提供经验，组织活动（实践），更为注重的是由认知而实践的儿童的经验过程。并且根据民主主义的信仰，一个人有实现他自己的潜力和享有创造他自己未来的权利。① 所以这时，赫尔巴特时期所强调的教师教学已走向儿童自主的学习。根据经验的学说，教育是必需的，但学校是开放的。

_____

① 联合国教科文组织国际教育发展委员会：《学会生存——教育世界的今天和明天》[M]，教育科学出版社 1996 年版，第 2 页。

第三部分　中国现代童年的启蒙

　　李泽厚说,自两千年未有之变局开始,中国人便为寻找自身现代性出路奋斗不已,从救世济民到安身立命。直到今天,在一部分知识分子中仍然如此(中国知识分子的传统责任感和胸怀)。他们忧国、忧民、忧世界,在现代、后现代多种多样的思想潮流中,进退失据,彷徨无已。传统与现代各种深、表层复杂关系,(批判? 继承? "批判地继承"? 解构? 重构? 解构又重构?)仍将成为今日思想史难以摆脱的核心课题。童年史从一侧面反映了这一思想史的过程。

　　中国现代童年的发现以"五四"为标志。当然,这里的童年是指现代意义上的以现代性为特征的一个新生事物。也就是说,中国的童年与现代性的发生几乎是同步的,这一点毋庸置疑。"五四"运动开启了中国现代化的开端,呼唤真正的"人"的文化在中国的出现,要求建立一个科学、民主、进步的"人"的社会。儿童被发现,并得以研究,要求给予尊重和赋权,乃至要求以儿童为社会的核心,出现新的以"儿童本位"为特征的社会价值观念和文化的嬗变,这些都是对中国传统社会进行批判,渴求人性社会出现的典型标志。

　　"五四"这场文化运动和思想革命,对于现代童年的出现,引发了两条主要的发生和发展脉络:一条是以文学革命为途径,导致了儿童文学这一新兴事物的出现。中国儿童文学正是在"五四"时期,由于接受西方儿童文学的影响,才产生了具有相当主体性的儿童文学理论与创作,从而真正结束了中国没有自己的儿童文学的历史。① 另一条是颠覆了传统儿童教育理念,促进了新教育改革。而儿童文学和儿童教育这两者,虽然是相互依存,互为表里,但浩浩荡荡的文学革命还是稍稍走在了教育革命的前头,对后来的教育革命无疑有着不小的影响,如儿童观、童年意识以及师生关系和文化环境等方面。下面我们

---

　　① 朱自强:《中国儿童文学与现代化进程》[M],杭州:浙江少年儿童出版社 2000 年版,第 149 页。

就来谈谈儿童文学。

首先,中国的儿童文学并无现代和古代、近代之说。儿童文学本身便蕴含着它现代性的性质。因为传统文化中的中国,根本没有儿童文学这一事物。传统蒙学读物,是为识字和基本的道德教化而编,一径将"圣经贤传"灌下去,并无儿童意识。从语言文字的方式和教化内容上看,成人阅读的东西和儿童一样,没有区别。"中国向来以为儿童只应该念那经书的,以外并不给预备一点东西,让他们自己去挣扎,止那精神上的饥饿;机会好一点的,偶然从文字堆中掘出一点什么来,聊以充腹,实在是很可怜的。"① 但也不全然如此,儿童也有故事书看,不过都是成人书而已。冰心七岁开始唷书,所看的故事书为《三国》、《说唐》、《聊斋》及笔记小说等。一些不懂的字多看几遍也大概懂得了意思。尽管如此,当时的中国没有安徒生为孩子创作的童话故事,却有不少有心人为孩子写的蒙学书。这似乎是中国传统社会中文化心理上的一个未解之谜。② 古代中国是个没有童话的国度。

或者可以这样说,传统的读品对象,只有受过教育的精英阶层和没有文化的大众之分;而现代的读品,才做了成人和儿童读者对象的区别。其实,这不单单是中国的情况。西方国家现代化过程中在文学和教育领域大都如此。所以,儿童文学的出现,是社会文化观念发生了颠覆性变化的标志。不单单是在文化中做了成人和儿童这样的区分;而更深的意义在于文化从少数精英阶层扩展到妇女、儿童、一般劳动者这样的普通大众,是社会由"专制之国"转为"立宪之邦"的文化革命。文化人眼中出现了儿童这一特殊的教化和审美对象,是文化下移的民主意识的表现,民主意识的是民主意识这一内在价值观的外在表现,也是现代性启蒙的方法。

其次,中国现代性的发生是外源的,也就是说,国家是因为遭受外侮而先被迫后主动发生现代化的。这一现代化的过程从器物、制度和文化三个层面,由表及里地展开。现代化(modernization)不等于现代性(modernity)。西方的物质文明作为社会生活方式和生产方式的大规模输入,并不能解决或完全解决中国社会和文化向何处去的问题。③ 文化革命才是最根本的问题,器物的创新、制度的执行,都必须要得到社会文化心理的支持才可能实现。胡适、

---

① 周作人:《儿童的书·儿童文学小论》[M],石家庄:河北教育出版社 2002 年版,第 55—56 页。

② 张倩仪:《另一种童年的告别:消逝的人文世界最后回眸》[M],北京:商务印书馆 2001 年版,第 198 页。

③ 李泽厚:《思想史的意义》[J],《读书》,2004 年第 5 期,第 57 页。

蒋梦麟、鲁迅等获国家资助出洋留学，准备以"实业救国"的年轻人，最终发现救国的根本还在于革命社会的精神面貌和思想品格，后转向"文学救国"和"教育救国"上来，一再地说明了文化革命的意义与迫切性。儿童文学乃是新文学的衍生物，它的出现也同样标志着社会现代化的发展已经深入到文化这一深层社会机理层面。童年对于社会最终对于个人生命与生活的意义被发现，新的儿童观被建立起来，儿童是新社会的希望。他们的生活、教育，供给他们的知识、读本和文化环境一再受到重视和审查。儿童文学创作便是在这样一种文化思潮或新文化运动中产生的。当然，儿童文学的出现还有一个外因，便是清末民初大量外国小说的译介（其中包括大量儿童文学作品），这为我国儿童文学的出现提供了孵化的环境。所以，儿童文学的出现并不是非常突兀的现象，它有一个由外国儿童文学引入到本土儿童文学创作自觉的过程。而这么一个过程，恰是中国现代童年逐步成长的过程。

第三，"五四"新文化运动呼唤"人"的成长，目标在于建立一个首先是"人"的，其次是科学民主的公民社会。而这个"人"究竟是怎样的？这个问题需要文学来进行想象予以回答。梁任公言："欲新一国之民，不可不先新一国之小说。"（《论小说与群治之关系》）在五四时期新文化运动中所创作的文学作品，我们可以看到许许多多关于新人的设计。如鲁迅笔下的子君等。而胡适曾在留美日记中解释自己由农学转为哲学的原因，他这样问道："不观乎晚近十余年，吾国人所受梁任公、严几道之影响为大乎？抑受詹天佑、胡朝栋之影响为大乎？晚近革命之功，成于言论家乎？抑或成于工程机械之匠乎？"而在胡适等人的历史感受中，认为文学对国民性的改造才是新中国重建的根本之道。儿童文学是对儿童及童年的描写、反思批判与新童年和新儿童的想象重建。这种文学上对儿童和童年意象（image）的摹写，无疑是一种文化"理性形象"（ideal image）的设计。它是不是与文化的行为层面相一致，并不妨碍它存在的必要性及对社会行动进行指导的可能性。儿童文学出现之日，也就是对儿童和童年的思考与想象已经主动和社会革命联系在一起之时。是新文化运动主流中一条清澈隽永的支流。王德威说，小说不建构中国，小说虚构中国。而这中国如何虚构，却与中国现实的如何实践，息息相关。①

朱自强说：儿童文学的成立是以儿童的发现为前提的，儿童文学的发展也

---

① 王德威，《想象中国的方法：历史·小说·叙事》[M]，北京：生活·读书·新知三联书店 1998年版，第 2 页。

是以儿童观的进步为动力的。① 因此,童年被真正纳入现代性的视域中来进行研究,受到重视,是新文化运动的必然结果。在这场以"救亡与启蒙"为主题的文化革命中,倡导儿童解放和权利的新生活的童年想象,恰似这场运动开出的一朵鲜艳的奇葩。它的出现标志着中国现代童年的开端。

第一章　童心崇拜

　　中国儿童文学的出现经历了从清末到民初一个相对不短的历史。这一个过程大概持续了二十到三十多年的时间。其间分为两个阶段:一是从清末到"五四"前的酝酿,二是"五四"运动前后至抗日战争之前现代童年的真正出现。学界普遍认可,这一时期是中国"发现儿童"的时期。在前期,当时的文化精英们将民族国家励精图治的希望寄托在年轻人或少年人身上,改变了传统以老者为本位的价值体系和伦理观念,但这时的儿童观还并非是现代性的,它只是明末王阳明、李贽等新儒学思想的延续和"救亡与启蒙"时代要求两者相结合的产物。而以"儿童本位"或"幼者本位"的儿童观为基础对现代童年的想象,出现在五四时期,这时也才真正自觉地为儿童和儿童的童年生活进行了儿童文学的创作与实践。

　　一、少年强则国强

　　欧洲在文艺复兴时期发现了"人",18 世纪发现了"妇女",而 19 世纪发现了"儿童"。其实这条民主的关于"人"逐步被发现的过程也一样地适用于中国的社会状况。中国现代童年的出现,也一样是经历了从"人"的发现到"妇孺"的发现过程。以往我们之所以忽视现代性与儿童和童年问题的关系,是因为我们在对中国特殊现代化的探讨中,关注的主要是由器物而制度而最后文化这样宏观层面的一般(普遍)过程,满足于现代化最终落实在"人"的基本素质的现代化上,忽略了"人"的问题的提出仅仅是一个开端,如何现代化需要落实到具体的个人身上。而在文学界,对人的问题却相当敏感。周作人写过三篇文章:"人的文学"——"平民的文学"——"儿童的文学",可以表示这一发展逐

---

① 　朱自强:《中国儿童文学与现代化进程》[M],杭州:浙江少年儿童出版社 2000 年版,第 17 页。

步推进的过程。

清末民初那段"反帝反封建"的历史,现在更多地转换成为学术界"救亡与启蒙"的话语。这由社会史到思想史的转变,是我们研究中国童年问题所依靠的思想脉络。也就是说,虽然中国现代童年的出现离不开社会物质条件,但在这一章我们主要是在思想层面来进行研究和探讨。在思想史中,现代早期对少年的关注即是"救亡与启蒙"的题中应有之意。梁启超就将彼时之中国,称之为一老大帝国。他认为,国家和个人一样,老年腐朽,而少年充满了生机与锐气。老年帝国,积贫积弱;壮年帝国,年富力强;而少年帝国,则生机勃勃,拥有富强的未来。"欧洲列邦在今日为壮年国,而我中国在今日为少年国。""造成今日之老大中国者,则中国老朽之冤业也;制出将来之少年中国者,则中国少年之责任也。""使举国之少年而果为少年也,则吾中国为未来之国,其进步未可量也;使举国之少年而亦为老大也,则吾中国为过去之国,其渐亡可翘足而待也。故今日之责任,不在他人,而全在我少年。少年智则国智,少年富则国富,少年强则国强,少年独立则国独立,少年自由则国自由,少年进步则国进步,少年胜于欧洲,则国胜于欧洲,少年雄于地球,则国雄于地球。"①

这篇世纪之交的战斗檄文(1900年)中反映了以下几个问题:首先,中国童年的发现是由西方文化所引起的,是向西方学习的结果。和西方现代文明相比,我们还处于未成年状态。其次,其中所隐含的思想意识形态,乃进步的社会史观,我们对此都不陌生。它就是由严复翻译的《天演论》而带到中国并在中国得到迅速传播、引起社会核心价值层面发生根本变革、最终成为我们这个社会革命主导思想的进化论。但是将《天演论》中的进化论思想进行社会传播,启蒙大众,促进社会文化发生革命性转变的,却是在文学界。

在《少年中国说》之前两年,梁启超就在《译印政治小说序》(刊《清议报》第一册,光绪二十四年(1898)十一月十一日出版)中写道:"在昔欧洲各国变革之始,其魁儒硕学,仁人志士,往往以其亲身之经历,及胸中所怀政治之议论,一寄之于小说。于是彼中缀学之子,黉塾之暇,手之口之,下而兵丁、而市侩、而农民、而工匠、而车夫马卒、而妇女、而童孺,靡不手之口之,往往每一书出而全国之议论为之一变。彼美、英、德、法、奥、意、日本各国政界之日进,则政治小说为功最高焉。英名士某君曰:小说为国民之魂。岂不然哉!岂不然哉!"②

---

① 梁启超:《少年中国说》[EB/OL],http://baike.baidu.com/view/78855.htm
② 胡从经:《晚清儿童文学钩沉》[M],上海:少年儿童出版社1982年版,第77页。

他敏锐地意识到小说是启蒙大众非常有效的方式,因为说故事符合人的心理欲求,没有人是不爱听故事的。而对于没有机会读书、不识字的广大中国民众而言,听说书、看戏剧这样的方式正是中国百姓接受文化和价值观的主要途径。因此科学、民主这样的现代意识和现代文明正可以通过故事的形式来潜移默化地进入公共的思想意识之中,故而梁公提出了建造"新小说"的动议。启蒙者应该将政治与思想改革的目的蕴含在文学的形式中,并以大众能够听懂明白的、浅近的语言方式来进行创作,进行社会启蒙。梁公自己就和黄遵宪和曾志忞等注意到音乐鼓舞士气、抵制颓风的启蒙作用,创作了大量的学堂乐歌,极力鼓吹民族意识。

胡适言,梁任公与严儿道对中国社会的影响远远超过了器物和制度层面的改革。周作人就说,他在日本留学期间,"大约只是读了梁任公的'新小说',和他所作的'论小说与群治的关系',所受的一点影响",对他的文学道路不啻是一种非常有效的鼓励。同在日本留学的鲁迅也说:"我们在日本留学的时候,有一种茫漠的希望,以为文艺是可以转移性情,改造社会的。"这也难保不受梁公的影响,或怀抱有同他一样的想法和理想。

国人创作自己的新儿童文学,得益于晚清的大量文学作品的迻译。动物寓言、伊索寓言、安徒生童话、科学寓言、凡尔纳科幻小说等等都在晚清时期进入中国,产生了广泛的影响。比较著名的科学幻象小说有凡尔纳的《八十日环游记》、《海底两万里》、《地心游记》、《月界旅行》等,这些小说曾被除周桂笙以外的其余多位新文化运动的干将所翻译介绍,在社会上广为流行。为倡导发展个性,鼓励个人奋斗,倡导博爱平等的思想,所谓"教育小说"也随之成为晚清小说之一支。比较著名的有包天笑译的《苦儿流浪记》、《馨儿就学记》和《弃儿埋石记》等等。当时比较著名的翻译家林纾专译英美小说,一个人就翻译了180多种。这些译著作品对国内传统文化的冲击无疑是一支巨大的力量。

胡经从研究认为,晚清时期的儿童文学如同繁星璀璨的夜空,呈现了一片绚烂多彩的景象。中国近代知名的思想家、文学家、艺术家、翻译家以及诗人,诸如梁启超、黄遵宪、吴趼人、周桂笙、曾志忞、林纾、李叔同、沈心工等,都为儿童文学事业的拓展起了筚路蓝缕的草创之功。此外,为推翻封建帝制而奔走呼号的资产阶级革命家们,也创办了儿童报刊,编印了儿童读物,并使儿童文学反映了民族民主革命思潮的波光浪影。还有新文化运动的奠基者鲁迅、刘半农、叶圣陶、矛盾等作家,在他们文学生涯迈步伊始,都曾致力于儿童文学的垦殖。①

出版业的兴盛,为文化的普及创造了条件。藤井省三就曾非常细致地分析了中国民居的特点、新兴知识阶层的分布、建立在传统会馆基础上的新的文化机构、报纸文艺副刊与文学杂志的机能与发行、传统"吟"的读书习惯等,使得本来在文学社团的沙龙中进行的知性会话、在同人刊物上发表的诗或者小说以及各种真实犀利的随笔,都通过副刊这种媒介传达给读者,读者也通过副刊开始参与这种交流、阅读活动。而且,使得中国接受文化启蒙的人数远远超过了统计中的知识分子和学生数目。可以说,在处于欧化——现代化过程中,大众文化社会尚未形成的 20 世纪 20 年代的中国,报纸副刊成了宣传工具、大众媒体的实验室与试管。②

儿童文学的最初舞台,也正是借助这样的环境、这样的媒介走向大众的。中国最早的儿童报纸《童子世界》,1903 年由章太炎和蔡元培等人在上海创刊,翘首期盼儿童肩负起复兴国家民族的民主革命大业。"然兴中国者,非十余岁之童子所能为也,必先求学问,学问既成,然后为之,何忧乎。然则 20 世纪中国之存亡,实系于吾童子之手矣。则虽谓 20 世纪之世界为吾童子之世界也亦宜。"③《童子世界》辟有以下类目:论说、历史、地理、小说、传记、故事、格致、化学、演说、箴言、新闻、游戏、歌词、专件、笑话、学界风潮、介绍新刊等。译著小说在当时著名的小说期刊《新小说》、《月月小说》、《绣像小说》、《小说林》等上都有译载,宣传儿童的爱国心及合群思想、尚武精神、节约美德。此外,一些儿童报纸的创办,也非常注意科学知识的普及。如《小孩月报》的内容有诗歌、故事、名人传记、博物、科学等。《蒙学报》辟有文学类、史学类、数学类、智学类等栏目,成为当时新学堂所开课程的课外辅助读物,等等。这些报纸刊物,一方面作为学校教育的必要补充,启迪了其目标读者群少年儿童的心智;另一方面也启迪了当时其智力思想水平和儿童差不多地整个社会底层民众的心智。

要衡量一个社会的儿童观,主要看的是人们如何看待和对待儿童。而这种看待和对待是要将儿童与成人比较来进行的。现代童年的出现,是儿童这

---

① 胡从经:《晚清儿童文学钩沉》[M],上海:少年儿童出版社 1982 年版。
② 胡从经:《晚清儿童文学钩沉》[M],上海:少年儿童出版社 1982 年版。
③ 胡从经:《晚清儿童文学钩沉》[M],上海:少年儿童出版社 1982 年版。

一生命发展的时期,从成人期中分离出来,被进行特殊的看待,认可其对于人生的特殊价值。并且,将儿童看做儿童,而不是成人的工具或社会的工具。在这些清末启蒙精英的努力下,儿童终于从臣民的队伍中被拉了出来,具有了一定的社会地位。许多当时译介的儿童文学作品,如外国小说、童话和寓言等,因为是以儿童为中心的现代创作,极大地丰富了并且愉悦了儿童们的生活。但首先这部分作品的受众仍然有限,一般是少量精英阶层的子弟。其次,国内自己创作的作品,大都在孩子们的肩头压上救国救民的重责和未来社会的理想,使他们去和成人一起完成丰功伟业。对儿童和少年灌输的不是"圣经贤传",而是换作"爱国主义"罢了。甚至周作人后来还说,当时"就是有了一点编纂的著述,也以教训为主,很少艺术的价值"①,仍然丢不掉"蒙以养正"的传统。学堂乐歌不用说了,除了黄遵宪创作的几首校歌颇有童趣外(尤其是那首《幼稚园上学歌》),其余都充斥着浓烈的救国救民的理想抱负。小说故事、童话寓言,也无一不是缀上一些说教的言辞才放心。更别说语言文字上几乎是以文言文为主的了。

尽管如此,"童心崇拜"仍然热热烈烈地兴起来。它是中国传统的"童心说"的血亲,又为后来的现代"儿童本位"做了铺垫。

二、童心母爱

"童心说"是晚明李贽的主要哲学观点。"童心者,真心也,若以童心为不可,是以真心为不可也。夫童心者,绝假纯真,最初一念之本心也;若失却童心,便失却真心;失却真心,便失却真人;人而非真,全不复有初矣。"②此"童心"是人之初的自然本真状态,是对宋明理学"正其谊不谋其利,明其道不计其功"的天理人欲的一种绝然的反动,并非要解放儿童,而是以激进的姿态、激烈的言辞抨击当时的社会混乱,政治腐败,道德虚伪的风气。③李贽大讲"童心",亦"私"、"利"、"功"、"我",并且还认为它们是"谊"、"道"、"公"、"群"的基础,严重打击了整个理学的理论体系。"夫私者,人之心也。人必有私而后其

---

① 周作人:《吕坤的演小儿语·儿童文学小论》[M],石家庄:河北教育出版社2002年版,第63页。

② 李贽:《焚书》卷三〈童心说〉。

③ 任继愈:《李贽思想的进步性》,《学术文化随笔》[M],北京:中国青年出版社1996年版,第45页。

心乃见,如无私则无心矣","若不谋利,不正可矣……若不计功,道又何时而可明也"①?将伦常道德建立在个人的感性欲望、利益、幸福、快乐的身心基础和现实生活之上,是儒学体系的第二次对由天理而伦理的"内圣"路线展开的猛烈攻击。摆在思想史中看,其上承王阳明心学理念,下接戴东原和康有为,为近代人性论开辟了道路。而在教育上,吸取王守仁学派的方法,从心理、情感上启发学者的自觉性。因其强调个体的伦理主体性,重视个体责任感和自我意识,强调主观意志的作用和力量,②这就与现代性思想对接上了。

从清末民初的社会状况来看,"童心崇拜"与"童心"说是一脉相承的,都认为在伦理道德上,儿童要比成人纯洁;都将人的初始天性看作腐败社会的解毒剂和未来社会重建的希望之基。因此,在后来的"五四"新文学中自然要对这一近现代资产阶级自然人性论大加歌颂与宣扬。"五四"新文化运动批判礼教吃人、主张男女平等、个性解放等主张,都和"童心"的思想不无关系。"李贽的观点贯穿着平等、自由和尊重个性的精神",从他的著述中"我们看到他的社会平等说,人性自由说和个性解放说"③。当然,"五四"时期的"童心崇拜"已经由"童心说"而更进一步了。

"童心崇拜"是"五四"新文化运动中非常重要的一种社会意识形态。围绕着这一意识形态的是一大批进步的思想家和文学家,其中有我们熟悉的冰心、郑振铎、茅盾等人。而以冰心的文学创作在当时的影响尤著,因为她的"童心"是与"母爱"联系在一起的。"五四"期间,冰心多次在晨报上发表自由体诗歌,仿泰戈尔的浪漫主义,一时间名声大噪。随后,她又创作了多部以揭示身边社会问题为主的"问题小说"。而另一奠定了她文学地位的是,她多次写信建议当时孙伏园主编的《晨报副刊》设立"儿童世界"专栏,并为其给小朋友们写文章。"因为昨天看见《晨报》副刊上已特辟了'儿童世界'一栏,欣喜之下,便借着软弱的手腕,生疏的笔墨,来和可爱的小朋友,做第一次的通讯(《通讯一》)。"她这样写道:"我是你们天真队伍里的一个落伍者——然而有一件事,是我常常用以自傲的:就是我从前也曾是一个小孩子,现在还有时仍是个小孩子。为着要保守这一点天真,直到我转入另一世界时止,我恳切

---

① 《藏书·卷32·德业儒臣后论》.

② 李泽厚:《中国近代思想史论》[M],北京:生活·读书·新知三联书店2008年版,第196—198页.

③ 侯外庐主编:《中国思想史纲(下册)》[M],北京:人民出版社1981年版,第596页.

地希望你们帮助我,提携我。我自己也要永远勉励着,做你们一个最热情、最忠实的朋友!"

她一共写了 29 篇通讯,共集结成一本集子《寄小读者》,主要记叙了赴美游学旅途的见闻和在异国的生活。至 1941 年为止,已再版了 36 次,被认为是冰心最广为人知的作品,同时也被看作中国现代文学史上最早为儿童创作的作品之一。① 而作品以"母爱、童心以及自然"为主题,赋予了冰心中国现代文学发现"浪漫儿童"史上一个举足轻重人物的地位。阿英说:"青年的读者,有不受鲁迅影响的,可是,不受冰心文字影响的,那是很少,虽然从创作的伟大性及其成功方面看,鲁迅远超过冰心。"②

她在四版自序里说:"假如文学的创作,是由于不可遏抑的灵感,则我的作品之中,只有这一本是最自由,最不思索的了,这书中的对象,是我挚爱思慈的母亲……她的爱,使我由生中求死——要担负别人的痛苦;使我由死中求生——要忘记自己的痛苦。……这书中有幼稚的欢乐,也有天真的眼泪。"

儿童的柔弱在这里不是被忽视、否定、鄙夷,而是被实实在在表现出来,是希望受到社会的肯定,被社会所了解。爱伦凯在宣告 20 世纪是"儿童的世纪"时,就告知天下,母亲的爱对于儿童是非常重要的。社会欲要得到健康、活泼、快乐的儿童,就要让他们的母亲幸福。所以,妇女的婚姻要建立在爱情的基础上,要重视并保障妇女幸福的权利。母亲和教师应该想方设法给予儿童爱的情感,以滋养儿童纯洁的心灵。在中国传统社会中,也正是母亲的爱,陪伴了广大儿童天真的童年。在许许多多的人物传记和回忆录中,"严父慈母"是传统的父母形象。而对母亲的怀念,无可置疑,多于父亲。"世界上有美人,最美是我母亲;世界上有好人,最好是我母亲。"这是 80 岁的黄炎培心中的母亲形象。③ 对中国历史上童年意象进行研究的人员发现,在中国传统社会中,对儿童的初蒙和社会价值文化的传递,都是通过母亲在日常生活中的劳作教养、接人待物来进行的。

冰心第一次借用孩子的口,将这样一种母子之情表达出来,并在社会上渲染。她的这一童心母爱,影响深远。一直到新中国成立后的一段时间内,童心

---

① 徐兰君、安德鲁·琼斯主编:《儿童的发现:现代中国文学及文化中的儿童问题》[M],北京:北京大学出版社 2011 年版,第 183 页。

② 阿英:《阿英文集》[M],北京:生活·读书·新知三联书店 1981 年版,第 121 页。

③ 黄炎培:《八十年来》[M],北京:文史资料出版社 1982 年版,第 6 页。

母爱还被作为小学老师的光荣责任而得到提倡。如著名小学教育家斯霞，1960 年被授予先进儿童工作者和"三八"红旗手称号。她的身上始终流淌着慈母般爱的暖流。她的床学生们睡过，她的衣服学生们穿过。每一个学生的思想品德、温饱冷暖，无不挂在她的心上，她也受到学生们的爱戴和尊敬。1963 年 5 月《江苏教育》发表了《育苗人》一文；5 月 30 日《人民日报》刊登了《斯霞和孩子》一文。两篇文章都强调教师要以"童心"爱"童心"，儿童"不但需要老师的爱，还需要母爱"。从冰心到斯霞，这一五四传统得到了继承。

在阅读冰心的《寄小读者》时，我经常会感到困惑。少年时，我并没感到《寄小读者》有任何引人入胜之处。总觉得它仅仅是些记事文章，并没有趣味。如今再读，依然觉得没有趣味，并且我倒疑心小朋友是否真能明白作者托物语情。王瑶也说："倒是细腻清丽的自然景物描写，还颇有引人入胜的地方。"[1]为什么会有这样的感觉呢？那是因为一般人都将冰心作为早期著名的儿童文学作家来看待，而她的作品和儿童文学之间，用现代人的生活状况来体会，是无法等同的。没有对那个风云变幻的时代的了解，不仅难以理解作者借文章所表达出来的感情，也很难体会《寄小读者》在文化运动（文学运动）中的地位和意义。用今人的眼光来看，充其量也就是一博客的水平。这是现代人经历了一百年的启蒙，文化水平普遍提高的原因。

我的这个疑惑后来得到了一些证实。冰心在回忆自己从事儿童文学创作的经历时，也承认她并不是什么儿童文学作家。她说，对照"儿童文学定义，我必须承认，我没有写过可以严格地称为儿童文学的作品，即使勉强说是有的话，也是极少！我也不知道我是怎样地挤入或是被推进儿童文学作家的队伍里的！"（此处儿童文学的定义为："以儿童为本位而组织之文学也……儿歌、民歌、神话、童话、动植物故事、寓言、谜语皆属之。""适合少年儿童阅读的各种体裁的文学作品，包括童话、诗歌、戏剧、小说、故事……"）

她说，半个世纪以前，她曾写过描写儿童的作品，如《离家的一年》、《寂寞》，但那是写儿童的事情给大人看的，不是为儿童而写的。"只有《寄小读者》，是写给儿童看的，那是在 1923 年我赴美留学之前，答应我的弟弟们和他们的小朋友们，我会和他们常常通讯。……但是后来因为离孩子们渐渐远了，

---

① 王瑶：《〈中国新文学史稿〉有关冰心的论述》，范伯群编，《冰心研究资料》，第 259 页。

写信的对象模糊了,变成了自己抒情的东西,此后也没有继续下去。"①

茅盾也做过这样的批评:"指名是给小朋友的《寄小读者》和《山中杂记》,实在是要'少年老成'的小孩子或者'犹有童心'的'大孩子'方才读去有味儿。在这里,我们又觉得冰心女士又以她的小范围的标准去衡量一般的小孩子。"②

颜海平认为,"小读者"这个概念不仅仅指的是生理意义上的儿童群体,更重要的是指代了 20 世纪 20 年代中国还未充分发展起来的非精英的普通读者群。③

周作人是第一时间赞同冰心在《晨报》上开辟《儿童世界》的人,也首先在《儿童世界》上发表"土之盘筵"系列译作。他对冰心的评价,却主要出自文学革命的角度。新文学运动二十多年后,他认为,这次的文学革命只不过是中国文化发展中历次文学方式转折的其中之一,与以往的转折并没有太多可以令人惊讶的地方。这些转折都是在"言志"与"载道"间来回,而这一次钟摆又摆向了"言志"派。冰心与胡适之和徐志摩一样,他们的作品很像明末的公安派,清新透明而味道不甚深厚。好像一个水晶球样,虽是晶莹好看,但仔细地看多时就觉得没有多少意思了。④ 这不是批评冰心,而实在是赞赏。因为在周作人看来,"言志"对于现代性的意义远远要大于"载道"。中国的文学正是因为"载道"太多,所以搞得中国文化老气横秋。小孩子一读书就变老了,没有生气了,没有活力了。

其实,可能那个时代因为各种文艺理论和创作兼容并包,所以在冰心身上所反映出的"童心崇拜"不仅受中国传统的影响,更多的还受到了西方文艺理论的影响。冰心就曾受泰戈尔的影响。泰戈尔访华,竭力宣扬东方智慧以弥补西方现代性的不足,在西方人看来是个典型的浪漫主义东方思想家。可他对东方智慧的赞赏,认为它是治愈西方现代病的灵丹妙药,这个见识在当时积贫积弱的中国却并不被赏识。泰戈尔访华受到冷遇,较之杜威逊之甚远。但这种浪漫

---

① 叶圣陶等:《我和儿童文学》[M],上海:少年儿童出版社 1980 年版,第 13 页。
② 茅盾:《冰心论》[M],福州:海峡文艺出版社 2000 年版。
③ 徐兰君,安德鲁·琼斯主编:《儿童的发现:现代中国文学及文化中的儿童问题》[M],北京:北京大学出版社 2011 年版,第 198 页。
④ 周作人:《中国文学的变迁·中国新文学的源流》[M],南京:江苏文艺出版社 2007 年版,第 28 页。

主义却实实在在地生长起来,与中国古诗词传统相结合,产生中国特色浪漫主义的新的形式——新体诗。"童心崇拜"就是这种浪漫主义,《寄小读者》的文白交集的冰心体就是一种表现。这种注重个体心意的抒发与感怀,很切合新文化运动的时局。无论如何,它是在抒发"己"意,抒发"个人"的思想。

但冰心的《寄小读者》及其他诗歌和文学作品的意义如果仅仅如此,也还不够。冰心也曾了解过杜威和罗素。正如前文所说,如果不将冰心的作品置入新文化运动这一特殊的背景下,不将之置入中国文学的历史中,是难以深刻理会其历史意义的。在笔者看来,尽管《寄小读者》离"童心"还有一段距离,尽管作者试图用儿童的眼睛来看世界,但她不是描写儿童的世界;而毋宁说是在描写抒发大人的"童心"。但这种抒发首先是对着孩子们的,是特地将儿童作为自己抒情的对象,是蹲下身子与儿童的说话,一如孩子间相互的赤诚,不虚假不造作。钱理群说,"虚伪"与"真诚"也就成为区分中国封建传统文学与现代文学的基本标尺之一;人格的真诚,成为中国现代作家的基本品格。[①] 在行文中,我们看不到什么国家民族复兴的沉重话题,听不到对儿童这样那样承载家国复兴责任和义务的拜托与说教。而是个人远离故土对母亲和家人的思念,私人情感和欲望的表达。它是生活的而不是抽离生活的,是亲切关怀的而不是板着脸教训人的,这就改变了以往成人对待儿童的态度。

其次,她有意识地为儿童开辟一个不同于成人的世界,并认可儿童世界的价值要高于成人世界。她说:

> 小朋友,我有一个建议:"儿童世界"栏,是为儿童辟的,原当是儿童写给儿童看的。我们正不妨得寸进寸,得尺进尺的,竭力占领这方土地。有什么可喜乐的事情,不妨说出来,让天下小孩子一同笑笑;有什么可悲哀的事情,也不妨说出来,让天下小孩子陪着苦苦。只管坦然公然的,大人前无须畏缩。——小朋友,这是我们积蓄的秘密,容我们低声匿笑的说罢! 大人的思想,晶石极高深奥妙的,不是我们所能以测度的。不知道为什么,他们的是非,往往和我们的颠倒。往往我们所以为刺心刻骨的,他们却雍容谈笑的不理;我们所以为是渺小无关的,他们却以为是惊天动地的事功。……总而言之,他们的事,我们不敢管,也不会管;我们的事,他

---

① 钱理群:《周作人研究二十一讲》[M],北京:中华书局 2004 年版,第 56 页。

们竟是不屑管。所以我们大可畅胆地谈谈笑笑,不必怕他们笑话。——
我的话完了,请小朋友拍手赞成!①

　　这样,从早期"童心说"呼唤道德标杆从天理转向人欲;到"少年中国说"开
始,理性将社会改良的希望重压在少年儿童的肩头,转变社会伦理价值体系的
重心所在;到"童心崇拜"社会意识形态的转变,浪漫主义开始注意"撇开现实
的生活,返于儿童的梦境",召唤具有"赤子之心"的大人读者,社会儿童观似乎
在悄然地发生着变化。然而"童心崇拜"还并未真正创造和想象出中国的现代
童年,它距解放儿童的目标还有那么点距离。1921 年,周作人说:"中国人现
在还不将人当人看,也不知道自己是人。那么,所有一切自然更是废话了。"②

---

①　冰心:《通讯六.冰心全集(二)》[M],福州:海峡文艺出版社 1994 年版,第 69—70 页。
②　周作人:《小孩的委屈·谈虎集》[M],石家庄:河北教育出版社 2002 年版,第 51 页。

第二章　儿童本位

　　李泽厚说,中国近现代的资产阶级自然人性论,除了在"五四"运动后的新文学中有所表现外,并没有充分地展开,这与近代反封建的启蒙任务并没完成有关。因之,后一方面(讲求个体的道德修养、意志锻炼和战斗精神)反而成为有实际影响的因素。① 换句话说,也就是"救亡"压倒了"启蒙"。

　　但是就是在这没有展开的关于"人性"解放的文学革命中,我们依然可以发现有那么一粒种子在萌芽,其枝叶在不断生长舒展。中国在 20 世纪初,不仅有过真正的"人"论,而且有过真正的现代性"儿童观"和"童年观",有过真正的现代性启蒙。

　　冰心所代表的"童心母爱"是狂热的"童心崇拜"的其中一个面相。胡适在当时就注意到这一点,他说:"……近来已有一种趋势,就是'儿童文学'——童话,神话,故事——的提倡。"② 当时不仅出现了以冰心和叶圣陶为代表的专门为儿童写作的作品;社会对童话、神话、故事、儿歌进行搜集,整理,研究的风气,一时蔚然;世界上最杰出的儿童文学作品,诸如格林、王尔德、安徒生、爱罗先珂、望蔼覃的童话,都在这一时期介绍到了中国。人们更对儿童文学、童话学、神话学……表现出少有的理论兴趣,报刊上连续发表有关讨论,并出版了专门的论文集,涉及的范围极为广泛,一直深入到了"儿童文学的哲学观"这样的层次。人们如痴如狂地向往着"童心"世界,这在中国历史上,是绝无仅有的,其意义已经超出了儿童及儿童文学本身,包含着更深刻的内容。

　　但我们不妨从这可能将触及的政治意识形态干预中转身。因为任何狂热如缺乏理性的审慎的批判,则一定会走向另一个极端而现疯狂。"人的解放"、"儿童的解放"可能会变成"人的再次奴役"与"儿童的再次工具化"。而在这狂热的"童心崇拜"中,有一个似乎并不同于他人,仅仅是冲淡平和地品味童年、童趣,写意人生的人物。他就是在当时现代性的"人论"、现代性的"儿童观"和"童年想象"中另辟蹊径的贡献者——周作人。

---

　　① 李泽厚:《中国近代思想史论》[M],北京:生活·读书·新知三联书店 2008 年版,第 198 页。
　　② 胡适:《儿童文学的价值》,见《童话评论》,第 191 页。

一、周作人对人的兴趣

周作人从小受中国传统教育时，不爱读经书，八股文学得不好，应试成绩也不行，秀才也考不上。但他爱读小说，看杂书，觉得有趣味。"后来能够写文字，及养成一种道德观念，乃是全从别方面来的……简单地说，就是从小说看来的。大约在十三至十五岁，读了不少的小说，好的坏的都有，这样便学会了看书。"①他收集并阅读了大量的奇书异志类书籍：有关于诗经论语疏注类；小学书，即说文解字、尔雅、方言类；文化史料类；年谱、日记、游记、家训、尺牍类；博物类；笔记类；佛经类及乡贤著作，以闲书代纸烟。

1906年到日本留学后，更是按照自己的趣味来阅读和做学问。这段期间，他接触到大量的西方文化和较中国更为现代的日本文化。如文化人类学、生物学、外国小说、儿童文学，等等，为自己思想的现代性奠定了厚实的基础。我们且看看他这一时期接触了哪些人物及学说。在《我的杂学》自述中，周作人回忆，因为喜爱读小说，在国内就看过许多林译小说。到日本后，接触并着手与鲁迅一起翻译哈葛德、安特路朗、勃兰兑斯、屠格涅夫、大托尔斯泰的作品。源于已有的对志异类中国古代神鬼故事的喜爱，而对安特路朗的神话研究异常感兴趣，并因此而喜爱了文化人类学。对文化人类学的学习，尤其是哈利孙女士的希腊神话论以及宗教各书，使他对中西文化有了一个较当时文化人更为深刻的理解。他曾这样说：与其他各国神话故事相比，希腊神话最美，这是因为"希腊民族不是受祭司支配而是受诗人支配的，结果便由他们把那些粗材都修造成为美的影像了。……我们中国人虽然以前对于希腊不会负有该项债务，现在却该奋发去分一点过来，因为这种希腊精神即使不能起死回生，也有返老还童的力量，在欧洲文化史上显然可见。对于现今的中国，因了多年的专制与科举的重压，人心里充满着丑恶与恐怖而日渐萎靡，这种一阵清风似的拔除力是不可少，也是大有益的。我从哈利孙女士的著书，得悉希腊神话的意义，实为大幸，只恨未能尽力介绍。"②

在日本期间，因为响应梁启超"欲新民，而要新小说"的主张，周作人为介绍并创作新小说，阅读了大量的外国小说。在这些作品中，他尤其崇敬俄国屠

---

① 周作人：《我的杂学》[M]，北京：北京出版社2011年版，第120页。
② 钟叔河编：《周作人文类编05上下身（性学·儿童·妇女）》[M]，长沙：湖南文艺出版社1998年版，第606页。

格涅夫和陀思妥耶夫斯基的小说,翻译过大托尔斯泰的《战争与和平》,后名为《劲草》。不仅如此,生物学、医学史与妖术史;日本文化中的江户风物与浮世绘、乡土与民艺、俗曲与玩具、性心理,等等,具是周作人广泛涉猎的主题。而这一切"旁门左道"的研究兴趣,"原因并不是为学,大抵只是为了人,而这人的事情,也原是以文化之起源与发达为主"①。这一切都孕育了他关于"人的文学"的现代性思考,并反映在他对儿童文学和童年的构想之中。

在《人的文学》一文中,他阐述了他的"个人的人间本位主义"思想,它首先强调了个人存在的权利。个人是生物性的存在,有生物的各种欲望。合理的欲望是不该在假道学的名教言论下被压抑和歪曲的。其次,个人作为"人"的存在,更要发展区别于动物的那部分特质,即他内面的生活,比动物更为复杂高深,而且逐渐向上,有能改造生活的力量。因此所谓个人的存在是灵肉二重的生活,两者的结合便是人性。其次,要爱人,因为个人是在人类中才能存在的,没有人类也就没有个人。因此要过一种"利己而又利他,利他即利己"的生活。

本文无意去抬高周作人在思想史上的地位,他所言的人的内外两面的生活,也并未彻底地阐述什么是"人性"。但他的这一思想却是在"救亡"主题下另一种启蒙的衍生。

周作人看到了欧洲革命在"人的解放"方面的思想历程。在"五四"时期的新文化运动中,这方面的意识是不多见的。他说:"欧洲关于这'人'的真理的发现,第一次是在 15 世纪,于是出了宗教改革与文艺复兴两个结果。第二次成了法国大革命,第三次大约便是欧战以后将来的未知事件了。女人与小儿的发现,却迟至 19 世纪,才有萌芽。古来女人的位置,不过是男子的器具与奴隶。中古时代,教会里还曾讨论女子有无灵魂,算不算得一个人呢。小儿也只是父母的所有品,又不认他是一个未长成的人,却当他作具体而微的成人,因此又不知演了多少家庭的与教育的悲剧。"②

二、为儿童的书

朱自强说,周作人对儿童的兴趣与他个人的人格特征有关,他的身上有一

---

① 钟叔河编:《周作人文类编 05 上下身(性学·儿童·妇女)》[M],长沙:湖南文艺出版社 1998 年版,第 612 页。

② 周作人:《儿童文学小论》[M],石家庄:河北教育出版社 2002 年版,第 34 页。

种"童痴"和"童趣",这与他自由富足的童年生活是分不开的。这决定了周作人日后从事儿童学、儿童文学研究,从没有偏离过儿童心灵世界所企望的方向。钱理群也较早地发现周作人的童年生活与后来思想的关系;①儿童文学理论研究者如刘绪源与班马等人,也注意到了周作人所具有的"儿童心态"和"儿童本性"。② 但周作人自己却并没说自己对儿童有特殊的兴趣。他做童话研究、古童谣研究和儿童文学研究,与他对人的兴趣,在日本留学期间接触的儿童学、人类学和生物学有关。

他接触的文化人类学认为,原始文化简朴、率直,与小儿的心理状态相似。而在各神话故事中,以希腊神话为最美,最值得我们中华文明学习。又因文化人类学而对儿童学感兴趣,而这时的儿童学指"美国儿童研究运动之父"斯坦利·霍尔的儿童心理学,即胎儿在胎内的发展复演了动物进化的过程;而儿童时期的心理发展则复演了人类进化过程。

> "神话者原人之宗教,世说者其历史,而童话则其文学也。……故童话者不过神话世说之一支,其流行区域非仅限于儿童,特在文明之国,古风益替,此种传说多为儿童所喜,因得借以保存,然在农民社会流行亦广,以其心理单纯,同于小儿,与原始思想合也。"③

他申明,童话研究的基础是民俗学,而其应用则要依据儿童学了。在童话的起源问题上,因为童话是原人的文学,也就是儿童的文学。在心理发展机制上,儿童与原人的感情趣味约略相同。在教育学上,儿童读童话,可以满足其爱听故事的心理要求,使儿童自然成长,而且还能发展儿童的想象力,补充儿童对社会和人事其他风土人情与事物的了解。之后的儿歌的研究也同此理。

周作人最早撰写关于童话研究的论文,是源于想要澄清当时社会对于童话理解的谬误而作。但后来对儿童文学的关心,一方面有前期关于童话研究的成果作底,包括对外国童话的研究,感受到为儿童而作童话的意义;同时感到这"人为的童话"不同于"天然的童话","其事甚难,非熟通儿童心理者不能试,非自具

---

① 参见钱理群:《周作人传》[M],北京:十月文艺出版社1990年版。

② 参见刘绪源:《儿童文学的三大母题》[M],上海:华东师范大学出版社2009年版。班马:《前艺术思想》[M],福建少年儿童出版社1996年版,第358—360页。

③ 周作人:《童话略论·儿童文学小论》[M],石家庄:河北教育出版社2002年版,第5页。

儿童心理者不能善也"①。另一方面，当时看了外国有关小学校儿童用书的情况介绍，联系当时国内的儿童教育情况有感而作。

美国斯科特尔(H. E. Scudder)和麦克林托克(P. L. Maclintoak)认为，儿童应该读文学的作品，而不能读那商人供给的书。读了商人的读本，虽说认得了字，却没有读书的趣味，并不能称之为读书。对此，周作人作了《儿童的文学》和《儿童的书》，以对中国学校的儿童教育进行指正。在文章中，不仅完整地说明了他的儿童观和童年观，还就儿童的教育提出了很多独特的意见。

> "以前的人对于儿童多不能正当理解，不是将他当作缩小的成人，拿'圣经贤传'尽量地灌下去，便将他看作不完全的小人，说小孩懂得什么，一笔抹杀，不去理他。近来才知道儿童在生理心理上，虽然和大人有点不同，但他仍是完全的个人，有他自己的内外两面的生活。儿童期的二十几年的生活，一面固然是成人生活的预备，但一面也自有独立的意义与价值；因为全生活只是一个生长，我们不能指定哪一截的时期，是真正的生活。我以为顺应自然生活各期，——生长，成熟，老死，都是真正的生活。所以我们对于误认儿童为缩小的成人的教法，固然完全反对，就是那不承认儿童的独立生活的意见，我们也不以为然。那全然蔑视的不必说了，在诗歌里鼓吹合群，在故事里提倡爱国，专为将来设想，不顾现在儿童生活的需要的办法，也不免浪费了儿童的时间，缺损了儿童的生活。"

接着又说：

> "第一，我们承认儿童有独立的生活，就是说他们内面的生活与大人不同，我们应当客观地理解他们，并加以相当的尊重。……第二，我们又知道儿童的生活，是转变的生长的。……我们又更须细心斟酌，不要使他停滞，脱了正当的轨道。"②

因此，社会要为儿童创作读品，教育要顺应儿童自然发展的本性。在儿童

---

① 周作人：《童话略论·儿童文学小论》[M]，石家庄：河北教育出版社2002年版，第10页。
② 周作人：《儿童的文学·儿童文学小论》[M]，石家庄：河北教育出版社2002年版，第37—39页。

期中，儿童的想象是儿童心理发展非常重要的主题之一。如果这一时期儿童的想象受到压迫，那么"他将失了一切的兴味，变成枯燥的唯物的人；但如被放纵，又将变成梦想家，他的心力都不中用了"①。所以教育千万不要形成这样的儿童，"大抵倘不是带着横暴冥顽的气味，甚而至于流氓模样的，过度的恶作剧的顽童，就是构头耸肩，低眉顺眼，一副死板板的脸相的所谓'好孩子'"②。

正当的儿童文学教育，应有三个方面的作用：① 顺应满足儿童之本能的兴趣与趣味；② 培养并指导那些趣味；③ 唤起以前没有的新的兴趣与趣味。③并且根据儿童学对童年的分期，按照不同成长期，给予不同的儿童文学教育。

此外，为了供给儿童的精神食粮是"儿童的"，使儿童能够过上自己的生活，周作人在《儿童的书》一文中，对中国儿童文学作品中所出现的"载道"现象予以批评。认为专为儿童的书，应该适合儿童心理发展的要求。儿童喜爱的是听故事，附着故事来讲大道理，那是无用的，可笑的。童年早期，像寓言类的故事对儿童来讲，吸引他们的就是故事而不是道理。寓言后面的格言纯属多事。何况像当时社会流行的《伊索寓言》那样的故事，里面蕴含的更多的是奴隶的道德。他认为，儿童需要什么就给他们什么。

儿童所需的是什么呢？以周作人个人的经验而言，就是故事和画本。而什么样的故事最为儿童文学的上乘？是那"无意思之意思"的作品。如安徒生的《小伊达的花》，那空灵的幻想与快活的嬉笑，更与儿童世界接近；比那有些教训意味的《丑小鸭》更胜一筹。

"我说无意思之意思，因为这无意思原自有他的作用，儿童空想正旺盛的时候，能够得到他们的要求，让他们愉快地活动，这便是最大的实益，至于其余观察记忆，言语练习等好处即使不说也罢。"

如果这种吸收童话的能力，这种异常强盛的创造想象力得不到供给的话，这方面精神的生长大抵会永久地停顿。因此，儿童需要想象，就供给他科幻小说；儿童需要说唱，就给他无谓的歌谣；儿童爱听故事，就供给他们童话和故事。总之，要为儿童创作文学作品；这些文学作品是"为儿童"的。

① 周作人：《儿童的文学·儿童文学小论》[M]，石家庄：河北教育出版社2002年版，第40页。
② 鲁迅：《上海的儿童·鲁迅全集》(第四卷)[M]，北京：人民文学出版社1981年版。
③ 周作人：《儿童的文学》，石家庄：河北教育出版社2002年版，第29页。

在周作人自己创作的主要作品中,我们难以寻觅到那种头巾气的作品,而更多的是关于小儿吃、喝、玩、乐的小品文,文中又充满了作者对这种小儿生活的无限羡慕之情。如其创作的一组儿童叙事诗,丰子恺曾为之作画插图,两者相映成趣。我们不妨从中一窥作者所构建的理想的"童年"。

上元设供蜡高烧,高屋光明任早朝。

买得鸡灯无用处,厨房去看煮元宵。

——《儿童杂事诗·甲之四,上元》

扫墓归来日未迟,南门门外雨如丝。

烧鹅吃罢闲无事,绕遍坟头数百狮。

——《儿童杂事诗·甲之七,春扫墓》

新装杆秤好称人,却喜今年重几斤。

吃过一株健脚笋,更加蹦跳有精神。

——《儿童杂事诗·甲之十二,立夏》

下乡做客拜新年,半日猴儿着小冠。

待得归舟双桨动,打开帽盒吃桃缠。

——《儿童杂事诗·甲之三,新年三》

周作人笔下的童年,真正反映了中国传统农业社会的人文气息。不过在"救亡图存"的革命之际,以童年复演说来诠释乡土童年所涵有的教养意义,这无疑受到同时期及后来者的严厉批判,因为当时迫切要求的是推翻旧制度,建立新社会。但在现代童年历史上,他却有着特殊的意义和贡献,在那个时期他翻译并倡导了"儿童本位"的童年观。这些观点的重新被发现,却要等到大半个世纪之后,在 21 世纪初的中国。

第三章　进步童年

　　一般搞文学的,不懂教育,有些鄙视教育。他们的童年想象以及对现代教育的建议往往过于浪漫而不能进行具体的教育操作。从事教育的人,因日日琐碎而平庸,很少有闲暇、有距离地观察人生与人性,难免迂腐枯槁,使教育实践陷于流俗而不能超越。而在那个时代既能教育,又能文学者,才可谓是童年理想的躬身实践者。

　　在对中国童年的现代文学想象中,就有这样一群非常特殊的人物。他们既是出名的作家,新文化运动的重要成员;又是一群教师,躬身于教育一线,从事儿童文学创作,编写教育读本。这就是"白马湖作家群"。"白马湖作家群"是指一群在浙江上虞私立春晖学校教书和创作的教师队伍,因傍白马湖而闻名。这所学校校长经亨颐是具有进步思想的知识分子,原为"五四"运动前后推动新思潮的两大核心学校之一的浙江一师校长。后因故被排挤出学校,而任春晖校长。在任期间,将原同是浙江一师的夏丏尊先生招聘为教师。而夏丏尊的想法是将这样一所不受时局意识形态影响的私立学校办成全国的模范中学,因此招集多名学者,一面教育青年,一面研究学问,从事著作;每个教师的教授时间定得很少,薪水数目定得很低,用著作的稿费和版税作为生活费的补助。[①] 这群人中除了夏丏尊和叶圣陶后来成为现代中国语文教育方面的专家外,还有匡互生、朱自清、陈望道、丰子恺等著名人物。曾游历遍艺术园地的李叔同,出家后也曾在此修行,受好友照顾。尽管他们人数不多,并不从事高调的政治活动,学校鼎盛也不过三五年,可影响甚远。他们用自己平凡的写作、教学,成为在现代中国的童年建构中,具有显著作用而深远意义的一群人。叶圣陶即其中重要的代表人物。

一、"为己"与"生活"

　　叶圣陶是个受传统教育长大的新(现代)知识分子,从小接受私塾教育,后进入现代小学和中学接受教育。1911 年中学毕业后担任苏州一乡镇小学

---

　　① 叶圣陶:《夏丏尊先生・叶圣陶集》[M],广州:花城出版社 2006 年版,第 353 页。

的小学教师,一当就是十年,换过两所小学,还担任过小学校里的级任。后因为会写小说,担任过中学教师和大学教师。在新文化运动中,与周作人、沈雁冰、郑振铎等人组织发起成立"文学研究会",高举"为人生"的现实主义文学旗帜。担任过商务印书馆编辑和开明书店编辑,并以此作为自己的职业归属。"如果有人问我的职业,我会说,我的第一职业是编辑,我的第二职业是老师。"①他还被称为"五四"时期除鲁迅之外最重要的现实主义小说家,创作了我国第一部童话集《稻草人》(1923年)和中国现代文学史上第一部长篇小说《倪焕之》(1929年)。和夏丏尊先生共同创办《中学生》杂志、编写几十种中小学语文教科书,著名的如《开明国语课本》,还撰写过十多本语文教育方面的论著。

这样一个受过传统教育,在旧社会长大的人,又在生命最蓬勃的时期遭遇中国历史上的现代性启蒙运动,并积极投身其中:身为编辑,对社会现实了解可谓广泛;作为作家,又具有超然的感受力和洞察力;做过教师,切实将自己对儿童和童年的现代性想象躬身实践。与朱自清等人不同,他对日常生活,对自己的家庭和孩子及他们的人生充满感情。这样一个丰富的人,是我们研究现代性童年的一个典型的案例。

叶圣陶对现代童年的构想,表现为两个方面:"为己"与"生活","为己"也就是"生活"。

何为"为己"、"生活"? 就是儿童的学习和教育,是为了丰富自己,充实自己,使自己生活得更好。所谓"为己",来源于《论语》的"古之学者为己,今之学者为人"。叶圣陶结合当时传统教育的弊病,用现代教育的理念来诠释孔子的思想。他说,孔子的意思是,"为己"是说所学都归自己受用,生活从而丰富美满;"为人"是说所学跟生活不发生关系,学如未学,徒然说些空话,摆个空架子,使人家误认他已经学了。"孔子当时发表的这个议论,是慨叹他当时的学者学而不得其道。学如未学,又何必学,诚然可以慨叹。因此,咱们从此应该相信,事不论古今,学必须'为己'才行。"②

在1946年为纪念陶行知先生而作的"生活教育"中,对这个问题做了更进一步的解释。所谓"为己"的教育,即使人成人的教育,成为"独立不倚的人,不比任何人卑微浅陋的人"。而所谓"为人"的教育,就是使人成为工具的教育。

---

① http://baike.baidu.com/view/34089.htm.
② 叶圣陶:《为己·叶圣陶集》(第六卷)[M],南京:江苏教育出版社1998年版,第131页。

如果承认受教育者是人,就应该承认"他自有发掘探讨的能力,这种能力只待培养,只待启发,教育事业并非旁的,就只是做那培养和启发的工作"。而若是将受教育者当作工具,则"认为受教育者像个空瓶子,其中一无所有,开着瓶口等待把东西装进去"。就教育的方法说,后者"注重记诵,使受教育者无条件地吞下若干东西"。而前者"注重创发,不但使受教育者无条件地吞下若干东西,尤其重要的在使受教育者消化那些东西,划为自身的新血液,新骨肉"①。叶圣陶认为,这也就是陶行知所倡导的"生活教育"的主张。

> 那意义是理想的教育应该是"开源的";源头开通了,流往东,流往西,自然无所不宜。现在一般的教育却不是这样,那是"传授的";教师说这应该怎么做,学生照样学会了怎么做,完了,没有事了。但是天下的事物那么多,一个人需要应付的情势变化无穷;教师能预先给学生一一教会么? 不能,当然不能。那末何不从根本上着手,培养他们处理事物应付情势的一种能力呢? 那种能力培养好了,便入繁复变化的境界,也能独往独来,不逢挫失;这是开源的教育的效果。(《倪焕之》)

这一"为己"和"生活"的教育,具体可以从叶圣陶的其他作品和实践中处处体现出来。如《文心》中,周枚叔教育儿子说,不可读死书,不可做"古人"和"大人"。即便读着古书,读着大人写的书,如陶渊明的诗文,也要理解它是大人和古人所做的,具有当时的情感、心境和社会条件,切不可当作现实去妄加模仿。在《倪焕之》中,青年教师倪焕之和开明绅士校长蒋冰如,为了积极地进行生活教育,开农场、演戏剧。以及短篇小说《校长》中,"学生自动地组织体育会从事种种的运动,编辑小新闻纸登载学校里的事情以及自己的文章,又结成团体在学校背后的空地上开垦,种着玉蜀黍马铃薯,等等东西"。作者借校长的口吻赞叹道:"这不是理想学校的芽儿在那里顺遂地透出来么? 只须不遇到以外的摧残,抽条展叶开花结果是可以断言的事了。"

因为现代教育区别于传统教育,是"为己"的教育和"生活"的教育,因此,学校教育并不是那么重要,并且应该是顺应自然的锻炼,自动的教学,而不是死板知识的灌输和抽象条目的训诲。叶圣陶在自传中曾说,他虽为儿子的教

---

① 叶圣陶:《"生活教育"——怀念陶行知先生·叶圣陶集》(第六卷)[M],南京:江苏教育出版社1998年版,第246页。

育要寻觅一所理想的学校而烦恼,"学校,我想也不是与儿女有什么了不起的关系的。学习一些符号,懂得一些常识,结交若干朋友,度过若干岁月,如是而已"①。学习与生活是一体的,学习实在是可以在生活中、在学校外无时不在的。只要能够丰富自己,充实自己,有利于过完全的生活即可。1935 年,教育部开通面向中学学校和民众教育馆的教育广播后,叶圣陶非常关注广播的内容,并呼吁年轻的学生珍惜这样的学习机会:"青年诸君应当记着:在现代中国做一个人,决不可放弃丰富自己、充实自己的每一个机会!"②

二、童年的生趣

这样"为己"与"生活"的教育,欲创造出什么样的童年呢? 在叶圣陶的儿童文学作品中多有描述,可以形象地概括为"爱"、"生趣"、"愉快"。

如在《伊和他》之中,当母亲抱着年幼的儿子玩乐时,被儿子不小心用一个玻璃球打破了眉角,小孩子那天性的同情心一下子表现了出来:

这个时候,他脸面的肌肉,都紧张起来;转动灵活的小眼睛竟呆了,端相着伊,表现一种恐惧,怅惘,可惜的神情,——因为他听见玻璃球着额发出的沉重的声音——仿佛他震荡的小灵司在那里说道:这怎样,没有这回事罢!

(他扶起母亲的脸,看到她眉上长的伤疤,)下唇紧阖,并为一线,向两边延长。动了几动,终于忍不住,大张他的小口,哑得哭了出来。红苹果似的两颊,他澄清、晶莹的泉源里的水洗得通湿。(《伊和他》)

童养媳阿凤因父亲去世,6 岁时被亲戚卖给杨家娘 18 岁的儿子为童养媳,从此在愚昧无情的婆婆的打骂下生活。可是其儿童的天真、快乐与活泼总在不经意间泄露出来。

伊的面庞,有坚结的肌肉,皮色红润,现出活泼的笑意。但是若有杨家娘在旁,笑容就敛了,因为伊有确实的经验,这个时候或者就有沉重的手掌打到头上来,那得不小心防着呢?

---

① 叶圣陶:《做了父亲》[J],《妇女杂志》,1930 年,第 17 卷。
② 叶圣陶:《教育播音·叶圣陶集》(第六卷)[M],南京:江苏教育出版社 1998 年版,第 102 页。

工作暇时,杨家娘替阿凤梳头,头发因久不梳乱了,便将木梳下锄似地在头上乱锄。阿凤受了痛楚,自然要流许多眼泪,但不哭,待杨家娘一转身,伊的红润的面庞又现出笑容了。

　　(又一次,阿凤因为一句话而被"拍! 拍!"的挨打)我的三岁的儿子恰站在我的椅子前,他的小眼睛本来是很灵活的,现在瞪视着他们俩,脸皮紧张,现出恐惧欲逃的神情。他就回转身来,两臂支在我的膝上;上唇内敛,下唇渐渐地突出。"拍! 拍!"的声音送到他耳官里还是不断,他终于忍不住,上下唇大开,哭了,——我从他这哭声里领略人类的同情心的滋味。

……阿凤晒了衣服回来,便抱主人的女孩子,见杨家娘不在,又很起劲地唱学生所唱的青蛙歌了。

(杨家娘受命出去后)阿凤做一切事务比平日真诚而迅速,没有平日的疏忽,懈缓,过误。伊似乎乐于做事,以做事为生命的样子。不到下午三点钟,一天的事务完了,只等晚上烧晚饭。伊就抱着主人的女孩子,唱睡歌给伊听。字句和音节的错误不一而足,然而从伊清脆的喉咙里发出连续的许多声音,随意地抑扬徐疾,也就有一种自然的美。

后来,阿凤又开始逗猫玩,跑着、跳着、笑着、流的汗和平时流的泪一样多。而"这个当儿,伊不但忘了诅咒,手掌和劳苦,伊并自己都忘了。世界的精魂若是'爱','生趣','愉快',伊就是全世界"。(《阿凤》)

　　而《一课》和《义儿》反映的又是另一个儿童的世界,而尤以《义儿》为佳。义儿十二岁了,是高小二年级的学生。他从小丧父,受母亲抚养长大。母亲总希望他能努力,背书像流水一般地快,更读通一点英文,好将来成家立业。可在老师的眼里,他是一个蠢笨懒惰的孩子,常常思想跑到了课堂的外面去,自然免不了经常受到惩罚。他喜欢画画,在任何纸上作画。常常画得高兴了,会再在原稿上多画上几笔,如给鱼的鳞片加上短毛;菊花的花瓣尽量的多;烟突喷出的烟越来越多,等等。及至再不像幅画了,就在上面打个大叉,或者撕成两半,叠起来再撕,乃至于粉碎。画得好的,便叠起来,小小的一块,放进书包里。

他当然同别的孩子一样,喜欢奔跑,喜欢无意识地叫喊,喜欢看不经见的东西,喜欢附和着人家胡闹。但是他不喜欢学校里的功课。他在课室里难得静心,除了他觉得先生演讲的态度很好玩,先生如狂的语声足以迷住他的思想的时候。

有一次他将积蓄着的母亲给他的钱买了两匣纸烟匣内的画片,有两次他跑到河边,蹲在露出河面的石头上钓鱼,再有几次,他到不知什么地方去逛,直到天黑才回家,都惹起了母亲的恼怒和悲感。(《义儿》)

叶圣陶笔下的儿童,是生活在复杂无情、沉闷乏味的成人社会中的儿童。在两相对比之下,儿童愈发活泼自然,成人世界愈发龌龊。读他的小说,我们显然会得到启发和感悟:学校的问题是些什么问题,儿童的问题是些什么问题?是孩子们有问题,还是成人世界出了问题?在和成人灵魂的两相比较之下,儿童岂不是美丽的造物,岂不是那新社会的可能的芽儿吗?

顾颉刚在给叶圣陶的短篇小说集《火灾》作序中写道:

我们生存在这种冷酷的社会里,受着一切的逼迫,不由得不把人的本性一天一天的消失了。我们感到用了真性情处世的容易受挫折,于是各人把自己的心深深地掩埋着,专用蓄音片说话。我们感到爱人的徒然自苦,自私的可以得到实惠,于是用了全力去做自私的事,凡是能够达到自私的效果的,一切都可做得,不管矫饰与欺骗。我们的生命固然保存了,但生命的源泉—— 爱,生趣,愉快——是丧失了。读了圣陶的小说,只使得我们对于非人的行为起了极端的憎恶,而对于人的本性起了亲切的回省和眷恋,希望把已经失去的宝物重新寻了回来。[①]

叶圣陶创作的儿童作品有很多,有童话、诗歌和小说。而这些作品又可以分为为儿童而创作的,即给儿童看的,如童话;也有一些是给成人看的,反映儿童生活和儿童精神世界的。而上述几篇短小说,就是对儿童生活和精神世界的反映。这种反映,和他的现实主义的文学创作手法糅合在一起,是对儿童自然德性的歌颂;有时是借儿童的眼睛,对成人社会的抨击。

给儿童看的童话,有两种类型:早期,纯粹模仿西方童话的意味,专于描写

---

① 顾颉刚:《〈火灾〉序·叶圣陶集》(第一卷)[M],南京:江苏教育出版社 1998 年版,第 350 页。

营造曼妙的童话世界。"圣陶最初动手作童话在我编辑《儿童世界》的时候。那时,他还梦想一个美丽的童话的人生,一个儿童的天真的国土。我们读他的《小白船》《傻子》《燕子》《芳儿地梦》《新的表》及《梧桐子》诸篇,显然可以看出他努力想把自己沉浸在孩提的梦境里,又想把这种美丽的梦境表现在纸面。"①后期,其创作的童话越来越渗透着"成人的悲哀",美丽的人生即便在童话中也不易找到。典型的是那篇被鲁迅称为中国现代第一部原创童话故事的《稻草人》。而这部作品在那个年代广受称赞,被认为是具有丰富的想象力。如郑振铎说,在描写儿童的口吻与人物的个性方面,《稻草人》也是很成功的。而在今天,用当今的现代眼光来看,"难以满足儿童本能的兴趣和爱好"②。其实,作品正是反映了作者自己的心境。叶圣陶自己也怀疑,《稻草人》并不那么"童"。人世间的悲哀实在压倒了对美满大团圆结局的幻想,"及至他写到快乐的人的薄幕的破裂,他的悲哀已造极顶,即他所信的田野的乐园此时也已被摧毁。最后,他对于人世间的希望便随了稻草人而俱倒"③。此后,他基本上没有写过什么童话。

> 人心本是充满着爱的,但给附生物遮住了,以致成了隔膜的社会。人心本是充满着生趣和愉快的,但给附生物纠缠住了,以致成了枯燥的社会。然而隔膜和枯燥,只能在人事的外表糊得密不通风,却不能截断内心之流;只能逼迫成年人和服务于社会的人就它的范围,却不能损害到小孩子和乡僻的人。这一点仅存的"爱,生趣,愉快",是世界的精灵,是世界所以能够维系着的缘故。

"唤起世界的精魂,鼓吹全人类对于人的本性都有眷恋的感情,寻觅的愿望"④,这是叶圣陶作小说的重要动机。

现实的压迫力量是巨大的,是不可能纯粹以纯美的西方现代童话和儿童文学思想来饷当时中国社会的儿童的。为儿童写书,必须应当考虑现实的社会因素,不仅给儿童丰富的想象,还要促进儿童能够开始新的丰富的生活。给孩子们看的书,必须不仅树立模范和榜样,还要给以相关的教育。这一点是作

---

① 郑振铎:《〈稻草人〉序·叶圣陶集》(第四卷)[M],南京:江苏教育出版社1998年版,第158页。
② 朱自强:《中国儿童文学与现代化进程》[M],杭州:浙江少年儿童出版社2000年版,第198页。
③ 郑振铎:《〈稻草人〉序·叶圣陶集》(第四卷)[M],南京:江苏教育出版社1998年版,第158页。
④ 顾颉刚:《〈火灾〉序·叶圣陶集》(第六卷)[M],南京:江苏教育出版社1998年版,第351页。

为教育者的叶圣陶所非常清醒明白的。他常常说,中国儿童文学的一支重要力量就是那些儿童的教育者,即最跟儿童接近的人,最了解儿童的人。只有他们才可能创作出真正的儿童文学作品,并以此来丰富儿童的生活,教育儿童如何生活。他自身就是一个非常典型的范例。

三、小学教员的事业

社会的现代化,端赖于儿童的改变,因而教育是新社会希望的支柱,这是当时知识阶层的一般意识。作为其中之一员,青年时期的叶圣陶抱着教育改变社会的最大希望而从事教育实践与现代教育改革;但教育界的现实遭遇却一度消磨了他的意志,委实困顿了一段时间;最终认识到,单纯的教育改革无法救民众、救民族于水火之中;只有教育改革与社会改革两造并进,同声相求,彼此呼应,才有可能使中国走上现代化的道路。这一思想典型地反映在其一系列长短篇教育小说之中,如《倪焕之》、《校长》、《潘先生在难中》、《脆弱的心》,等等。这些小说都与作者叶圣陶的亲身经历和生活阅历有关,尤其可以从代表作《倪焕之》中的主人公倪焕之的遭遇中,看到年轻时期的叶圣陶的身影。而其精神的积极方面,也是叶圣陶本人的精神追求。

顾颉刚回忆道:叶圣陶中学毕业后,就在苏州城里充做初等小学的教师。他的性情原是和小学生聚得下淘的,无奈学生以外的人逼着他失掉了职业上的兴趣,所以他觉得很苦。他写信给我道:

> "做教师之无味,不在学生之不好,乃在同事之讲不落言话,调查视学之'像煞有介事'。坐是二者,我乃一肚皮的不高兴。"(元年十二月二十二日)

> (和鞋匠比较)"与我相较,则我必始托人引荐;得业矣,又必规规于课程;修身也,必有崇拜;同事也,必作寒暄;省县视学来,又必受牵制:百不自由。"(二年一月十一日)

那时候,圣陶精神上苦痛极了;他自己文艺上的才具既不能发展,教育上的意见又不能见实诸行;称他的心,实要丢掉了教师,投身做工匠去。果然到后来,为了和同事视学不能沆瀣一气,于民国三年的秋间,给他们排挤去了![1]

---

① 顾颉刚:《〈隔膜〉序·叶圣陶集》(第一卷)[M],南京:江苏教育出版社1998年版,第198页。

　　倪焕之简直就是叶圣陶的翻版。家贫,父母希望唯一的儿子能够进学出仕,光耀门楣。所以虽穷,却受了几年私塾教育。后又从现代中学毕业。毕业后不能走科举出仕之路,又不愿做那"搭搭搭"就此一生的电报员职业,于是感到前途渺渺,郁闷中甚至有了投河一死之心。后来经原中学校长推荐,去做了所在城市小学的教员。原有的几部教育书中的教育方法和理论,一下子跳在眼前,鼓舞了他的意志,认为这总比那"搭搭搭"要有意义和价值得多。可现实与之相去甚远。教育氛围阴沉、教员怠惰而无技能、无理想、无品性、无热情,甚至身心残疾,只将教育做填饱肚子的饭资,将儿童胡乱将就打发而已。

　　　　焕之不禁一凛,心里想:"这个人也是学生们的教师么! 教育学说虽然深奥万端,也可以用一句包括,就是要学生'生'。怎么给他们一个'死'的化身呢! 不过看了这所庙宇,这个人当教师倒也配。要不然就不调和了。但是我……也成了'死'的化身么!"

　　　　关于登台教课,焕之没有一点把握;虽然看过一些讲教授法的书,到这里便忘得干干净净了。好几天以来,他只有看两个伙伴的样,跟着他们做。他们教课是拉起喉咙直喊的,就是那个肺病患者,居然也进出还算响亮的哑音。喊的大半是问句。问的时候,不惮一而再,再而三,直到听见了他们预想的答语方才罢休。譬如问:我们天天吃什么东西的? 回答说:粥。于是又问:"粥以外,吃什么东西呢?"回答说:饭。于是又问:饭以外,吃什么东西呢? 回答说:面,馒头,大饼,油条。于是只得换个方法问:我们每天不是吃茶么? 回答说:真的,我们每天吃茶。这才算满意,开始转入本题说:我们今天就讲这个"茶"。

　　在这种环境下,那预备天天生活在一起,好好对待之的天真快活的儿童,也变得面目可憎。想死的念头又出现了。直到收到一位教员新教法的触动,才对教育理想又燃起了新的希望。

　　　　"后来我遇到一个同事,他那种忘了自己,忘了一切,只知为儿童服务,只知往儿童的世界里钻的精神,啊! 我说不来,我惟有佩服,惟有羡慕。"

　　　　所以他现在又说教育事业最有意义,情愿终身许之了。

倪焕之教育经历的第二个阶段，是受聘到一所乡间小学去，在那里和从日本留学回来的具有新思想的校长蒋冰如一起，办了一次新教育。可就在他们意气风发地开展有助于学生精神完满，学会过人的生活的教育，将教育与生活结合起来，办农场、演戏剧等之时，周遭却充满了阴险和算计。社会的不理解，恶势力的阴谋陷害，传统教育的百般阻挠，环境异常凶险。

就在这时，现代教育理念本身也动摇起来。当菜园办起来，戏剧演起来的时候，一开始还是那么新鲜，那么带劲儿。

> 我们按时令下种，移苗，就布置成眼前这样的格局。又相机适宜地浇水加肥，又把所做的工作所有的观察详细记载上《农场日志》。学生做这些事，那样地勤奋，那样地自然，那样地不用督责，远超过对于其他作业。他们全不觉得这是为了教育他们而特设的事，只认为这是他们实际生活里最可爱的境界，自然一心依恋，不肯离开了。什么芽儿发了，什么花儿开了，在他们简直是惊天动地的新奇，用着整个的心来留意，来盼望，来欢喜！

可这股新鲜劲儿过去后会怎样呢？"兴奋以后的倦怠与熟习以后的玩忽"终于出现，像在完美的文章里添上讨厌的不可爱的句子，这是何等怅惘的事情！为什么竟会萌生出颓丧的心情呢？何况用新式的方法教育出来的学生又会发生怎样的变化呢？他们会发生变化吗？这是一个非常深刻而又尖锐的问题。最后：

> 没有法子，社会是那样的一种社会！任你抱定宗旨，不肯放松，社会好像一个无赖的流氓，总要出来兜拦，不让你舒舒服服走直径，一定要你去找那弯曲迂远的小路。

小说的结局是悲惨的。在经历教育生涯的第三个阶段，将教育与社会大革命结合起来，从社会革命中找到教育意义时，随着革命的失败，现代"为己"的教育也失败了，倪焕之最终也将自己的生命交付了出去。

小说中，校长蒋冰如无疑可以被看作一个有着"赤子之心"的人物，带着浪漫主义的情结，有革新的思想，希望中国社会能够像东洋与西洋一样民主，人民开化而文明，不打牌抽鸦片，不泡茶馆无所事事。他认为教育是他能做的不那么累人又能够助人实现自己价值的事业。因此回国后，一心办新教育，希望能造出纯洁美妙的人儿来。但这样的"赤子之心"，纯粹的浪漫主义，是空想。在周遭社会冷漠绵延的抵抗下，必定不堪一击，毫无力量，最终失败而仅仅剩下独善其身而已。

倪焕之必定要与蒋冰如分道扬镳。倪焕之是个没有家产的人，对他而言，拥有一个崇高的理想、赋予有限的生命以充实的意义，是其人生的全部寄托。因此他对现代教育和社会现实的感受更为敏锐和深刻，当问题得不到解决时就会发生生命的危机。而他所碰到的这个问题也许正是当时许多"倪焕之们"，这些有血性的希望实现一个"人的社会"的现代教育改革者所遇到的问题：在一个如此经历长久压迫而无一丝反抗意识的麻木冷漠的非人社会中，如何进行人的教育？如何进行"为己"的、"生活"的教育？当改革初期的兴奋与熟悉过后，还要往哪里走？如何将改革继续下去？而我们不禁要问，通过教育来改造社会，力量几何啊？

短篇小说《脆弱的心》也特意描述过这个困扰作者很深的问题。徐先生和莫先生是两位小学教员，一个积极乐观，认为自己从事的教育能够改造社会，是伟大的如太阳般光辉的事业；一个消极倦怠，对教育究竟能对这个社会改变什么发生了怀疑。他们仿佛倪焕之的两个影子：

徐先生："如你所说，有的确是他们的本真，我们应当拿来做根据，发展我们的事业，有的原于他们环境的不良，并非他们的过失，我们更当加意研究，希求渐次改造的，所以我们最丰富、最终极的趣味乃在改造社会。社会若是一个太阳系，我们就是太阳，我们的光无处不照，我们要运转一切活动。这还是盲目的、干燥的事业么？"

莫先生："哪一种报纸杂志，哪一个社会改造家不是这么说。可是我不信！我觉得一个人没有这么伟大的力量。我极端承认我的微小。我们当了十多年的教师，我们的成绩在哪里？止目送一班一班的毕业生跟着社会的步调走去！谁能说这个不是确实且普遍的事实？我们纵不甘心屈服，然而事实使我们屈服了。"

一天，教育局请来一个著名的教育专家许博士来做讲演。许博士教育理论丰富，仿佛开杂货铺的专家。为了能够将理论贴近现实，收到好的演讲效果，他从"丰富的思想理论"中选取了"小学教师的趣味"作为演讲的主题。

"小学教师的趣味最多,而且很真实,但不在按时到校不缺课和逐课教完一本书。真的趣味在超乎那些的地方。诸位有很亲密的小伴侣,他们就是趣味的泉源。他们有各个不同的个性和天才,诸位以科学家试验的态度把那些逐一发现出来,从而想方法利导他们。那在诸位的事业上一定是长进和成功。真趣味就在这个地方!但是诸位还当扩大你们的世界,不宜限于学校的范围。真有修养活动的教师,他影响社会的势力常同影响他学校的一样。现在的社会何等黑暗呵!教育家应自任为社会的监督者、指导者和改造者。须知我们不改造社会,社会就要改造我们。我们若是被改造了,还有什么教育可言?所以我们要不怕一切,我们要做,使我们成为动的原力,运转社会使它上改进的道路。更丰富的真趣味就在这个地方!"

许博士的演讲真的让两位教员心动,连那消极的莫先生也陶醉其中,小学教员原来是这么有趣味的一件工作呀。可是宣传终归是宣传,理想如何克服由于一日复一日的日常生活的相似性而产生的倦怠和玩忽,才是教员们真正需要得到建议和支持的方面。当意识到自己是一位小学教员的现实,不得不独自体验由于日常事务的平庸与崇高理想高不可攀而生成的对自己人生价值的怀疑时,催眠状态被打破了。

徐先生的话提醒了莫先生,使他退出被催眠状态,自思道:"原来我先前已为且现在正为小学教师!"怀疑和烦闷的细菌又侵入他身体的不论哪一部分,兴奋是退败了。

无论是当时还是现在,教育界的同仁们看到这样一幅图画,是否会发出会心的一笑呢?教育原应是光辉的事业,是培养人的事业,缘何这么难以鼓舞教师们一直坚守信念呢?无疑,叶圣陶借小说不仅仅发生着这样的疑问,并将这种疑问鲜明准确地描写出来,供社会和教育人士正确地看待;而且他还同时揭露着教育理论家们与教育者们之间的某种关系。理论家们的空谈,超脱而不现实,也没有落实到具体的实际行动。这进一步验证,我们在对中国童年构想的研究中,实在应该关注的不是理论空想者们的思想与言说,而是对现实有着密切接触又能超越现实、摆脱社会平庸的这些教育者们。正是他们的日常实践,清晰地洞察着童心童性与周遭环境,不悲观不迷惑,切切实实地过着每一天教育的生活。这种力量来自哪里？这是叶圣陶提出的终极问题。

四、传统文化与现代文化

一边是纯洁的儿童自然德性，一边是残酷黑暗的社会环境，而站在中间的是想有所为而又不知何所为的教育者，这是一个非常困难的问题。卢梭认为，要从一个旧社会创造出一个新人，几乎是不可能的。新人必须在全新的环境中才能长出来，爱弥儿的培养要与旧社会完全隔离开来。长大后的爱弥儿要在一个契约社会中才可能有全新的生活。但这只是空想而已。契约社会和爱弥儿，两者的生成孰先孰后？

我们不知道叶圣陶是否也受过卢梭社会理论与教育理论的直接影响，但从社会理想看，他企求的是一个自由、民主的社会；而从教育理论上看，也许是做过小学教员的缘故，而且性情颇适合做一个小学教员，他爱着人类，爱着儿童，因此，对儿童的了解和理解是细致的、准确的。这种对儿童的理解，使其笔下的小说作品更为真实地反映了叶圣陶的"生活本位"和那"赤子之心"、"童心崇拜"以及"进步主义教育运动"有着鲜明的差异。同时也在这比较中，显出在当时社会现代化的背景下后者的问题本质。

我们不能不说，叶圣陶的儿童观，起点在于"人之初，性本善"以及敦厚诚实的"仁"的儒学传统，在这一点上与"童心说"、"赤子之心"、"童心崇拜"是共通的，而与周作人的"儿童本位"是有区别的。但在如何基于这个人之初的自然道德天性，通过教育的有意识培养与助长，而能够改变社会，通往理想的适合人过的幸福生活，这是叶圣陶思考和解决问题的方向。他的这些思考，最终的成熟，是通过《文心》这部作品表现出来的，并一直贯穿于新中国成立后乃至新时期的语文教育思想中。

《文心》是他和夏丏尊先生合作的一部文学作品，原先刊登在《中学生》杂志上，是为 13—16 岁的中学生创作的，教育他们如何读与写的一部小说。发表后大受欢迎，后集结为单行本发行，一版再版。他们具体改造童年和社会的方法，表现在通过写作这样的方式来进行。通过教给中学生如何读书与写作，来达到改造思想，创造新的生活方式，将学习与生活与社会联系起来，培养现代社会的新人的目标，体现了叶圣陶本人的关于"文学革命上，文字改革是第一步，思想改革是第二步，却比第一步更为重要"①的新文化运动的宗旨。此

---

① 周作人：《思想革命》，《谈虎集》，1919 年 3 月。

外，小说设置的教育行为，具体展示了"为己"的学习、"生活"的创作，以及儿童本位的进步教育立场。

有感于当时"一般中学都办得不得法，学生太吃亏了，想凭这个杂志给他们点真正的教育"，夏丏尊创办了《中学生》杂志。他认为，"学生在一般中学里，至多受到了某种学科的教材，但是受教材并不等于受教育，受教育的范围宽广多了。必须食而能化，举一反三，知识能力从而长进，思想情感从而发皇，才是真正的受教育。但是一般中学没有给学生享受这种福利"。为了弥补这种缺憾，他和叶圣陶二人共同编辑《中学生》，"每期都是自己拟定了题目，特约相当的人写文稿，务使面面顾到，决不随便凑数，让杂志真成了'杂'志"①。

《文心》就是有鉴于中学语文教学（当时的国文课教学）有不少问题，二人商量写就的一本专讲读和写的书。不独是为了中学生，也是中学教师的书。叶、夏二人轮流执笔，每月两节，旋写旋登在《中学生》杂志上。1934 年由开明书店刊印单行本，深受读者欢迎，多次重印。

《文心》继续采用教育小说的方式（这种方式当时比较时髦，前面已有《倪焕之》做榜样，后面有陶行知于 1932 年发表在《申报·教育消息》上宣传"生活教育"理念的《古庙敲钟录》等）来营造教育的情境和构建教育的主题。一共三十二章内容，每章都讲述了一个和国文教学有关的问题，如新旧文化之间的关系、如何阅读古文、文章的修辞、语法、词汇、组织结构、诗词、小说、读书笔记、文学史等诸多方面，可以说是三十二节语文课。但这三十二节语文课并不使人感到枯燥，因为它们是由主人公所遭遇的学习中的问题而展开的，是师生和生生之间共同学习的过程展示。而这种共同学习又具有当时特定的社会时局背景。

小说由先生王仰之及其他美术、外语和数学教师，学生大文和乐华及其他男女学生，家长周枚叔等几个主要人物构成。描述了这些人物在某市一所初中三年的学习生活。所有人物的生活学习均是按照理想的新教育模式来塑造的，如课堂讨论、自主学习、自由提问等。罗福林（Charles A. Laughlin）认为这是白马湖旁春晖中学的缩影②。我们也因此可以将之看作是叶圣陶进行中国现代童年建构的一个部分。

新教育的各个方面在小说中有非常丰富的表现。学习是主动的，教师也

① 叶圣陶：《夏丏尊先生·叶圣陶集》[M]，广州：花城出版社 2006 年版，第 353 页。
② Charles A. Laughlin：《〈文心〉：1920 年代教师作家笔下作为教育对象的儿童》，《儿童的发现：现代中国文学及文化中的儿童问题》，北京：北京大学出版社 2011 年版，第 174 页。

有意识地将学生与社会生活结合起来,并使他们充分认识到社会学习的重要性。如在大文因家境窘困的原因而要辍学进铁厂当学徒时,家长和教师一致鼓励他在工作中、社会中学习,就是一个很典型的例子。而且,小说反映,大文确实由于工作经验和社会阅历的增加而比学校学得更深刻、更实用。再如,"九·一八"事变后,一中的学生在教师的鼓励下,成立了校刊《抗日周刊》编委会,进行抗日宣称写作。在这个过程中,教师结合实际写作实践,讲述了"知与情和意"对于文章的意义和相互间的关系,使学生迅速掌握,并得到实际的锻炼,等等。这样的新教育的例子数不胜数,在此不多赘述。

笔者感兴趣的是在国文教学过程中所反映出来的对待新旧两种文化的态度。这种态度,反映了作者的新文化观,是作者对中国现代性基本构想的一部分,自然也是构建现代童年的思想基础。本文选取几个比较典型的事例来进行分析。①

故事一:古人与大人的书

开学第一天,国文老师就布置了一份家庭作业:预习鲁迅的文章《晚秋》。大文和乐华约在一起温习功课。刚从小学升上来,对这样一篇大人的文章,他们感到困难。乐华的父亲周枚叔原是国文教师,他对他们进行了一番辅导。

> "这些文章本来不是为你们写作的,是他们写述自己的经验的东西。你们年纪这样小,经验又少,当然看了难懂了。""照理,大人的经验要大人才会真切地理解,古人的经验要古人才会真切地明白。"

周枚叔要两位小朋友到院子里坐下休息,这时已是秋天夜晚的景象了。在指点他们对秋夜有了一番体验之后,枚叔接着说:

> "鲁迅所写的是晚秋的夜,所以文中表现出萧瑟的寒意,凋落的枣树,枯萎了的花草,避冷就火的小虫,都是那时候实在的景物。他对着这些景物,把自己的感想织进去,就成了那篇文章。景物是外面的经验,对于景物的感想是内部的经验。晚秋夜间的经验,你们是有了的,可是因为平常不大留意,在心里印得不深。至于对于景物的感想,那是各人各异的,小孩子所感受到的当然不及大人的复杂,即同是大人,普通人所感受到的当

---

①　以下选文均选自叶圣陶、夏丏尊:《文心》[M],北京:生活·读书·新知三联书店1983年版。

然不及诗人、文人的深刻。你们方才说看不懂鲁迅的《秋夜》,就是经验未到鲁迅的程度的缘故。"

因此而得出:作文是生活,而不是生活的点缀。这一中心思想在《文心》中反复出现。

故事二:读书与选书

大文父亲去世早,留下很多古书。大文爱读书,但是对于如何读书和读什么书,并没有处理得很好。这天周枚叔和儿子乐华到大文家拜访,顺便就讲起了读书的问题。

"能课外读书,原是好事。但乱读不但无益而且有害。你们在学校里有许多功课,每日自修又需要好几点钟的时间,课外的余暇很是有限,故读书非力求经济不可。"(36)

"像你们的年龄,读小说故事是很相宜的。我从乐华口里,知道你们在高小时已读过《三国志演义》了。我国的说部之中,有名的还有《水浒传》、《镜花缘》、《儒林外史》、《红楼梦》、《老残游记》,这架上都有。先读《老残游记》或《镜花缘》吧。翻译的外国小说故事也该选读,这架上有《鲁滨逊漂流记》、《希腊神话》,都是可读的。任你们各挑一部去读。读了一部,再读第二部。"(38)

这里鼓励读小说,这说明当时知识分子对于文学作品的态度。结合"五四"时期的新文化运动和新文学运动的社会现实,确实可以得到证明:小说这一现代读品已经开始普及,并受到大众的欢迎,成为现代性想象的主要手段。而这些小说,既有晚清的作品,也有国外的译著。在鲁迅、周作人那一代人的回忆中,这些书也是被反复提及的,说明了当时的社会思潮。现代性的基本品质就是通过小说这样的读品来进行社会教化,并获得沉淀的。因此,在进步的教育界,这样的现代性教化就成为有意识而为之的了。

故事三:关于诵读

乐华、大文、志青、锦华、慧修几个青年暑假去找王先生,王先生此时已在郊区山上寺院中避暑。当他们跨进山门,就听见琅琅的诵读之声。初以为是和尚在诵经,仔细辨认才晓得是王先生在读书。继之,王先生跟他们讲了诵读的重要性。

　　读，原是很重要的，从前的人读书，大都不习文法，不重解释，只知在读上用死工夫。他们朝夕诵读，读到后来，文字也自然通顺了，文义也自然了解了。一个人的通与不通，往往不必去看他所作的文字，只须听他读文字的腔调，就可知道。近来学生们虽说在学校里'读书'或'念书'，其实读和念的时候很少，一般学生只做到一个'看'字而已。我以为别的功课且不管，如国文、英文等科是语言学科，不该只用眼与心，须于眼与心以外，加用口及耳才好。读，就是心、眼、口、耳并用的一种学习方法。（120）

　　此处，并不将诵读与国故一起抛弃，而是用现代的观点给予新的解释，并认可它的积极意义。如读法中的升降、强弱、缓急都是理解中国文字、文章和文化非常重要的工具和手段。此外，还可以从和尚的诵经、名伶唱片的对白与茶馆里说书先生的说书中，领会诵读对于中国文化的意义。
　　王先生不仅仅是说明了诵读的重要性，还非常细致地进行备课，对如何诵读给予指导。条例清楚，有讲解、有例证、打比方，还有练习。这就使得学生的自主学习有了相当有用的帮助。
　　故事四：新体诗与旧体诗
　　在新文化运动中，新体诗的形式出现并风行。而老派的知识分子却很大程度上并不赞同新体诗。而是否有了新体诗就要否定旧体诗？新旧之间有什么样的差异？王仰之先生做了很好的说明：

　　诗这个名称包括的东西很多，凡是含有"诗的意境"的都可以称为诗。所以从前的古风、乐府、律句、绝句固然是诗，而稍后的词和曲也是诗，现在的新体诗也是诗，只要中间确实含有"诗的意境"。……如果并不含有"诗的意境"，随便的几句话当然不是新体诗，就是五言、七言地把句子弄齐了，一东、二冬地把韵脚押上了，又何尝是诗呢？（221）他说"诗的意境"的得到并不在提起笔来就写，而在乎多体验，多思想。（225）

文中举了刘延陵的《水手》这首新体诗来作为范例：

　　月在天上，
　　船在海上，
　　他两只手捧住面孔，

躲在摆舵的黑暗地方。

他怕见月儿眨眼，

　　海儿掀浪，

引他看水天接处的故乡。

但他却想到了

石榴花开得鲜明的井旁，

那人儿正架竹子，

晒她的青布衣裳。（224）

　　儿童本性是善良的、爱的、趣味的、同情的，这是叶圣陶自然主义道德（生活主义）的童年观和儿童观。如何在既有社会的基础上去生发出新的人来，是作为教育者的叶圣陶所始终关注的问题。这在他前期的关于儿童和教师的作品中充分地得到了反应，上文也详细讨论了这种两难的困境。也就是说，传统文化是新人培养中一个绕不过去的考验。在经年的教育实践和思考之后，叶圣陶和夏丏尊作了这样一部学习和教学指导书，就是试图用一种可行的方式来解决这个问题。罗福林将之解读为对儒家思想的现代演绎。[1] 而笔者认为，叶和夏二人，不仅仅是在对传统进行现代演绎，更是在进行适合现代性的裁剪，将符合现代性品质要求的传统文化中的精髓挑选出来，而空余部分则以现代文化补上。也许在现代化的早期，空余有限，补上的现代文化不是很多。但随着现代性的发展，将会逐步得到增加，而使得社会一方面延续传统的优秀文化，又有了进一步的创新。这就跟叶对孔子"为己之学"的解读一样。用现代科学的时髦术语来讲，这对于现代性的实现，实在具有方法论上的意义。

　　罗福林进一步指出，写作在《文心》中成为联合思想与社会生活的一种手段。书里的老师和学生都具有强烈的社会意识，他们通过阅读、写作、演讲和演话剧等形式参与社会和历史的变迁，而那些真诚、实在的文章则是他们改造社会，成为进步的现代公民的基本方式。[2] 这一解读非常有道理。但他接着指责叶圣陶在其早期作品和《文心》之间的二三十年间意识形态立场的逐步左

---

　　① Charles A. Laughlin：《〈文心〉：1920 年代教师作家笔下作为教育对象的儿童》,《儿童的发现：现代中国文学及文化中的儿童问题》,北京：北京大学出版社 2011 年版,第 181 页。
　　② Charles A. Laughlin：《〈文心〉：1920 年代教师作家笔下作为教育对象的儿童》,《儿童的发现：现代中国文学及文化中的儿童问题》,北京：北京大学出版社 2011 年版,第 181 页。

转倾向,并最后反映在《文心》中的人物的无产阶级化,导致对现代化实现的偏离。我认为他的这一指责是有误的。《文心》中之所以做这样的文化道路的选择,其实正是中国社会特殊的现代性所造成的,是叶圣陶在经历了种种教育实践后,最终得出教育必须结合社会改革才能发挥作用这一结论。所以他才鼓励教育与生活、与社会相结合,而不能孤立地死读书、读死书,最后读书死。罗福林的评价,显示的是他用西方中心的现代性观点来看待中国的现代化过程,其观点值得商榷。

朱自清和陈道望都曾对《文心》作序道:"丐尊、圣陶都做过多少年的教师,他们都是能感化学生的教师,所以才写得出这样的书。""我们应该感谢丐尊、圣陶两位先生,替青年们打算,把现在最进步的知识都苦心孤诣地收集了起来,又平易地写出来,使我们青年也有机会接近它。"①这是对叶和夏教育实践的充分肯定。正如行家所言,《文心》中所反映的问题,不仅对当时的国文教育非常有帮助,而且即便在今天,仍然是非常有价值的。

五、开明读本

如果说,《文心》所建构的是一种理想的教育状态,希望儿童能够正确地吸收传统文化,并成为具有现代进步思想的公民,那么叶圣陶在《开明小学国语课本》中所阐述的,就是对童年的另一种建构。

叶圣陶认为,小学教材就是儿童文学。在当时小学生课本老旧,不能跟进步教育同步的情况下,确实需要专门为当时当地的儿童编写课本等读物。而如果不是儿童文学的话,儿童是不会有兴趣的。这就解释了为什么小学课本当时成为儿童文学的另一个非常重要的组成部分,或者也可以反过来说,儿童文学成为小学教科书的重要部分。在这样的教材编写中,小学教师是主要力量。他们既了解儿童,又理解教育,还有谁比他们更合适给儿童写书呢?因此,叶圣陶讲,写儿童文学的人中,小学教员应是最有资格,也是最主要的力量。他鼓励小学老师关注儿童文学,为儿童创作儿童文学。"倪焕之"曾提出要为儿童编写合适的教材;王仰之先生给中学生们编的是文选;周枚叔也曾尝试过但没有成功;商务印书和中华书局也在中国现代化的过程中进行过大量教科书的编写与出版工作。而叶圣陶编写的小学教材非常有意义。

叶老自己也认为,他所编写的《开明小学国语课本》教材,是他在儿童文学

---

① 叶圣陶、夏丏尊:《文心》[M],北京:生活·读书·新知三联书店1983年版。

方面做过的一件比较大的工作。"在一九三二年,我花了整整一年时间,编写了一部《开明小学国语课本》,初小八册,高小四册,一共十二册,四百来篇课文。这四百来篇课文,形式和内容都很庞杂,大约有一半可以说是创作,另外一半是有所依据的再创作,总之没有一篇是现成的,都是抄来的。给孩子们编写语文课本,当然要着眼于培养他们的阅读能力和写作能力,因而教材必须符合语文训练和程序。但是这还不够。小学生既是儿童,他们的语文课本必得是儿童文学,才能引起他们的兴趣,使他们乐于阅读,从而发展他们多方面的智慧。"①

这套课本出版后,深受欢迎,十多年内竟印了 40 多版次。有儿歌,有谜语,有故事,有说话;有生活,有教育(品德和习惯);有趣味,有叙述;有想象,有写实。如:

第 46 课 出家门

出家门,到巷口,遇见几个小朋友。小朋友,我们拉着手,我们一同走。我们对着太阳走,长长的影子在后头。

第 50 课 小河

小河小河向东流,流呀流呀不回头。小河小河流得快,快呀快呀到大海。海里风景好,说不完,看不了。

第 51 课 一盘果子一盘糕

一盘果子一盘糕,方家姊姊回家早。"怎么来的?""坐船来的。""坐的什么船?""过海坐大船,过河坐小船。""海边风景可好玩?""海边有高山,山上有好花。你可要去玩?"

美国斯喀德(Scudder)在《学校里的儿童文学》的一篇文章里曾说:"大多数的儿童经过了小学时期,完全不曾和文学接触,他们学会念书,但没有东西读。他们不曾知道应该读什么书。"周作人便评论:凡被强迫念那书贾所编的教科书的儿童,大都免不掉这个不幸,但外国究竟要比中国较好,因为他们还有给儿童的书,中国则一点没有,即使儿童要读也找不到。②

在周作人看来,小学的文学教育,应起三个方面的作用:① 顺应满足儿童之本能的兴趣与趣味;② 培养并指导那些趣味;③ 唤起以前没有的新的兴趣

---

① 叶圣陶:《我和儿童文学》,北京:少年儿童出版社 1980 年版,第 3 页。
② 周作人:《儿童的书》[M],石家庄:河北教育出版社 2002 年版,第 55 页。

与趣味。① 他又说："大抵在儿童文学上有两种方向不同的错误：一是太教育的，即偏于教训；一是太艺术的，即偏于玄美。教育家的主张多属于前者，诗人多属于后者。其实两者都不对，因为他们不承认儿童的世界。"中国现在的倾向自然多属于前派……又中了实用主义的毒，对儿童讲一句话，眨一眨眼，都非含有意义不可，到了现在这种势力依然存在，有许多人还把儿童故事当作法句譬喻看待。② 而叶圣陶所编写的开明读本，可以弥补周作人的遗憾了。我们始终可以在读本中看到"爱、生趣、愉快"的"生活本位"童年观的主旨。

鲁迅在《随感录二十五》里所强调的，是把儿童看作"将来的'人'的萌芽"；郭沫若的意见更全面地反映了"五四"时代对于儿童问题的认识："人类社会根本改造的步骤之一，应当是人的改造。人的根本改造应当从儿童的感情教育、美的教育着手。"儿童的改造被看作"人的改造"与社会根本改造的中心一环。这样，儿童问题就纳入了"五四"时期"人的发现与改造"及"社会的改造"的总的历史潮流中。③

在中国现代童年产生和建构的过程中，文学起着重要的社会建构作用。而这一重要的建构，其意识形态从李贽等的"童心说"演进而来。在晚清的特殊历史时期，西洋现代文明进入中国，引起中国民族的现代性焦虑，而对这一焦虑的缓解，改革没落社会的希望，拯救"人"的社会价值和个人生活的意义，这一切都落到了年轻一代的身上。严复翻译的《天演论》，突破了中国传统社会意识形态和历史观，宣扬了进化论的思想，这不仅使处于苦痛中的中国人看到了希望，年轻人身上的担子自然又更重了一些，所谓"一代更比一代强"便是这样进化论的观点。

而晚清时期，各种现代性的思想学说，如人类学、社会学、心理学、教育学，等等，同时期的西方文化被引介翻译，这所有的学术思想都不如小说对中国社会思想的影响来得更大。或者可以这么说，学术思想影响的只是少数精英，而在中国现代化的初期，满足社会急切希望，立即缓解社会意识焦虑，普及现代性文化的却是文学，尤其是小说。何况小说有时还常常有化为大说的努力，建构一个想象的共同体。

其次，就是社会出版事业的迅速发展，对思想的传播起到推波助澜的效

① 周作人：《儿童的文学》[M]，石家庄：河北教育出版社 2002 年版，第 29 页。
② 周作人：《儿童的书》[M]，石家庄：河北教育出版社 2002 年版，第 56—57 页。
③ 钱理群：《周作人研究二十一讲》[M]，北京：中华书局 2004 年版，第 51 页。

应。因此,这一时期的儿童文学迅速发展。当时的儿童文学创作很大程度上得益于出版业的"拉稿拉得勤"的关系。先后出现了许多翻译和创作的童话、儿歌、小说、诗歌等儿童作品和儿童文学作家。这些小说和文学作品,无论是浪漫主义歌颂儿童的纯真、童年的美好与快乐,还是现实主义地描写黑暗社会中的儿童生活和儿童的命运,都呼吁了解放儿童,还儿童一个美好生活和美好社会的主张。而这背后蕴含的是倡导自由、同情、人道主义的社会价值观和"为己"的个人本位主义。一方面这是现代性的意识,另一方面,也是"人之初,性本善"的新儒学价值表现。

这一切都离不开教育。新教育运动和新文化运动、新文学运动并驾齐驱,而新文化运动和新文学运动可以说都是由新教育激发的。儿童文学被引入学校教育读本,改变教材的模式;作为学校教育补充的儿童杂志报纸等出版物的大量出现和发行;学校教员中很大部分是受过新文化运动洗礼的知识分子(作家),进行着有中国文化特色的进步教育改良实践等等。叶圣陶——一个"五四"时期的文学家、出版编辑和教育家,就是当时这一现象的典型表征。

在学术界和思想史中,叶圣陶也许并不伟大。他既没有提出过什么重要的思想,也没有做过多么轰轰烈烈的壮举和事业。在文化界,他没有顾颉刚、朱自清、茅盾、郑振铎等人出名;在教育界,他也没有陶行知、陈鹤琴等人有影响。但是,在中国现代化的早期,对童年的文化建构和教育建构,他却踏踏实实地有过一番别样的思考和作为。没有出过洋的他,是否可以代表现代性之本土化?

纵览当时中国的教育状况,陶行知、陈鹤琴等的活动范围和影响远远超出了叶圣陶,并显然也影响到了同时期的叶圣陶。叶圣陶自己也证明:职业的兴趣是越到后来越好;因为后来几年中听到一些外来的教育理论和方法,自家也零零星星悟到一点儿,就拿来施行,而同事又是几位熟朋友的缘故。[①] 而这一时期大概和陶行知等海归派回国的时期大致相同。从他纪念陶行知先生的文章中也可以得到佐证。但叶圣陶虽也提倡和实践"生活教育",却和来自大洋彼岸的进步主义教育思想还是有着相当大的差异的。从他对陶行知先生的"生活教育"的解读中,我们不难看出,他的教育理论更侧重在于那个"为己"之上。因为"为己","己"要生活,自然也就是生活教育了。

叶圣陶与陶行知等人的基本差异,在于创造那个"爱的、生趣的、愉快的"童年境界。在叶圣陶的所有作品中,我们可以发现这样一个童真、童趣、充满

---

① 叶圣陶:《过去随谈》[J],《中学生》杂志刊 11 号 1930 年 10 月 29 日。

同情与友爱的人间社会。叶圣陶的作品,满篇都是对这个人间社会的歌颂与追求。其次,外来的进步教育理念,如何进行本土化的改造以适应中国的社会现实? 而教育是否能够如进步思想所认为的那样担当救国救民的重任? 在其作品中,叶圣陶这样进行冷静地质疑。这仿佛就是卢梭式的两难:自由的人如何产生? 自由的社会如何产生?

朱自强认为中国启蒙时期出现了两种现代性:一种以周作人为代表的完全西方式的儿童观;一种是叶圣陶的《稻草人》和冰心《寄小读者》为代表的现代童年方式。因为当时社会缺乏人的意识和儿童的意识,无法培育并完成周作人的纯粹"儿童本位"的西方现代性童年。而像叶圣陶那样,即便将自己的生活感受全部融入儿童文学创作,形成自己独特品质和个性的儿童文学,但是,由于"在成人的灰色云雾里"抒写"成人的悲哀",叶圣陶的"稻草人"童话难以满足儿童本能的兴趣和爱好。所以,叶圣陶的《稻草人》和冰心的《寄小读者》仍然只具有文学史的意义,而不具有儿童文学艺术范型的价值。①

我们这里所要探讨的是中国现代童年的发生状况,而不是文学史,因此,朱自强的观点有一定的道理,却并不完全准确。首先,叶圣陶与冰心的儿童观是有差异的;其次,叶圣陶的儿童观也并不是一部《稻草人》能够反映和概括的。虽然在儿童文学领域中,因为鲁迅对叶圣陶的《稻草人》有过评论("十来年前,叶绍钧先生的《稻草人》是给中国的童话开了一条自己创作的路的。"②)而使得后人都认为它就是叶圣陶著作的代表。如果这样来概括,难免失之偏颇。叶圣陶为中国儿童所做的事情远不止这么多。

叶圣陶的文笔是清淡隽永的,文字轻灵,思维缜密,一切自然现象、人生事物都促使他刻苦地探索人生的究竟。在每一篇小品文中,他都很深刻地指示出一个人生上的问题。在热情有余而理性不足的革命环境下,倒是难得一见的"课虚无以则有"的传统文化心理意识。③ 文学培养敏锐的感受力迁移到教育实践中,使其能够感受到儿童的自然本性,捕捉到社会的现实问题;而教育实践的阅历,又使他的文字更为深沉而不至于飘忽空洞,给教育者及教育者之外的人提供了正确的认识。尽管当时的教育小说并不少见,但像《倪焕之》、《脆弱的心》、《潘先生在难中》、《一课》、《义儿》、《阿凤》等这样能揭示教育问题

---

① 朱自强:《中国儿童文学与现代化进程》[M],杭州:浙江少年儿童出版社 2000 年版,第 190、198 页。

② 鲁迅:《〈表〉译者的话》,《鲁迅全集第 10 卷》,人民文学出版社 1981 年版。

③ 见李泽厚关于"情本体"的中国传统文化的解读。

本质与儿童心理和生活的真实状态,而又费墨不多、短小精悍的作品并不多见。钱杏邨认为:"他可以说是现代中国文坛上的教育小说作家,""他的教育小说的成就,在他的创作中是最好的","他是完全地站在教育家的立场上去表现教育的实际及其各方面。他完全是很冷静地在开他自己所体验到的教育病症的脉案"。①

叶圣陶将对中国童年的文学想象:爱、生趣、愉快,最终还是落实到教育中来实现。而途径是通过国文教学和编写小学国文课本来实现。社会环境是黑暗的,就需要教育营造良好的氛围以使自由人得以萌芽,并助其生长。而这种氛围除要有品行良好、热爱教育、热爱儿童的教师队伍以外,还需要好的教育读本。《开明国语课本》就是这样两册为小学儿童提供有趣的生活世界的读本。这是一个儿童自己的世界,有吃、有玩耍、有亲朋师长、有其他各种丰富的生活经历。在这典型的"为己"的"生活"的情景中,儿童得以开心地学习。学习知识与科学,学习品德与礼貌。而当儿童有了一定的基础,理性萌芽需要发展时,给以思想上精神上的关心,提供条件使之接触社会,则更为重要。这就是"文字革命与思想革命"之说了。中学生通过阅读和写作来训练自己的理解力和抽象思维能力,感受生活到更高的层次,获得创作的经验和自由的体验。这就是叶圣陶所精心构造的现代童年。当然叶圣陶也提出了一个非常尖锐的问题:教育改革怎样完成? 他没有能够解决这个问题,和卢梭、赫尔巴特、杜威等人相比,他不是一个教育学家。

鲁迅曾在那脍炙人口的名篇《我们今天怎样做父亲》中说道:要想改变成年人的习惯和思想几乎是无望的,因为那因袭的陈腐的习惯早已使他们丧失了觉醒能力,更不会赋予他们建设新社会的能力。因此,不妨我们"自己背着因袭的重担,肩住了黑暗的闸门,放他们(年轻人)到宽阔光明的地方去;此后幸福地度日,合理地做人"②。

童年,是中国现代性的萌芽;是中国现代化文明发展的希望。早在启蒙初期,知识分子就已经明确了儿童的生活对于今后中国民族发展的重要意义。今天,现代性的童年是否已经实现了呢?

---

① 钱杏邨:《叶绍钧的创作的考察》,刘增人、冯光廉编:《叶圣陶研究资料》,北京十月出版社1988年版,第380页。

② 鲁迅:《我们怎样做父亲》,http://baike.baidu.com/view/3807409.htm.

第四部分 中国现代童年的社会实践

准备好了吗,时刻准备着,我们都是共产儿童团。将来的主人必定是我们,小兄弟们呀小姐妹们呀,我们的将来是无穷的呀,携着手前进时刻准备着。

"我们是共产主义接班人,继承革命先辈的光荣传统,爱祖国,爱人民,鲜艳的红领巾飘扬在前胸。不怕困难,不怕敌人,顽强学习,坚决斗争,向着胜利勇敢前进。"

"让我们荡起双桨,小船儿推开波浪,海面倒影着美丽的白塔,四周环绕着绿树红墙,小船儿轻轻飘荡在水中。迎面吹来凉爽的风。红领巾迎着太阳,阳光洒在海面上,水中鱼儿望着我们,悄悄地听我们愉快歌唱,小船儿轻轻飘荡在水中,迎面吹来了凉爽的风。做完了一天的功课,我们来尽情欢乐,我问你亲爱的伙伴,谁为我们安排下幸福的生活。"

20世纪是中国历史上苦难深重、不断抗争的一百年,也是发生翻天覆地变化,求得人性解放的一百年。这种种苦难也好,解放也好,深深地烙印在儿童的生活中。20世纪初,儿童日益受到重视,儿童读物、儿童教育、儿童养育等观念和方法均发生着巨大的变化。而20世纪二三十年代,"五四"以来解放人性、求得自由的意识,在关于儿童的事业中显得更为突出。这一时期最重要的是西方尤其是美国实用主义儿童中心观念的引入和相应的改革,这在上一章中已经有所论述。尽管如此,旧中国积贫积弱的状况无法真正保障儿童的权益,维护儿童发展的正常需求。从各类统计年鉴中就可以发现,旧中国儿童死亡率非常高,一般婴儿死亡率要达到200‰,城市的婴儿死亡率要好于农村地区,但仍然高于100‰。普遍存在溺婴的恶习,女婴面临被溺死的可能性要远远高于男婴,造成人口性别结构的失常。如1933年杭州出生婴儿性别比为147.3(女=100)。儿童接受教育的比率相当低,有资料统计的20世纪30年代的 33 个地区中,只有 7 个地区学龄儿童人口中接受教育的比率超过 50%。① 仅仅这些简单的数字,就足以说明那个贫弱苦难时代的童年基本状况。由于经济落后,社会文化素质低下,大多数儿童的生育、健康、生存、温饱和教育等方面都非常困难,更不要说那些病弱残疾儿童的生存状况了。

新中国成立以来,在儿童的福利保健、教育教养和其他发展方面发生了翻天覆地的变化。儿童不仅受到了重视,而且立志被培养成"有理想、有道德、有文化、有纪律的社会主义事业接班人",其对社会发展的重要性被前所未有地提了出来。如中华人民共和国成立不久,中国医学科学院营养学系在 1953 年成立专门小组,对全国的所有婴儿食品做了全面的调查了解。在此基础上,1958 年制定了中国第一部儿童食品全国性标准《5410 乳儿糕及代乳粉部颁标准》。此后,儿童有了生产自己儿童食品的食品厂、专门的儿童玩具、专门的服饰、专门节日;关于加强儿童福利和保护的法律法规也相继出台;为保障儿童的受教育权,政治和经济资助越来越频繁,投入人力物力也越来越多,等等。儿童的生活日益成为社会生活中一个非常重要的领域,童年就这样被社会构建出来。正如我们所熟知的歌曲《让我们荡起双桨》、《中国少年先锋队队歌》中所表述的:"接班人"、"小主人"、"红领巾"、积极向上、学习游戏、美好的未来,童年是快乐的、自在的,同时也是进取的。现代性的进化观在这里显现无疑。

第一章 童年的制度性规定

1950 年 6 月 1 日,新中国成立后的第一个"六一"国际儿童节,《人民日报》头版刊登了国家领导人祝贺孩子们的亲笔题词。毛泽东的题词是"庆祝儿童节",刘少奇的题词是"重视儿童的权利,保护儿童的健康",周恩来的题词是"为了孩子们的健康祝福"。北京市副市长吴晗发表专门文章,指出:"我们人民政府对儿童福利事业,一直是特别关心的,国家用法律来保护儿童;共同纲领第 48 条,就明确规定了'保护母亲婴儿和儿童的健康';最近中央人民政府

---

① 中国青少年研究中心主编:《百年中国儿童》[M],广州:新世纪出版社 2000 年版,第 5—11 页。

所公布的婚姻法，又详细规定了怎样保障子女的利益。……我向全市的父母们、教师们和儿童工作者们说几句话：我们中国的儿童虽然已经开始走上幸福的道路，但是由于长期的反动统治，许多人还存在着轻视儿童利益和以儿童为私有品的思想，对儿童实施不正当的教育。例如大人不痛快拿小孩子出气，打骂儿童，甚至有意无意地把封建迷信或落后思想灌输给儿童，这都是新民主主义社会所不能容许的。我们应该尽力宣传共同纲领中保护儿童的规定和婚姻法中关于保护子女的规定，并须切实做到。儿童福利工作者，应当以儿童福利工作为光荣任务，诚心诚意为儿童服务。"①

新中国成立后，在各种制度方面为现代童年构建了一个不断改进的社会文化氛围。

一、婚姻法、刑法、福利制度和其他法律法规

爱伦凯在 1900 年出版《儿童的世纪》，前一半的内容旨在呼吁女权解放，呼吁婚姻双方因为爱而结合在一起，这样才是婚姻最根本的基础。而她的这些观点，全是为了儿童的福利着想。在她看来，婚姻是儿童福利的保障，婚姻的基质在于爱，它是儿童得以健康良好成长的重要环境。所以，当爱不再存在的时候，她鼓励妇女离婚，这样起码不受男子的拖累，妇女可以把自己所有的情感和物质都用来抚养她的子女。"她从生物学的进化论的立场来看教育！她以结婚之神圣，性欲之纯化，为得健全的儿童之第一条件；于是对于其所生之儿童，须尊重其个性，而为其发展起见，无论两亲，无论教师，须出以浑身的爱情与最善的努力，注意其环境而帮助其自由的活动，伸展其各自之天性；由是以图人间性之实现，以谋人类社会之向上。""只有现在我们知道精神与肉体是一同建筑着或互相消磨着之事情，于是人们关于肉体之神圣与权利，再开始去要求更高一层的无邪气的态度。"②

现代婚姻和家庭制度，是现代性童年建构的主要方面。一夫一妻、核心家庭、婚姻和家庭受国家和法律保护，这些都是儿童福利得到保障的最基本条件。一方面，它能够提供儿童养育所需要的稳定的经济和情感条件。另一方面，它也是使儿童得到关注和重视的基本条件之一。新中国成立后，迅速在婚姻、家庭方面制定法律法规，提倡新的社会风尚，保护妇女儿童的权益。1949

① 中国青少年研究中心主编：《百年中国儿童》[M]，广州：新世纪出版社 2000 年版，第 536 页。
② 爱伦凯：《儿童的世纪》[M]，上海：晨光书局 1936 年版，第 5 页。

年颁布的新中国第一个宪法性文件《中国人民政治协商会议共同纲领》第四十六条规定:"国家注意保护母亲、婴儿和儿童的健康。"1954 年 9 月 20 日,第一步《中华人民共和国宪法》颁布,第九十六条规定:"婚姻、家庭、母亲和儿童受国家的保护。"在 1978 年、1979 年和 1980 年修改的《宪法》中还增加了"国家特别关怀青少年的健康成长"。1982 年 12 月 4 日,第五届全国人大五次会议审议通过的新修改的《宪法》第十九条规定:"国家举办各种学校,普及初等义务教育……并且发展学前教育";第四十六条规定:"国家培养青年、少年、儿童在品德,智力,体质等方面全面发展";第四十九条重申:"婚姻、家庭、母亲和儿童受国家的保护",同时又进一步规定,"父母有抚养教育未成年子女的义务","禁止虐待老人、妇女和儿童"。1988 年、1993 年、1999 年先后三次修改宪法,都保留以上有关儿童保护的规定。

在 1950 年的婚姻法中,规定了国家保障家庭和婚姻,以及妇女和儿童的基本权益。这个权益主要体现在经济方面的生活保障权利。在婚姻中,得到抚养,包括非婚生儿童;以及离婚后的生活保障。如婚姻法第一条就规定:废除包办强迫、男尊女卑、漠视子女利益的封建主义婚姻制度。实行男女婚姻自由、一夫一妻、男女权利平等、保护妇女和子女合法利益的新民主主义婚姻制度。第二条,禁止重婚、纳妾。禁止童养媳。第二十条规定,离婚后父母对于所生的子女,仍有抚养和教育的责任。人民法院在判处抚养纠纷时,应根据子女的利益来进行。而溺婴或其他类似的行为,被视为犯罪,严加禁止。对结婚的条件给予规定,保障了家庭的幸福和生育的健康。

1980 年修改婚姻法,基本原则得以继承。如"父母对子女有抚养教育的义务";"禁止溺婴、弃婴和其他残害婴儿的行为";"实行婚姻自由一夫一妻、男女平等的婚姻制度。保护妇女、儿童和老人的合法权益。实行计划生育"。由于时代的变化,更多地反映在婚姻中的经济问题上。2008 年、2009 年、2010 年的调查显示,离婚案呈逐年上升的趋势。2010 年全国法院一审受理离婚案件 1164521 件,受理抚养、扶养关系纠纷案件 50499 件,受理抚育费纠纷案件 24020 件,受理婚约财产纠纷案件 24676 件。案件相对集中地反映出婚前贷款买房、夫妻之间赠与房产、亲子鉴定等争议较大的问题,亟须进一步明确法律适用标准。亲子鉴定成为一个比较新的事物,这是表明社会进步呢,还是暗示着某种社会问题的出现呢? 儿童不管婚生与否,是否又要面对因经济发展而带来的另一种亲情的考验呢?

人口数量过度膨胀会严重影响社会成员的福利水平和社会经济发展水

平,笔者曾将中印两国儿童初等教育的发展情况进行过比较,发现人口出生率、婴儿死亡率、母亲的受教育水平、计划生育的政策和实效,是影响儿童受教育水平从而影响一个国家人口基本素质的重要因素。两个国家在人口数量和人口素质基本相似的情况下开始新的建设历程,但是经过 50 年发展后,中国初等教育的入学率明显高出印度,从而在社会人员素质、社会经济发展、文化发展等诸多方面均远远高出印度。"计划生育"的人口控制政策不能不说起到了很关键的作用。[①] 但尽管如此,我国两次生育高峰,还是给国家的经济社会发展带来了巨大压力。第一次是在 1949—1957 年期间,第二次是从 1962 年到 1972 年,基本上人口出生率每年都超过了 30%。这两次人口出生高峰,一方面是受中国传统文化中多子多孙习俗观念的影响,另一方面也是国家政策的失误。有人推算,在 1977 年左右,中国儿童人口达到历史最高,为 3.68 亿左右,占总人口的 37.9%左右。[②] 两次人口出生的高峰,所带来的沉重的人口负担直到 1993 年国家《中国教育改革和发展纲要》中都还在提,要将之转化为人力资源优势,这实在是无奈之举。人口负担过重,明显影响儿童福利水准,以及儿童的消费市场和教育安排。1973 年开始,有人提出了"计划生育"的观点。1978 年新宪法规定"国家提倡和推行计划生育",计划生育正式成为国策。"实行计划生育"被作为原则写进了 1980 年的婚姻法中。1997 年人口出生率降低到 16.6%。

同时儿童保健状况改善,儿童死亡率降低。1995 年为了保障母亲和婴儿健康,提高出生人口素质,保证新生儿的健康,根据宪法,制定《中华人民共和国母婴保健法》。法律规定:国家发展母婴保健事业,提供必要条件和物质帮助,使母亲和婴儿获得医疗保健服务。该法规定对婚前保健服务及检查,以保证儿童拥有健康的父母;医疗机构为孕产妇提供胎儿保健服务;对婴儿进行体格检查和预防接种等问题进行了规定,以达到优生优育。从这些规定中,我们可以欣喜地看到,爱伦凯预言和理想实现的可能性。

当然现代社会的发展还远远不止于此。本书第二部分曾在对童年概念进行定义的时候提到过,法律规定了儿童和童年的概念,这不仅仅在婚姻和儿童保健中,还在关于犯罪的法律惩罚中给予了规定。现代社会,普遍对儿童犯罪给予特殊规定,对儿童实施的犯罪给予严惩。新中国成立以来,我国刑法对未

---

① 顾彬彬:《中印初等教育比较:社会背景因素分析》[J],《外国教育研究》,2005 年第 9 期。
② 中国青少年研究中心主编:《百年中国儿童》[M],广州:新世纪出版社 2000 年版,第 14 页。

成年人的保护表现在两个方面:一是对儿童犯罪从轻或减轻处罚,实行教育为主、惩罚为辅原则。1979 年《刑法》规定已满 16 岁的人犯罪,应当负刑事责任;已满 14 岁不满 16 岁的人,犯杀人、重伤、抢劫、防火、惯窃罪或者其他严重破坏社会秩序罪,应当负刑事责任。1997 年《刑法》规定,已满 14 周岁不满 16 周岁的人,犯故意杀人、故意伤害致人重伤或者死亡、强奸、抢劫、贩卖毒品、防火、爆炸、投毒罪的,应当负刑事责任。其他,则应当从轻或者减轻处罚。犯罪时不满 18 周岁的人不适用死刑。二、规定侵害儿童权益的犯罪,从重处罚。这些罪行包括奸淫幼女、偷盗婴幼儿、拐卖儿童、收买被拐卖儿童、聚众阻碍解救被收买的儿童、遗弃儿童、拐骗儿童、强迫儿童吸毒、强迫、引诱幼女卖淫和嫖宿幼女、向未成年人传播淫秽物品、从重处罚教唆儿童犯罪。

1991 年"全国人民代表大会常务委员会关于严惩拐卖、绑架妇女儿童的犯罪分子的决定"、"全国人民代表大会常务委员会关于严禁卖淫嫖娼的决定",又对未成年人犯罪做了具体的规定。1992 年首次制定《中华人民共和国未成年人保护法》,1999 年 6 月 28 日首次通过《中华人民共和国预防未成年人犯罪法》。20 世纪 90 年代以来法律的制定,开始越来越多地受到国际关于儿童和童年观念的影响,尤其是受联合国《儿童权利公约》的影响。1990 年中国政府签署了《儿童权利公约》,成为第 105 个签约国。《儿童权利公约》将儿童定义为 18 周岁以下的男孩和女孩,并认为每一位儿童既是一个独立的个人,又是家庭和社会的一分子。儿童享有一个人的全部权利。它确立了四项基本原则:不歧视;儿童的最大利益;确保儿童的生命权、生存权和发展权的完整;尊重儿童的意见。它规定了儿童的四项基本权利,即生存权、受保护权、发展权和参与权。这些在 90 年代以后我国制定的关于未成年人的法律中均得到了完全的体现。如《中华人民共和国预防未成年人犯罪法》第三、第四条规定:未成年人享有生存权、发展权、受保护权、参与权等权利,国家根据未成年人身心发展特点给予特殊、优先保护,保障未成年人的合法权益不受侵犯。保护未成年人的工作,应当遵循下列原则:(一)保障未成年人的合法权益;(二)尊重未成年人的人格尊严;(三)适应未成年人身心发展的特点;(四)教育与保护相结合。

此外,国家对儿童的保护,还包括在儿童食品、交通安全、文化娱乐、财产继承等方面的立法。

新中国成立以来,从保护儿童的法律法规和福利政策来看,中国童年的基本状况分为两部分,一是儿童受到越来越多的保护,反映出对儿童的认识,是将儿童看作脆弱、易受伤害而无力自保的，应受到成人的特殊照顾。应让儿童在童年这一特殊的时期中得到健康快乐的成长。二是将儿童看作一张白纸，需要将社会主导价值观从小就印染在小小的心灵之中使之扎根。90年代以来的立法和儿童工作，从制度和话语层面基本保障了现代童年的性质转变，不仅仅认可了儿童的需要保护性，而且主要表达了儿童对于国家的战略意义的观点，这和我国实行计划生育以来的国情和国民心态两相吻合，由"小主人"逐渐演变成了"小皇帝"，两者都需要我们从教育学层面给予反思。

二、中国儿童发展纲要

在签署了《儿童权利公约》之后，我国将对儿童的生存、保护和发展作为一项政府事业，纳入社会事业发展计划之中，制定了《中国儿童发展规划纲要》（20世纪90年代、2001—2010年，2011—2020年），以通过阶段性的发展规划，来推动儿童权利保护事业的发展。它是我国第一部以儿童为主体，促进儿童发展的国家行动计划。

从90年代开始，我国进入了"童年"现代化，儿童和童年开始受到社会真正的认可和重视，但这是有步骤、有阶段进行的。对于90年代的中国来说，"儿童事业"基本上还是一个新事物，无论是政策制定者还是一般社会层面并不熟悉，在政策制定中所使用的大量的话语和概念，均反映出对沿袭政治社会意识和模仿《公约》观念，如"为了培养有理想、有道德、有文化、有纪律的一代新人……在全社会倡导树立'爱护儿童，教育儿童，为儿童做表率，为儿童办实事'的公民意识"。此外，对儿童发展没有清晰的概念，还反映在具体的规划方面没有思路。在儿童的生存（死亡率、营养、饮用水）、教育、法律和其他福利（贫困、残疾）方面，提出十项发展目标，许多方面交给省级以下政府部门去思考和落实。

到了21世纪初，我们已经认识到儿童作为国家竞争贮备人力资源的重要性，提出"必须从儿童早期着手，培养、造就适应新世纪需要的高素质人才队伍"，因为"儿童期是人的生理、心理发展的关键时期"。它比上一个十年计划更注重规划的科学性，将儿童发展事业划分为具体明确的四个领域，"儿童与健康、儿童与教育、儿童与法律保护、儿童与环境"，"儿童优先"的基本原则得到体现。

在90年代发展的基础上进一步提高要求，表现在：生存方面，不仅关注出生和养育的营养健康，如规定了国家饮用奶计划和每天1小时体育锻炼，还进一步扩展到心理健康方面，提高儿童的整体素质。在教育方面，将义务教育的普及年限推广到了高中阶段。并且注意到环境对儿童成长的重要作用，关注到困境儿童的发展问题。

而从 2011 年开始,我们提出的儿童发展预想则更进一步,反映了对儿童成长的双重性,即需要与主体性的现代意识增强。如认识到要"最大限度地满足儿童的发展需要,发挥儿童的潜能","促进儿童的全面发展和权利保护",认识到儿童已经作为社会一个重要的组成部分这一独立的地位:"儿童发展是国家经济社会发展与文明进步的重要组成部分。"儿童中心意识更为凸显,如提出"从儿童身心发展特点和利益出发处理与儿童相关的具体事务,保障儿童利益最大化"。规划的制定更加科学化,并讲究法制意识。时代问题在纲要规划中有很明确的体现。如在儿童健康方面,提出了三个新的要求:(1)提高中小学生《国家学生体质健康标准》达标率。控制中小学生视力不良、龋齿、超重/肥胖、营养不良发生率。(2)降低儿童心理行为问题发生率和儿童精神疾病患病率。(3)提高适龄儿童性与生殖健康知识普及率。在儿童教育方面,提出公平的理念,保障弱势儿童(如流动、特殊困难儿童)的受教育权。这一方面更多地体现在教育政策中。儿童的福利方面,由补缺型向适度普惠型转变:净化社会环境,一方面对媒体信息做了规范,另一方面提出培养儿童阅读习惯,增加阅读时间和数量,要求 90% 以上的儿童每年至少阅读一本书。保障儿童参与家庭生活、学校和社会事务的权利;保障儿童享有闲暇和娱乐的权利。

三十年的规划中所体现出来的是,纲要主要侧重于儿童的福利。对儿童的健康、营养状况的持续改善、婴幼儿的死亡率、妇幼保健、接种预防、普及教育、孤儿,残疾儿童和流浪儿童的救助、儿童医疗均有非常细致的目标和相应的措施与规定。90 年代以后我国社会的儿童观(从政策法规中所反映出来的),开始与国际社会接轨,但并不全然照搬西方主流关于童年和儿童的价值观。从 90 年代初《儿童权利公约》中提出的一系列概念,如对儿童的年龄规定,对儿童四项基本权利和四项行动原则的规定,更多地体现了儿童的依赖性,而非儿童的独立和自主。随着社会发展现代化趋向和经济条件的改善,我们在儿童权益保障方面越来越进步,构建了一个全方位的社会保障体系,并且需保障的要求也越来越高。而儿童的独立个性、健全人格的培养,以及在成人世界中的地位等问题在儿童的参与权中有所体现,今后应会在这方面有更进一步的发展。

《儿童权利公约》所体现的西方童年意识价值,在现在的西方也曾受到质疑。它虽然高扬"儿童中心"的意识,却可能并不能表达非西方社会和文化的存在状态,往往会忽视了这些文化存在的价值。从中国社会发展的状态看,百年来中国童年的发展似乎一直受西方主流价值的影响,但未必绝然如此。怜爱弱小是人类的情感,东方人与西方人皆如此。中国人未必受西方现代性观念的影响而宠爱孩子,祖孙的天伦之乐是传统,所谓"父不抱子而抱孙"。西方科学尤其是对儿童的科学研究,有助于中国儿童养育条件和措施的提高,独生子女政策提高了儿童在家庭中的地位。但中国对儿童或童年的理解绝非西方的现代性,即作为个人主义的儿童观。也就是说,此"儿童中心"非彼"儿童中心"也。这一与中国传统相冲突的概念,将会随着现代性的社会实践,文化转型而有可能受到普遍的社会重视。

21世纪是媒体技术的时代,我们显然已面对信息对童年的冲击和影响这一社会事实。我们对媒体信息的规范,是我们对纯真年代的保护,其目的仍然是为未成年人净化社会道德风尚,使儿童在正确道德灌输下成长。而至于儿童自身这一童年阶段的价值,儿童本身的重要性或意义,并没有得到关注。"儿童是接班人",仍然意味着童年是成人的准备。卢梭等先哲们所提出的教育学的问题并没有被正确理解和对待。

其实西方哲学家在中国的影响究竟在什么地方,又有多重要,这确实是一个值得怀疑的问题。

三、教育制度和政策

现代童年的光阴基本是在学校中度过的,所以教育制度成了构建童年的最主要力量之一。

新中国成立以来,现代学校制度和教育体系基本建立起来,这表现在构建初等、中等、高等、职业技术教育这样的基本教育框架,规范各级教育的人才培养目标,研讨提高教学效率的方法,健全各项评价制度等。除此以外,还采取了马克思关于教育与劳动生产相结合的思想,注重学生的社会实践,培养国家的公民。这一方面培养学生的社会责任感和道德心,另一方面也开拓了学生的眼界,锻炼了体魄和能力,教育与社会实践取得结合的途径,学生的课外生活丰富多彩。教材内容也配合着这一时代状况。我们从斯霞和霍懋征等教育家的传记中略见一瞥,也可以从冰心当时的一篇中篇小说《陶奇的暑期日记》中窥见全貌,"让我们荡起双桨"就是那时期孩子生活的写照。

说现代学校制度在建国十七年间就建立了,是从它的体系、结构、功能等方面而言。它的体系是阶段性逐级上升且逐级筛选,通过这种体系将不同的对象安置在不同的社会阶层和职业中。它的结构基本符合社会生产各部类的要求,有什么样的生产就有什么样性质的学校与之相配合。而在功能上,以社会发展为其价值取向。现代的班级授课制是现代教育的典型代表,儿童们都坐在教室里,学习阅读、写作和算术,接受关于本国和世界历史、地理知识的教育,被培养为国家公民。这些都是现代社会理性化的制度表现。但新中国成立初期十七年,我们"以俄为师"(其实马克思主义也是西方现代性的一部分,如果说苏联的现代性与西方现代性有差别的话,以笔者愚见,那便是以集体主义取代个人主义,以消解个人与社会的矛盾),"苏联有许多世界上都没有的完全新的科学知识,我们只有从苏联才能学到这些知识,例如经济学、银行学、财政学、商业学、教育学,等等"。教育界迅速掀起了学习原苏联的教育学热,尤其学习凯洛夫主编的《教育学》热。① 正如李书磊说,中国教育现代化首先是移植英美等国的教育体制,然后加上了苏联模式(思想政治教育的工具)。② 然而在国与国之间,公民社会化的具体方式还是有着相当大的不同。你可以在各国的教育制度,特别是所谓的学校"精神"之间,发现它们彼此的显著差异。③ 我们采取了西方现代教育的某些形式,却拒绝了它的精神内涵。

"文化大革命"中,现代教育制度跟社会一切其他建设一样,被破坏殆尽。所以,改革开放以来的第一件事情(1979—1982 年),就是恢复各项社会建设的秩序,其中包括教育秩序。比如职称评定制度、落实知识分子政策、恢复高考制度、整顿学校正常的教学秩序,等等。

1982 年以来的改革开放,是一场朝向现代化转型的社会实践。这场实践的时间被预期要经历一百年。在社会学家眼中,中国现代化运动本质上是一场深刻的社会转型,大致沿着 3 个层次演变:器物技能层次的现代化、制度层次的现代化、思想行为层次的现代化。④ 器物方面的现代化是指生产工具的现代化;制度现代化是指社会上层建筑的现代化;而文化的现代化则指社会的心理意识层面的变化,也即本文一直执着于的现代性,是时代的精神状况。金耀基认为三者是逐一深入而先后发生的。但在笔者看来,当代中国经历了大半个世纪社会发展道路的选择与摸索、理论探讨与各种革命之后,三者的关系已经变得非常复杂,是在不同程度上交错同步进行的:物质实践影响着文化的

① 瞿葆奎:《中国教育学百年(中)》[J],教育研究 1999 年第 1 期。
② 李书磊:《村落中的"国家"——文化变迁中的乡村学校》[M],杭州:浙江人民出版社 1999 年版。
③ 曹诗弟:《文化县——从山东邹平的乡村学校看二十世纪的中国》[M],济南:山东大学出版社 2005 年版,中文版序。
④ 金耀基:《从传统到现代》[M],北京:中国人民大学出版社 1999 年版,第 131 页。

变迁,而文化又反过来作用于物质实践,影响着物质实践的效率和方向。金耀基的理论可以解释文化的起源问题,就像李泽厚认为的那样,先有生产工具的使用,才有文化——心理结构的积淀,任何一种文化大抵都是如此。现代化是按照西方发达国家的物质模式来进行的,它所代表的文化和权力机制显然与中国传统文化截然不同。当代我们进行现代化时,选择器物是无任何阻碍的,而且这种主动选择是提升综合国力所必需的。科技被认为是器物的、价值无涉的、无国界而被引进来。我们明确拒绝西方主流价值、文化、意识形态等,却没有意识到正是这种文化和价值观创造了西方文明和科技进步。只有当我们在科技方面欲争取优势时,才会面临文化的冲突。只不过这种文化的冲突是隐性的。在我们提出培养创新人才、要求教育体制改革深入时,才会有所体悟。但正如有学者称,在这 3 个层面中,器物技能不侵害中国人生活方式的内部价值,因此所受阻力较小。制度层次的现代化深入了一步,难度也增大了一些。思想行为层次的现代化牵涉一种文化的信仰系统、价值系统、社会习俗等最深层的因素,事关个人,因此最深刻、最不容易,遇到的阻力最大,变化也最缓慢。[①]

但是,当"教育界讨论传统教育与现代教育,探讨教育现代化,标志着思想行为层次开始自觉发生变化"[②],真是这样的吗? 显然,30 年的教育改革一直是在经济发展的推动下进行的。

(1) 从教育改革目标来看

在百废待兴中,教育体制改革的目的是尽快培养能够从事工农业基本生产,有普通文化素质、有较好道德品质的国民。这时对教育的要求是尽快恢复到正常状态,并且能够根据新时期的进步要求,改进落后的教学内容,这是主要的。

20 世纪 90 年代,工业化和城市化改革先期,经济粗放型发展的弊端显露无疑,"企业经济效益低、产品缺乏竞争能力、农业科学技术得不到普遍推广、宝贵的资源和生态环境得不到充分利用和保护,人口增长、不良社会风气屡禁不止"。当时提出的口号是经济由粗放型向集约型转变,产品出口争取外汇是当时国家经济的主要目标之一,以增加国家积累。世界政治风云变幻,国际竞争提升到综合国力的层面。不仅是国民生产总值,而且人民生活水平、国防科技军事等都成为衡量的指标。因此,对劳动者的素质,在知识和道德水平方面

---

① 黄书光等:《中国基础教育改革的文化使命》[M],北京:教育科学出版社 2001 年版,第 69 页。
② 黄书光等:《中国基础教育改革的文化使命》[M],北京:教育科学出版社 2001 年版,第 69 页。

提出了比 80 年代更高的要求,要把沉重的人口负担转化为人力资源优势。"双基"受到重视,即全国基本普及九年义务教育和全国基本扫除青壮年文盲。相应的,社会也发动了"希望工程"、"春蕾计划"等资助工程项目,以发动社会力量来提升人口素质。

而到《面向 21 世纪的教育振兴行动计划》之时,我们不仅要将庞大的农业人口转为城市人口,实现现代化早期的工业化革命,而且随着加入世贸组织融入全球化,我们还同时面对知识经济的转型、信息社会到来的挑战。创新和竞争被史无前例地感受到其紧迫性和重要性。经过 90 年代的法制建设,当时教育法规体系基本框架已初步形成。但"教育发展水平仍然偏低,教育结构和体制、教育观念和方法以及人才培养模式尚不能适应现代化建设的需要。在当前及今后一个时期,缺少具有国际领先水平的创造性人才,已经成为制约我国创新能力和竞争能力的主要因素之一"。因此在基本实现"双基"的情况下,全民族的素质和创新能力亟待提高。"跨世纪素质教育工程"呼之欲出,整体推进素质教育,以全面提高国民素质和民族创新能力。

这也就是说,30 年来教育现代化的自觉过程一直是处在社会经济发展的巨大压力之下。在历次的教育改革规划中,社会发展对教育都提出了非常迫切的要求,如 1985 年提出以往计划经济模式下的教育制度僵化,阻碍了教育的发展。1993 年提出:"当前,我国改革开放和现代化建设事业进入了一个新阶段。建立社会主义市场经济体制,加快改革开放和现代化建设步伐,进一步解放和发展生产力,使国民经济整体素质和综合国力都迈上一个新台阶。这对教育工作既是难得的机遇,又提出了新的任务和要求。"1998 年提出:"深化改革,建立起教育新体制的基本框架,主动适应经济社会发展。"2004 年提出:"教育面临的挑战依然十分严峻,整体水平离实现全面建设小康社会目标还有很大差距。"可见教育的发展是多么地落后于社会发展的速度。有人说,"教育学"终结了,笔者倒认为恰恰相反,中国"教育学"的世纪还没有来临。因为教育作为一门独立自主的社会实践部门,并没有把现代教育学及其主要问题和基本逻辑当作指导思想。真正意义上的教育学研究还需要得到领导的重视,依靠学者良心地推动。

我们似乎对教育的科学化情有独钟,一直在试图建立一个科学的比较完善的教育体制,以应对当下和未来社会发展的需求,讽刺的是却始终不能满足每一时期社会发展不断提出的要求。从 1985 年的《中共中央关于教育体制改革的决定》到 2010 年《国家中长期教育改革和发展规划纲要》,期间经历了 1993 年

《中国教育改革与发展纲要》、1998 年《面向 21 世纪教育振兴行动计划》、1999 年《关于深化教育改革全面推进素质教育的决定》、2004 年《2003—2007 年教育振兴行动计划》。每一次社会发展累积到超越阶段，都会将这个制度问题一再地提出来要求进一步改良。这显然表明对现代教育学研究的不足。

（2）从体制改革来看

1982 年邓小平给景山中学题词"面向现代化、面向世界、面向未来"，这表明了中国教育现代化发展基本方向和目标，其实这又何尝不是中国社会发展的方向呢？提出这个目标时，中国正经历着先是农村改革、城市经济体制改革，继而科技体制改革、教育体制改革。

1984 年，《中共中央关于经济体制改革的决定》颁发，邓小平特别强调说：我认为，经济体制改革决定的第九条最重要。即"进行社会主义现代化建设必须尊重知识，尊重人才"，"科学和教育对国民经济的发展有极其重要的作用"。随着经济体制的改革，科技体制和教育体制的改革越来越成为迫切需要解决的战略性任务。因此 1985 年制定并颁布了《中共中央关于教育体制改革的决定》，目标在于建立和经济体制相配套的，符合中国国情、适应经济和社会全面发展要求的教育体制。这个体制的任务主要是改变高校管理体制，尤其是招生和分配制度；改革中等教育结构，大力发展职业技术教育；稳定中小学教师队伍，建立九年义务教育制度，以解决当时存在的问题。当时教育中最大的弊端在于长期计划经济体制下形成的僵化模式，不能照应不同区域发展的差异需求。此外教育结构不合理，职业技术教育薄弱，不能满足当时经济发展的需求。"万般皆下品，唯有大学高"。重理轻文、重智轻德、重学历轻能力。基础教育严重滞后，师范教育不受重视。还有就是贫困地区教育条件差，学校管理体制缺乏活力，教材教法陈旧落后，等等。

90 年代，我国改革开放和现代化建设事业进入了一个新阶段。建立社会主义市场经济体制，加快改革开放和现代化建设步伐，进一步解放和发展生产力，使国民经济整体素质和综合国力都迈上一个新台阶。而教育在总体上还比较落后，不能适应加快改革开放和现代化建设的需要。教育的战略地位在实际工作中还没有完全落实；教育投入不足，教师待遇偏低，办学条件较差；教育思想、教学内容和教学方法程度不同地脱离实际；学校思想政治工作还需要进一步加强和改进；教育体制和运行机制不适应日益深化的经济、政治、科技体制改革的需要。所以，在新的形势下，教育工作的任务是：加快教育的改革和发展，进一步提高劳动者素质，培养大批人才，建立适应社会主义市场经济体制和政治、科技体制改革需要的教育体制,更好地为社会主义现代化建设服务。①

这一时期,在结构上以九年义务教育为基础加强基础教育,把培养初中级人才摆在突出的位置。在完善教育结构体制方面,一方面在原有基础上继续拓展加深,比如高等教育方面有计划地建设一批国家重点实验室和研究中心,促进相关学科的科研水平进入世界先进行列。另一方面,继续根据社会需要调整结构,弥补缺陷,如提出发展成人教育,构建终生教育体系。

21世纪,教育体制改革增加了"教育信息化"的内容,进一步推广对外开放,加强全方位、高层次的教育国际合作与交流。在教师培训体制、教育质量提升、教育均衡等方面均较以往有了新的更高的要求。其目标是到2020年全面普及九年义务教育,基本普及高中阶段教育,积极发展各类高等教育,大力发展职业教育和成人教育,形成体系完整、布局合理、发展均衡的现代国民教育体系和终身教育体系。

从体制改革来看,改革开放以来,我们不断建构着新的学校类型、改革教育内容,扩大和延伸受教育的阶段、数量和水平。直到21世纪初,我们才基本明确了终身教育的现代教育制度是我们的发展方向。它包括学校教育、家庭和社区教育的结合,学校教育和职业教育的融合,改变了原有的现代教育体制观念:教育是可以贯穿终生的;学习可以无所不在。这也就对原有的学校制度提出了要求,"现代学校制度"这一概念进入教育者与教育研究者的视野。

制度一再成为发展的桎梏。社会实践是否表达着这样一种焦虑,即什么样的理性才是我们文化建设、经济改革和教育发展的核心?"教育现代化不仅是指现代性的实现,更重要的是指与教育形态的不断变迁相伴随的教育现代性的不断增长过程,教育现代性的不断增长是教育现代化的根本特征。"②

（3）从教育理念来看

在教育体制变革的背后,是教育理念的革新。教学转向学习;学习由人生某个阶段的事情转向学习无所不在、无处不在、无时不在;教育由培养劳动者转向专门人才再到拔尖创新人才,这也同样因应了社会经济发展的要求。教育改革由体制改革走向教育内涵改革,素质教育此时被提出来。

1999年《关于深化教育改革全面推进素质教育的决定》提出:实施素质教育,就是全面贯彻党的教育方针,以提高国民素质为根本宗旨,以培养学生的

---

① 中共中央、国务院:《中国教育改革和发展纲要》,http://baike.baidu.com/view/486179.htm
② 黄忠敬、李晓军:《关于教育现代性的几个问题》,《教育科学研究》,1998年,第5期。

创新精神和实践能力为重点,造就"有理想、有道德、有文化、有纪律"的德智体美等全面发展的社会主义事业建设者和接班人。并且对这样的新人提出要"坚持学习科学文化与加强思想修养的统一,坚持学习书本知识与投身社会实践的统一,坚持实现自身价值与服务祖国人民的统一,坚持树立远大理想与进行艰苦奋斗的统一"。虽然看起来,素质教育与人的全面发展教育没什么区别,但其立场已发生了改变。文件中提出"全面推进素质教育,要坚持面向全体学生,为学生的全面发展创造相应的条件,依法保障适龄儿童和青少年学习的基本权利,尊重学生身心发展特点和教育规律,使学生生动活泼、积极主动地得到发展"。关于学生学习的权利、身心发展的特点、生动活泼、积极主动的发展,这些都比以往的文件更为突出,发生了儿童立场的转变。

立场的转变,还表现在对体育和美育的强调。此外特别对智育工作提出要转变教育观念,改革人才培养模式,积极实行启发式和讨论式教学,激发学生独立思考和创新的意识,切实提高教学质量。要让学生感受、理解知识产生和发展的过程,培养学生的科学精神和创新思维习惯,重视培养学生收集处理信息的能力、获取新知识的能力、分析和解决问题的能力、语言文字表达能力以及团结协作和社会活动的能力。

在《2010—2020国家中长期教育改革和发展规划纲要》中提出,坚持以人为本、推进素质教育是教育改革发展的战略主题,是贯彻党的教育方针的时代要求,核心是解决好培养什么人、怎样培养人的重大问题,重点是面向全体学生、促进学生全面发展,着力提高学生服务国家人民的社会责任感、勇于探索的创新精神和善于解决问题的实践能力。

但如何进行素质教育改革呢?这个任务落实在课程改革上,通过课程改革来扭转传统教育,向现代教育发展。从1999年开始,全国规模的新课程改革轰轰烈烈地展开了。

得出的结论:

(1)国家制定教育政策,反映了它对教育所起社会功能的期待;并且为教育的发展疏通了外部制度的限制,提供物质保障。社会与国家对教育的期望始终殷殷,但教育一直落后于社会的发展,这是事实。如何培养现代人的问题,首先取决于对现代人是什么的认识。"五四"以来对现代性的探索,在当时被"救亡"运动所湮灭,所谓"救亡压倒了启蒙"。新中国成立十七年的匆匆发展,我们也并未来得及在这一问题上进行过多的停留,政治话语取代了教育学的思考。这就成为当代教育学发展严重滞后、没有真正独立的学科意识的历史原因。

（2）随着改革开放以来时代的发展，对教育的要求越来越转向现代性这一深层的根本精神气质上来，要求从根本上思考现代人的问题，并重新审视这个现代人该如何培养。教育的独立性越来越被提上了社会认识中来，教育体系的独立性在整个社会范围内已具备了一定的条件，不仅在物质保证、制度保证方面，而且在社会实践领域中也提出了这样的要求。政策制定者已有这样的意识，但教育界却并未及早意识到。这个问题出在哪里？

（3）从这些指导当代教育现代化的政策条文中，话语分析显示现代性的意识是由社会经济发展所推动的。也就是说，教育观念的现代性意识并不清晰。而在这些政策话语中所呈现的经济领域的现代性意识，一步步指向了启蒙理性，这是当代中国基础教育改革的基本方向和基本意识形态或价值观，要求社会成员独立进取、积极竞争、开拓创新。这就一步步地将个人主义价值观从集体主义的樊笼中解放出来。

（4）从这几个大的国家教育发展规划纲领性文件中，现代性童年的意识反映在人才培养目标上，如"都应该有理想、有道德、有文化、有纪律，热爱社会主义祖国和社会主义事业，具有为国家富强和人民富裕而艰苦奋斗的献身精神，都应该不断追求新知，具有实事求是、独立思考、勇于创造的科学精神"（1985）。"德智体全面发展的建设者和接班人"，"有理想、有道德、有文化、有纪律的德智体美等全面发展的社会主义事业建设者和接班人"（1999），"创新能力和实践能力"（1999）等，无一例外地将儿童纳入社会发展的事业之中，将儿童看作社会一组织结构，强调了童年的社会功能。从三十年的政策话语来看，我们突出强调了儿童独立性的发展，期待他们对社会的贡献。从另一个角度看，国家不懈余力地为儿童构建着良好的生长环境，在学校教育、家庭、社会、自然环境等方面，越来越重视儿童的利益和权力。但这些都仍然是"成人立场"的儿童观，正如马丁·伍德海德（Martin Woodhead）所认为的，儿童的需求（need）都是成人建构出来、想当然的，而非儿童自身的需求（want）。① 童年的社会功能受到重视和强调的同时，有没有考虑童年本身具有的价值和意义呢？

---

① Allison James, Alan Prout. Constructing and Reconstructing Childhood: Contemporary Issues in the Sociological Study of Childhood. London: The Falmer Press,1990.

第二章　教育实践中的现代童年意识

在西方社会,儿童从出生到上学,他们的养育和教育都浸淫在某种不被察觉的理论之中。而这些理论的假设基础值得深究。约翰·克莱佛雷(John Cleverley)和丹尼斯·菲利浦斯(D. C. Phillips)就曾追溯西方社会对儿童期的洞见,这些洞见包括了从洛克的白板说、卢梭的自由论、亚瑟·建生(Arthur R. Jensen)和艾塞克(H. J. Eysenck)挑战环境说的遗传论、新教传统的育儿方式、从达尔文到斯宾塞再到霍尔的进化论、弗洛伊德的性欲理论、皮亚杰的认识起源论、马克思和杜威的关于符合社会需要的教养说、行为主义范式下被制约的儿童观,以及图灵论。他们分析了这些深深影响西方三百年来教育的观点后认为,原来在西方的教育实践中,这些理论错综复杂地交织在一起,人们早已不假思索地去进行运用,而不去思考这些理论之间是否相悖或冲突。比如学校还在使用进化论者斯宾塞的观点去设计课程,教师们用行为主义的方式进行教学,同时他们又是杜威的信仰者,倡导儿童独立人格和对自由的追求,而在道德教育方面却坚持新教的传统,等等。[①]

这些流行于全世界的关于童年期的洞见,根植于西方文化中,是主流价值观的体现。当它们漂洋过海来到中国时,是否也对中国产生了影响呢? 在20世纪二三十年代,我们也曾受到进步主义教育理论的影响,如杜威的理论、克伯屈的设计教学法,还有行为主义的心理学以及儿童研究等。"五四"时期的儿童观"童心母爱"仍然通过斯霞传递到新意识形态的现代中国来,可不久这些均被当作"毒草"割掉。

石中英曾谈到教育学的文化性格问题,他认为西方教育学著作不是一些具体的教育规则、方法的集合,而是一种深刻的文化精神的表达。那么当我们运用某种童年观来实践教育时,不可避免地面临着文化的冲突——中国和西方;传统与现代。当代正在追求现代化的中国教育实践和理论研究,体现了一种什么样的文化气质呢? 我们不妨自下而上地分析三十年来基层教育实践中

---

① 约翰·克莱佛雷、丹尼斯·菲利普斯:《西方社会对儿童期的洞见:从洛克到史巴克具有影响力的儿童模式》[M],台北:文景书局2006年版。

自发的教育改革,它们在对教育现代化的追求过程中所体现的教育学意识和童年观。

一、教育的科学化实验

中国当代在教育方面自发的探索实践非常多。自拨乱反正以来,开展了关于"实践是检验真理的唯一标准"的大讨论,教育界开始全面复苏,急于弥补损失的时间,一方面极力恢复正常的教学秩序,另一方面积极探索教育的科学化道路。各地开展了大量的教育实验。在早期,比较有影响且取得较大成就的有李吉林主持的江苏南通师范二附小的"情境教育"实验,上海青浦县开展的"青浦实验"。

1."情境教学"实验

"情境教学"探讨怎样以中国语言文字独特的意境来对小学生的语言和情感产生影响,以使学生的读写的语言能力和品德情操得到提高。受古典文论的影响,李吉林对语文教学的情境做了实践探究,运用多种方法创设情境,注重学生充分的体验,并配合字、词、句、篇的读写训练和思想情感的阐发。这一教学方法迅速激发学生的学习兴趣,改变了以往语言学习提高的困难,尤其不会作文的现状,学生不仅语文水平而且整体发展获得意想不到的提高。学生学得愉快,学得优异,作文水平尤其突出。而作文,不仅包含了语言的理解和抽象能力,还包括了想象力等创造性思维因素。这一语文教学的实践探索,其五大原则,即诱发主动性原则、强化感受性原则、突出创造性原则、渗透教育性原则、贯穿实践性原则,后来推广到其他学科领域,构成"情境教育"体系。

"情境教学"在小学语文教学方面取得了突出的成就,它通过语言文字所构建的意境,使学生浸染其间,又通过许多直观的手段(如带领学生观赏小桥明湖之上的月夜)帮助学生理解领悟这个"情",发挥了中国语文的特色,这种教学法是前所未有的。它先后被列入全国教育科学"八五"和"九五"教育部重点课题进行研究。

2.上海"青浦实验"

上海"青浦实验"是在青浦县进行的数学教学法改革,它通过"尝试指导、效果回授"等教学策略,让学生有效学习,大面积提高教学质量,不仅在全国取得较高的声誉,1990年获国家教委颁发的"新中国成立40年来全国教育科学优秀成果奖",而且在国际数学教育界也有所影响。

"青浦实验开始于1977年,完成于1992年。实验的前期侧重于在实践中取得成功,后期侧重于做深一层次的理论探讨。"①"青浦实验"的经验在于,它通过实地认真仔细调研,发现当时数学教学中存在的问题,筛选优秀的教学经验进行实验,提炼修正后再进行实践,并予以推广。这之后提炼出这样的经验系统,概括为:(1)"让学生在迫切要求之下学习";(2)"组织好课堂教学的层次(序列)";(3)"在采用讲授法的同时,辅之以'尝试指导'的方法";(4)"及时获取教学效果的信息,随时调节教学"。这些经验的提炼不仅是在青浦数学教师长期实践中生成的经验基础上的,还广泛借鉴了皮亚杰、布鲁姆、加涅等人的学习和心理学理论。实验结果表明学生学习成绩提升快,而且稳定。实验班学生的数学思维能力与非实验班有显著差异。青浦实验的影响,不仅在于它的教学方法的改革实验,更在于它对于提高教学效果的研究方法,即"实践筛选法"。

"情境教学"与"青浦实验"代表了我国教育发展在科学化方面的探索。两者采取实验的方法,通过控制组与实验组的对比,收集数据,提炼归纳以取得教育教学的经验,加以推广应用。这两项实验都不约而同地发现,提高学生的积极性、主动性是教学取得成效非常重要的因素。而学生真正的发展,无论是语言、情感,还是思维品质,是教学真正关注的目标。这为迅速恢复学校教育教学的秩序,回到教学的本质上来,作出了很大的贡献。

3. 整体性教育改革实验

单项单科的教育实验迅速发展成整体性教育改革实验,因为人们认识到"教育是一个复杂的系统工程,只做个别的单项实验,显然不足以揭示其全部的客观规律,一定要有综合的整体的研究"②。另外,各项单项、单科实验,虽然在某个方面取得显著成效,却又导致许多中小学偏科现象,忽视学生的全面发展,并造成学校工作整体安排的困难。有鉴于此,在单项、单科改革的基础上,有条件的地区(主要有大学研究人员的参与)纷纷转变思路,实验改革的方法论问题成为这一时期实践关注的重点。

整体改革实验是对学校教育中的多种要素进行改革,并着力构建一个和谐的教育结构,以最大限度地发挥学校教育的育人功能的实验。③ 更为具体

---

① 顾泠沅:《教学实验论——青浦实验的方法学与教学原理研究》[M],北京:教育科学出版社1994年版。

② 华东师范大学教科所、华东师大附小综合实验组:《未来小学教育探索》[M],上海:华东师范大学出版社1986年版,第1页。

③ 熊明安:《中国近现代教学改革史》[M],重庆:重庆出版社1999年版,第365页。

地讲,就是以系统理论中关于整体优化的思想为指导,全面地、统筹地研究学校教育机制运行过程中各个方面和教育教学过程中各种因素之间,在整体构成上的相互联系、相互区别、相互影响、相互制约,并以优化了的整体性结构和功能,促使教育获得最大效益的一种改革。① 系统科学理论被引介进来,这时学校被看作一个组织系统。在这个系统中分解出两个层次的结构:一是学校各项工作应被看成一个整体的系统结构,各部分之间相互协作,部分之和大于整体;而学生的身心发展的各项素质,德智体美劳等则构成另一个整体,他们的构成、结构及质量水平,即素质结构形式,决定了人的素质优劣,整体大于部分之和。整体性改革实验就是在这两个方面及两者之间进行研究,一方面欲建构基于实践的,也即具有中国特色的教育体系;另一方面欲探究基于先天禀赋的,经个体努力的后天素质教育的途径,而这个素质教育的途径是在教育活动的结构作为自变量、学生素质结构的优化作为因变量,进行实验而得出。

在各地涌现的整体教改实验中,杭州大学教育系和杭州市天长小学联合开展的"小学生最优发展综合实验",是在上海实验学校等学校的触发下开展的,其目标在于促进正常儿童的超常发展。该项实验持续了将近二十年,期间随着教育理念的变化,新的观点也不断地补充进来。但总体而言,它始终围绕学生"三自能力"的培养(自我学习能力、自我教育能力和自我管理能力)方面,优化教育活动(包括课程和评价),验证结构与功能之间的关系。实验的结果取得了令人瞩目的教育质量普遍提升的效果。反映在量上,是大面积学生获得全面发展的机会,在质上是经过评价证实的学生全面素质的提高与个性和特长的充分而自由的发展。但发展到中期,出现了突破不了、深入不下去的困境。有人称,当时整体教育改革实验陷入了"高原期"。② 这个问题和困惑在哪里呢? 最主要的还在于如何用实验法去探究结构和功能之间的关系。

当时的实验要解决儿童的素质结构优化与其功能提升之间的关系,这基本依靠心理学研究;而学校活动的结构及其功能研究是通过经验研究来进行的。将学校教育活动结构的功能定位于儿童的素质发展,这一点是非常正确的,但在运用实验法进行研究时,就出现了纰漏。当时的研究者倍感困惑:怎样才能将结构与素质一一对应起来进行测量呢? 这个问题恐怕到现在都无法

---

① 旷习模、杨小微:《小学教育整体结构改革试验的三个特点》[J],《课程·教材·教法》,1987年,第7期。
② 靳玉乐、田继万:《教学改革论》[M],重庆:西南师范大学出版社1998年版,第111页。

解决。本来社会科学不同于自然科学,无法将自变量与因变量之间的关系看作绝对。何况对于一个复杂系统,自然科学也只能取得一个模糊的概率数据而非一个绝对的数学或逻辑公式。教育活动不仅仅是一个复杂的系统,它还是一个不断进化的有生命的系统,研究者求取确解时所遭遇到的困惑是必然的。

长期以来我们的教育实验受心理学实验影响较大,往往将之奉为圭臬,却没有反思心理学实验研究的局限性。这个局限性就是将人看作一个机械,将之拆卸隔离来观察记录每个部分的刺激反应效果。这种研究的结果也被认为是相当的真理而不加思考地加以应用,称之为科学。这种状况值得我们反思。

但不管怎么说,整体性教育改革实验,和单项、单科教改实验,都在提高教育质量,促进教育实践和教育研究走向科学化方面做出了突出的贡献和榜样。我国的教育现代化,童年的现代化,离开这种科学精神是绝然不行的。整体性教育改革实验,和其他的实验一起,为我国教育科学化的发展,积累了大量丰富的经验,应得到进一步的研究和发展。

尽管关于"素质教育"的提法到 20 世纪 90 年代末才出现,但整体性教改实验中提出了素质教育的问题注重学生素质的全面和谐发展乃至超常发展。"天长小学"在提倡素质教育的同时,强调儿童发展的主动性和个性。这些都体现在"三自能力"培养实验中。如整体性原则中,辩证地理解学生的个性,一般发展与特殊发展的关系;在主体性原则中,主体活动是儿童个性、积极性的本质形式;在集体性原则中,注意集体与个人之间的张力,一方面为个性发展创造良好的集体环境,另一方面鼓励竞争,激发主观能动性,培养自主精神,发挥创造性,提高"三自能力"。集体是服务于个体发展的。

整体性教育改革实验的结果不仅不能取代单项、单科实验,反而与之是相辅相成的关系。单科、单项的教育改革也能推动整个学校全面优化。这就促使教育改革实验的研究从方法论层面转向价值层面,人的问题被提出来。正如有些研究者所意识到的:"整体性原则只是回答了方法论的问题,而未回答目的论的问题,缺乏目的论,整体改革的思路就无从展开。"[①]人的问题分为两个方面:一是人的自由发展问题,涉及群体与个体的关系,主动与被动的关系;二是人自由发展的依托,即人必须具备哪些素质才可以凭此自由发展。两者

① 杨小微、翟天山、龙立荣:《优化学校教育活动体系,促进学生主体性发展——九年义务教育学校整体改革的区域性实验研究成果总报告》[M],武汉:华中师范大学出版社 2003 年版,第 1 页。

演化到主体性教育改革、新基础教育实验和后来的课程改革中。

二、"人的主体性发展"

整体教育改革实验需要一个明确并具有时代精神和特征的主题。而此时学术圈内正在探讨主体性问题。由哲学上的对当代精神状况的批评,主体性问题也被迁移到教育理论的研讨中来。此外当时普遍认为,中国实现四个现代化需要充分调动起人的主观能动性。所以与社会经济体制改革同步同向,并且与人文社会科学研究主潮相符相伴,现代化与主体性成为基础教育实验选题的一个基本取向。"目前,我们教育的现状是,无论教育指导思想、教育内容和方法,都存在阻碍学生主体性发展的弊端。因此,普遍提高对学生主体在教育中的地位和作用的认识,以弘扬学生主体性为指导思想,克服教育工作中的诸种弊端,是深化教育改革的重要内容。"[①]主体性教育所要研究的是:"在现代化进程中教育应怎样去影响人的主体性发展。"[②]

1993 年《中国教育改革与发展纲要》指出:"发展教育事业,提高全民族的素质,把沉重的人口负担转化为人力资源优势,这是我国实现社会主义现代化的一条必由之路。""中小学要由'应试教育'转向全面提高国民素质的轨道……"这也是促动整体改革转向主体性实验的动因之一。

在这样的影响下,出现了一系列探索学生主体性培育的教育改革实验。比较著名的有华中师大教育系指导的湖北荆门象山小学的"小学生主体性素质构建实验";北师大教育系与安阳人民大道小学联合实验组进行的"小学生主体性发展实验";天津红桥区二号路小学与天津教科院进行的"主动教育实验"研究等等。而尤以前两者影响最大,将全国"主体性教育实验"划为南北两片。

实验中,研究者将主体性普遍理解为以下三个方面:首先,主体是与客体相对的概念,所以社会实践活动中的人自然是主体,而所指向的外在世界便成为客体。人在活动中便应发挥其认识、评价和实践的主观能动性,对外在世界做出改造(创造性)。其次,在教育活动中,主体分别包括受教育者、教育者和教育活动本身。受教育者的主体性包含两个方面的含义,即从主客二元对立

---

① 王道俊、郭文安:《让学生真正成为教育的主体》[J],《教育研究》,1989 年,第 9 期。
② 杨小微:《现代化与主体性——基础教育实验选题的一个基本取向》[J],《教育研究》,1996 年,第 7 期。

关系中认识外界、自身及自身与外界的关系,在历史中形成自己的人生意义和价值理想,成为社会历史性的个人。另一方面,在教育过程中,要立足现实,并实现对自身发展现状的超越,形成自我教育的能力。而对于教育活动的主动性,研究者认为主要体现在教育自身的独立性与超越性两个方面。它们都服从于教育为人的全面发展服务的宗旨。

南北两片的共同特点是将主体性看作个人发展的某类素质或品性,于是尝试着将主体性分解为几个可测量可控制的因子。比如北片认为,主体性是人作为社会活动主体的本质属性,将主体性分解为独立性、主动性和创造性三个基本本质特征,构建主体性发展的三维结构。三维目标结构下又细分各目类及其具体的行为表现,其次又将影响少年儿童主体性发展的基本因素分为内部因素和外部因素,即主体素质结构和学校教育、家庭教育和社会教育。实验秉着"严肃严格地进行基本训练,诚心诚意地把小学生当作主人"的方针,改造现行教材教法和教育管理,以提高小学生的主体性。实验还建构了一套小学生主体性发展指标体系,以评估实验的效果。

而南片的实验,将主体性看作国民素质的核心,认为人在实践活动中表现出来的主动性、自动性及创造性等品质,既受制于个体自身素质的现实状况,又对其素质的发展的方向和质量产生重要影响。[1] 其理论假说为:素质教育的实质是年轻一代主体素质的培育;忽视儿童的主体地位和主体性教育,从而导致学生高分低能、社会适应能力差,这是传统教育的最大弊端;通过改进学校教育目标、课程和施教途径,可促成学生主体性素质的主动构建。实验的重点目标是引导学生学会选择、学会参与、学会自律,培养他们的自主性、自律性、适应性、创造性和效率感。[2] 实验经过四个阶段,历时十二年,号称最终在目标及评价体系、自主型活动课程的教学策略与以自我管理为特征的班级管理模式方面取得了成功的经验。然而,这个经验还是值得质疑的。

主体性教育实验是试图在社会现代化的过程中摸索出一条中国特色的教育现代化之路。而这个教育现代化立足于什么是现代人的问题上,触动社会精神层面的深度变革。用研究者的话来说:"现代化不等于电脑加民主制度,更有其'精神文化'这一深刻内涵。科学与民主作为一种生活方式,还需要'精

---

① 湖北荆门象山小学课题组、专家组:《以主体性品质培养为主旨的整体改革实验报告》[J],《教育研究与实验》,1998年,第4期。

② 解玉文主编:《象山小学第二轮整体改革研究文集(一)》,1998自刊第10页,摘自熊明安:《中国当代教育实验史》[M],济南:山东教育出版社2005年版,第856页。

神文化'层面的支撑,而支撑点就是主体性意识、理性化意识和社会性意识。教育实验瞄准精神文化做大手笔,无疑是聪明之举。"①因为是在摸着石头过河,此岸到达彼岸的过程中必然充满着困惑。以如今的眼界来看,当时的困惑主要集中于如何发育主体性之积极一面而扬弃其消极一面的问题。主体性有时代差异吗?我们如何确定不同时代不同要求的主体性?主体性究竟是一种什么样的人的特性?它在个体的素质结构中是什么位置?它与国民的素质是什么关系?后一个问题上的困惑,造成了主体性、个性、自主性、主观能动性、素质等概念区别的模糊,因而也影响了实验中各评价指标的界定和确立。另外,品格、素质,教学、班级、活动这些问题似乎也纠缠在一起,分不清各自的逻辑和相互的关系。

主体性教育实验将教育的主体性问题作为其核心在理论上发展为"主体教育论"。理论上它立足于人的社会实践,把受教育者的主体性的发展看作全部教育活动的基础,把培养受教育者成为社会历史活动的主体看作教育的中心主题或最高目的,把追求人的解放与社会解放看作教育的最高理想或终极关怀。但实践反映的困惑却是:主体教育论的基本行动逻辑在哪里?因为,儿童和儿童自己的活动在真实的教育实践中并没有成为教育的出发点。"主体教育论"离现代教育学还很远。

三、"走向世界历史的人"

因其社会历史的局限性,主体性教育的理论和实践都无法突破旧有的对教育的认识和理解。相对还无法将实践者从旧有的思维模式中解放出来。包括理论研究者也一定程度上感受到一种不可突破的思维的限制。

当时困扰主体性教改的问题在今天看来似乎更为清晰些。对主体性的思考,建立在主体与客体二元对立的基础上。这样一种与客体的简单对立关系,使得对主体性的力挺,必然会走向"人定胜天"式的达尔文进化论思维中去,即主体积极主动地去控制占有客体世界。或者说这是一种工具论的思维模式,在将客体当作工具的同时,也异化了主体自身,因此才有了实践中如何把握培养"主体性"的度的问题。"主体论的哲学逻辑,往往直接变成自我论的逻

---

① 杨小微:《现代化与主体性——基础教育实验选题的一个基本取向》[J],《教育研究》,1996年,第7期。

辑。"①其次,人作为实践的主体,他本身处在各种社会关系之中,不仅有与客体的辩证关系,还有主体间的关系要处理。所以,如果对"主体性"这个哲学概念没有正确地理解,就会导致教学和其他活动将学生当作小白鼠般给予刺激,以获取某种效果,将这种效果称之为"培养目标"的达成,将教育活动简单化机械化,实质上是将学生当作了客体。对学生主体性的研究仍然是现代教育学的伟大任务。

因为主体的实践活动并非孤立,作为实践者的主体并非孤独,因此"主体间性"的问题必然出现。其实,"主体间性"存在于"主体性",或者"主体间性"中包含了"主体性",这两种说法都完全成立。"主体间性"的提出就给了个体的实践活动一个环境,将之置入到社会的历史脉络中寻找归属。人在自然世界中寻找归属,和人在类的世界中寻找归属,这是进入 21 世纪以来我国教育界关于人的问题思考的两个基本命题或线索。当时这一思考受西方思潮中对"现代性"批判的触动。而这个对"现代性"的批判核心,就在于对"理性"指导下人的"主体性"过度的批判。鲁洁先生在 1999 年时就提出新世纪教育所要思考和实践的主题是"人的转型",新世纪所要培养的人的目标是"走向世界历史的人"。

鲁先生这个"走向世界历史的人"的概念取自黑格尔。鲁先生认为,康德和黑格尔时代就已经意识到现代人所面临的"自我中心"的时代性矛盾。康德认为人的本性分为"自然本性"和"道德本性"双重性:自然本性指个人为追逐自己的利益的努力,是人作为个体存在的本性;而道德本性却超越了人的个体存在的界限而成为族类存在的本性。他理想的人是作为个体的人,通过他们各自利益的追逐而成为实现族类目的的工具。黑格尔则通过自我意识发展的三个阶段来阐述"个人"这一范畴的发展。这三个"自我意识"分别为:第一阶段是"单个自我意识",它只认识到本身是一个独立的单子;第二阶段"承认自我意识",其产生的基础是人际关系的产生。人意识到自己是为他人而存在的,并力求达到相互之间的承认;第三阶段为"全体自我意识",这是一种相互作用的自我性,其中包容着家庭、乡里、国家以至一切美德,它构成社会的道德实体。②

因此,20 世纪的哲学需要思考的是:一个主体是怎样完全与正是作为另

---

① 鲁洁:《走向世界历史的人——论人的转型与教育》[J],《教育研究》,1999 年,第 11 期。

② 鲁洁:《走向世界历史的人——论人的转型与教育》[J],《教育研究》,1999 年,第 11 期。

一主体相接触的,或每一个个体是如何进入其他个体之中,以达致自我与他我的某种整合的。① 这样,语言与存在、对话和交往成为重要的哲学范畴。也许正是这一哲学上的思考与努力,与教育学契合并且相得益彰,鲁先生才呼吁应将之作为教育学的命题来研究。鲁先生认为,从单子式的个人式主体走向类主体,才是教育或道德教育的目标。而这场教育目标的转变与人的生存方式的根本转变休戚相关。从教育学的角度考察,思维方式和价值取向的转变是关键。思维方式的转变是由生产实践的状态决定的。生产实践的深度和广度决定了人类的认识也日益向系统化的方向发展,这也就是说,当今的实践活动绝不是单凭个人的感觉和思维所能把握得了的,只有通过共同主体的共同认识活动才得以比较充分地把握。② 因此,当代人类认知结构由主体——客体与主体——主体这样两重关系构成了一种统一体。而人作为价值主体存在的两种不同向度(自我存在价值,与他人共存的价值)也随着人的生存方式发展的不同阶段,呈现为不同的关系结构。目前,"形成共主体与普遍价值的时刻正在到来"。

最后,鲁先生认为,当代中国教育的革命是"人的革命",它是对教育传统的"文化理念"的革新。我们一方面要充分肯定人的个体价值——这是当今中国教育的主要任务,同时,"要把每个个体的独立发展引向人类共同发展之路"。因此教育者的实践,应由以物为对象的"实践"的视界,移向人与人之间的关系,走向"交往实践"。

鲁洁先生的文章预示着 20 世纪末一场教育学革命的到来,这是一场深层次的教育哲学的转型。中国文化传统中的个人绝不等同于西方市民社会的个人,"中国经典中的'人'与西洋的'人'不同。中国的'人'是服从于一定的政治和道德的,而不是像马克思说的'把人当作人'的那种独立自主地认识自己、认识世界的'人'"③。所以,现代教育学的发展,首先要培育的是独立的个人,它是类解放的前提。

四、个体的"生命实践"

鲁洁先生提出的教育学的文化转型,学校生活生存方式的转型,培养个体

① 鲁洁:《走向世界历史的人——论人的转型与教育》[J],《教育研究》,1999年,第11期。
② 鲁洁:《走向世界历史的人——论人的转型与教育》[J],《教育研究》,1999年,第11期。
③ 陈乐民:《〈愚人颂〉中译本序》[M],沈阳:辽宁教育出版社2001年版。

的人，及由个体的人的意识上升到世界历史的人的意识，体现了对现代性的要求从工具理性到交往理性和解放理性的发展。叶澜教授却从另一个路径建构当代中国的教育学基本理论，以 1990 年《教育概论》的出版为标志。

叶澜先生在《试论当代中国教育价值取向之偏差》一文中曾分析，新中国成立以来我们在学习翻译苏联教育学著作时，将俄语"ЛИЧНОСТЬ"由"个体"、"个人"译成了"个性"，所以造成《教育学》著作中"个人的全面发展"混淆为"个性的全面发展"，这实在是两个不同的范畴。后者取代了前者，铸成了一大错误。而后来政治斗争的结果，"个性"二字也不敢再提，个人湮灭，取而代之的是笼而统之的"人的全面发展"，这个问题一直延续到 20 世纪 90 年代末。这一失误所造成的后果，表现在"文化大革命"中使"成千上万的青年学生和群众在运动中表现出的盲从、受蒙骗，在某种意义上，也是对新中国成立以来教育价值取向上忽视个性培养和独立人格形成的最大、最沉重的惩罚"①。

叶澜指出，教育是直面生命、通过生命、为了生命的人类伟大而特殊的事业，因此她 20 世纪 80 年代从南斯拉夫访学回国后，就一直在思考构建中国教育学基本理论的立足点和核心问题域。她所构建的这个基本理论框架，将教育、社会与人的发展作为基本要素构成一个结构：这个结构在社会历史发展中不断更新。人的发展是教育学基本理论研究的主要对象。在叶澜看来，人的发展的本质特征在于它的自主性或主动性，这是人与动物在发展方面的本质区别。如果说这个主动性或自主性有一个载体的话，就在于意识与自我意识。人与动物虽然都有需要，但只有人才有需要的意识，并通过活动来满足需要。人的意识对象不仅是周围的活动的世界，同时也包括活动中的自己。所以人一方面能控制和改造客观世界，另一方面也在控制和改造着自己。自我意识有消极的和积极的。积极的自我意识即自信；消极的自我意识是自卑。两者将产生不同的行为，造成自我发展的不同结果。教育应发展人积极的自我意识，而克服消极的自我意识。

自我意识又是如何形成的呢？人是通过活动来产生自我意识并实现自己的发展。叶澜提出了她独特的"活动观"。

在她第一本深有影响的专著《教育概论》中，她反思影响人的发展的诸因素及其与发展主体的动态关系。她认为影响人发展的因素可以分为可能性因素（主体因素和环境因素）和现实性因素。主体因素中又分为先天因素和

---

① 叶澜：《叶澜自选文集》[M]，《自刊》，第 79 页。

后天因素。后天因素是主体先天因素与环境作用的产物,一旦形成便成为独立因素,自我学习并发展。它包括主体身体生长发育水平与健康状态,智慧、情感、意志、行为发展水平,知识、经验水平,对事、对人、对己的倾向性态度,等等。① 主体因素中的后天因素是人发展中体现人能动性的重要方面,它不仅影响人对周围环境的选择与作用方式,而且当人具有清晰的自我意识与自我控制的能力时,便能影响人的自我发展。叶澜将影响人发展的环境因素分为大环境和小环境。小环境是指与主体直接发生关系的自然与社会。随着人的活动范围的扩大(人的发展),小环境是不断变化的。

人发展的可能性要转变为现实,则必须借助于个体的活动,这是影响人发展的现实性因素。个体的活动分为生命活动、心理(精神)活动和社会实践活动。这三种活动分别对应人的三种不同的属性:作为生物体;作为区别于动物的人;作为类的个体。而这三种活动又可归为外部活动和内部活动,两者是相互依存的关系。人的外部活动是人发展的起点,人的内部精神活动则是外部活动内化的结果,反过来又对外部活动进行规范和选择。两种活动不断转化,促使着个体的发展由低级阶段向高级阶段发展。这在行动上被称为个体的生命实践活动。

个体的发展取决于个体的生命实践活动,活动的各种条件和因素就受到了关注:如活动提出的要求与个体现有发展水平的差异度;活动的重复程度和组织结构水平;主体的自主程度;活动的成效。② 从个体发展角度看,学校教育是在个体发展某一特殊阶段的生命实践活动。因此叶澜提出应把培养受教育者的自主活动(自我教育和自我控制)的能力以及识别、控制、利用环境的能力作为学校教育的根本性任务,并贯彻到教育的一切阶段和一切活动中去。这是从最根本意义上保证教育对人的发展作用。而学生的自主能力在选择中形成,所以学校应为学生提供选择的可能和教育学生学会选择,并为自己的选择做出切实的努力和学会对自己的选择负责。③

人的自我教育能力的获得是一个发展过程,由最初人本能地通过与环境相互作用进行学习到有意识地学习,即能够自我反思,能够认识并控制内部和外部世界,则并不是靠本能就能够完成的。学校教育应在这个过程中发挥积

① 叶澜:《论影响人发展的诸因素及其与发展主体的动态关系》[J],《中国社会科学》,1986年,第3期。
② 叶澜:《教育概论》[M],北京:人民教育出版社1991年版,第215—218页。
③ 叶澜:《教育概论》[M],北京:人民教育出版社1991年版,第222页。

极的作用，其目的就是要形成人积极的自我意识并促成自我意识向完全意义上的自我教育能力的转化。为此，叶澜从 1991—1993 年在上海洵阳路小学开展实践研究"基础教育与学生自我教育能力的发展"，其研究假设是：(1) 自我意识是产生自我教育意识和自我教育能力的第一步，由自我意识转化为自我教育的关键在于：主体是否有改变现状的需要和信心，这是自我教育能力形成的内部条件。(2) 自我教育能力发展是由表层向深层进行的。(3) 环境对人的自我意识的形成和发展是必需的，不同的情境下可能引发的自我意识是不一样的。(4) 外部条件的转化和内部条件的形成则是教育的根本任务和目标。(5) 以主动活动促进学生自我发展。

人成为什么样的人，取决于他对自己的认知，这种自我认知是在不断与环境作用过程中产生的。它决定了人的基本行动，也即表现在生存方式中。教育的作用就在于对自我认知的改变和发展上。如果我们从这个角度来重新梳理一下我们的教育过程和教育教学策略，首先是对儿童的启蒙，唤醒他的自我意识，其次是修正他消极的自我认知，最后是提升并促进他走上自我教育的良性轨迹，以取得个人的自立、自强，为自由和解放准备条件。这样去理解教育，主体性问题的困惑就解决了。

而人的自我认知的产生和发展完全取决于他的活动，即叶老师所指的生命活动、心理(精神)活动和社会实践活动。因此，要改变(如果这样做是积极正当的话)自我意识，则也只有通过活动。以往我们没有意识到教育是一项活动，不去注意设计它，不去关注它所造成的影响。任何一种活动都会有影响，或是正面或是负面。教育中的活动有两类：一类是认知(教学)，另一类是交往(包括教学的各种活动)。交往即教育，只要有交往，任何一种交往都是一种教育。那么今天的教育需要什么样的教学和交往呢？为此，叶澜从 1994 年到 2009 年间，开始了构建中国新型学校的探索实践，也即展开了对教育活动的深入研究。

当我们谈到教育是一种交往的时候，活动中学生的主体性才真正得以实现。而这种实现，其间经历的学校文化的转型却是难以言说并被明了的。

如我们作为局外人来回顾"新基础教育"探索研究时，可以认为，对个体的自我意识的教育，是现代学校文化转型的精神内核，它是一个现代性的问题。学界许多知识分子都曾有过鲁迅般的焦虑：他的呐喊不过是在一个"绝无窗户而万难破毁"的"铁屋子"里,唤醒几个人,使之死得更痛苦而已。① 可叶老师并不这样认为,她并不认为在当今这个时代,被"弄清了脑子"和"弄敏了感觉"的青年,会较之未启蒙时更加苦痛和幻灭。她认为当代社会是信息社会,它在制度上最大的冲击是带来社会组织形态的网络化,人与人的交往不再是严格的强制性的科层式交往。因此铁屋子已经被打破了。当今的时代精神中最核心的内容是呼唤人的主体精神。② 人的本性是追求发展,他一旦明白人可以活得像人样,他就希望做一个像人样的人。所以,启蒙运动必须进行下去,教育就要担负这个责任。③

教育要使人活得像人样,先就要将学生当作生命体来看待,发挥教育的力量,使学生对周围世界和自己形成一种积极而理智的、富有情感和探索的、创造、超越意识的态度与作用方式,开发学生生命的潜能。④ 当学生被赋予主动性,承认他们具有主动地应答、选择、发展、思考、策划、行动、反思等需要与可能,具有关注和主动发展的需要与可能;当学生被当作具体的个体,其发展的差异性受到认同时,就会产生不盲从、有头脑、善思维、肯合作、积极进取的一批新人。这将带来或促进社会文化的转型。这是学校教育对社会的功能和使命。因此,在实践探索新基础教育理论时,叶澜提出了"把个体精神生命发展的主动权还给学生"、"转变师生学校生活的基本生存方式"、"改变中小学基本活动方式"等命题,以此成为学校变革与文化转型的抓手。

五、"为了每位学生的发展"

正如前面的整体性实验和其他的单项、单科实验一样,主体性教育与素质教育和课程改革也有着内在的关联。这些改革进一步深化,课程的问题基本都会成为改革的瓶颈而凸显出来。所以到了 20 世纪 90 年代末,基础教育课程改革终于成为一项国家性行动。

为贯彻《中共中央国务院关于深化教育改革全面推进素质教育的决定》和《国务院关于基础教育改革与发展的决定》,教育部决定,大力推进基础教育课程改革,调整和改革基础教育的课程体系、结构、内容,建构符合素质教育要求

---

① 黄子平:《"灰阑"中的叙述》[M],上海:上海文艺出版社 2001 年版,第 169 页。
② 叶澜:《时代精神与新教育理想的构建》[J],《教育研究》,1994 年版,第 10 页。
③ 叶澜:《关于教育与交往的思考——在桂林第九届教育基本理论年会上的发言》[J],《叶澜自选文集》,第 437—438 页。
④ 叶澜:《世纪之交中国学校教育的文化使命》[J],《天津市教科院学报》,1996 年,第 5 期。

的新的基础教育课程体系。

新课程的培养目标,体现了时代要求。在先前改革开放以来教育政策所阐述的教育目标的基础上,又增加了适应终身学习的基础知识和基本技能及方法、身心健康发展、社会责任感、科学和人文素养、环境意识、健康的审美情趣和生活方式等方面的内容,而创新精神和实践能力则是改革的重心。

课程改革的性质和目的,在于它的理念"为了中华民族的复兴,为了每位学生的发展",及在其他具体的策略措施中得到体现。"为了中华民族的复兴",背后所隐藏或所欲表达的是社会发展的困境和新的社会要求。20 世纪以来,中国社会经过前期粗放型的工业发展,在知识创新、资源利用、环境保护、社会生态等方面出现严重问题。而这些问题统统归结到人的素质低下上面来,并且发现我们没有现成的知识和经验可以遵循。再加上国际竞争日剧,所以创新精神、实践能力、科学和人文素养以及环境意识得到这一次课程改革的强调。

"为了每位学生的发展",在解读纲要时,将其扩展为"为了每位学生个性的全面和谐主动发展"。它第一次在国家层面突出个体意识,这说明教育实践中学生个体发展差异、个人不同的需求这一认识得到普及,教育理念将由传统教育的三中心(教师中心、教学中心、教材中心)转变为现代教育的以儿童和学习为中心上来。"个性"这个概念在这里比较模糊,以笔者目力之所及,根据课改的具体措施和相关的阐述,认为它大概可以由兴趣爱好、能力和个体的独特的经验和知识来概括和表达。"全面和谐发展"将人看作"全人"或"一个完整的人",将人的发展看作一个整体,而非只注重知识与智力、忽视情意等方面的发展,强调儿童身心发展的整体性。这既是对以往教育理念"人的全面发展"的继承,又是试图根除当时应试教育的恶劣气氛。"主动"二字落实在学生的独立人格、独立性、自主性,自主选择、主动探究、自我建构上。

上述理念具体化为这样几个关键词:"信息素养"、"创新能力"、"实践能力"、"知识的主动建构"和"身心的整体发展"、"人脑的整体思维"。在课程结构、课程目标、课程实施、课程内容、课程管理和课程评价中寻求落实。因此课程改革的具体策略,从以教(注入式的)为中心转向以学(积极主动)为中心;教学方式从接受学习转向建构学习,培养学生主动参与、乐于探究、信息处理、问题解决等方法和能力;在课程结构上,从学科本位转向综合课程,注重课程的整体性、均衡性和可选择性;在课程内容上,删除"繁、难、偏、旧"的状况,增加现代知识,注重学生个体经验在课程中的地位,精选终身学习必备的基础知识和技能;课程评价从强调甄别与选拔转向以促进教育主体的发展、使学习者正确认识自己、树立自信为目标;课程管理从过度集中走向分权,强调课程对地方、学校和学生的适应性;确立课程的三维目标,即知识与技能、过程与方法、情感态度和价值观,不仅反映了"全人"理念和"主动"的发展观,还体现了显性课程(明确知识)与隐性课程(默会知识)相结合的知识论观点。

课改最关键的是要落实在课堂上,教师如何教与学生如何学;这是决定了新课程理念能否贯彻、教育文化能否转型的关键。因为上述课程理念,既不存在于我们的文化传统中,也不存在于现实教育者的知识结构和教育意识中,教育实践者和大多数的教育理论者都感到非常陌生,导致新课程的实施面临巨大的困难。课程改革不是以往教育改革的补丁,而是彻底地"破除",是完整地重新树立新的价值取向,并进行全面的方法论革新。因此,它需要一些榜样和模式来给广大的教育实践者以参考。在宏观行动策略方面,教育部规定新课改的实施在国家层面上是逐步推进,坚持先实验后推广。从 2001 年 9 月开始到 2005 年,从实验的区域、基础教育的阶段、教师培训等方面有计划地展开,全程跟踪评估、分段总结、广泛交流。而在微观行动上,如何指导教师们上课成为一个难题。从长期来看,教师教育需要改革,转变教师头脑里的观念,2011 年颁布的新的教师教育课程标准可以看作新课改的后续。但在课程改革的即时,该怎么办?

笔者认为在新的课程体系中有两门课程可以称之为课改的"方法论"课程和"知识论"课程,即研究性学习和综合实践活动,这是新课改的两大亮点。两者都是基于学生的直接经验、密切联系学生自身生活和社会生活、体现对知识的综合运用的课程形态。"综合实践活动"主要侧重于学生的实践能力,通过批判、反思和交往,使学生将学习与社会实践联系起来,培养学生的社会责任感;"研究性学习"则侧重于变革传统罐装知识的"学习方式",学生自主选择问题进行跨学科探究,并获取自己的结论。它们在课程体系中都属于必修课程,不是其他课程的附属。①

两者又尤以"研究性学习"更体现了现代教学理念,即强调个人经验的生长。它认为每个人的学习方式都是独特的,每个人的经验也是独特的,应该尊重儿童的这种独特性,并发展这种独特性,而不是将每个人的个性拉平消解,最终成为没有特色、没有思想、不敢发声的一个组织中的分子。因此,研究性学习方式的变革将带来学生个性的充分发展,教师的责任在于为其创造性的

---

① 钟启泉、崔允漷、张华主编:《为了中华民族的复兴 为了每位学生的发展——〈基础教育课程改革纲要(试行)〉解读》[M],上海:华东师范大学出版社 2001 年版,第 73、115、123、124 页。

发展保证环境的开放性,并提供帮助。"研究性学习"既是一种学习方式,又是一种课程形态,洋溢着浓郁的人文精神,体现着鲜明的当代教育理念。

正如课程改革部分专家们所言:"我们的理念是:没有最好的课程,只有更好的课程。"①新课改纲要在最初颁布的时候,在某些理论方面还并不是非常清晰。而且由于所要"破"的是异常强大的意识层面和思维层面的惯性,涉及的问题溢出了教育领域,更多涉及的是社会权力与利益的再分配,因此阻力重重。虽然表面轰轰烈烈,而在实践层面,一波一波的应试教育愈演愈烈。

从童年观来看,新基础教育课程改革重视了儿童主体经验在教育中的重要作用,并为儿童主体经验的发展创造了条件,比如提供了教学方法的指导,增强学校教师、学生在教育管理中的权力。但分析课改纲要的文本,它在实践中所遭遇的阻力有它理论上的不足,即在"西体中用"的过程中,忽视了如何"中用"的问题。新课改宣称自己的理论基础是基于知识经济和信息技术时代的学习方式革命;认知神经科学发展所导致的全脑模式的学习观;建构主义的知识观。提倡"从专制走向民主"的文化表现在从"知识本位"走向"生活世界"的根本价值取向;课程权力的开放性;强调实践、批判、情境、特殊和个性,等等。但在"中用"方面,即如何将西方现代理念与中国社会实践要求转化为教育上的任务时,忽视了教育变革的内生性资源。新课改形式上采用国际理念,更多参考当代国际教育发展趋势和行动框架,而较少与国内的教育实践互动。它的非传统话语方式,以及对新理念的学术性解读(几乎是通过专家的学术文章来进行),无法通达到普通实践者层面,因而造成实践者的困惑,一时无法解决思想意识和价值层面的问题。只有在经过社会层面的广泛深入讨论、对话、冲突、调整之后,相信新课改的理论才会走向成熟。从改革的思维品质上来看,新课改依然是一种简单思维的表现,没有将课改与社会改革结合起来,忽视了教育与社会结构变动和社会实践变革的关系。这也是导致课改推行困难的原因之一。

当然这些问题并不那么简单只是课改的问题,毋宁说是中国当前社会政治体制改革和现实权力机制在教育领域的反映。从课改发生的社会环境来看,20 世纪 90 年代末中国面临自然和社会生态日益恶化的状态。而这种社会生态的恶化,受到国际发展态势的逼迫,更显焦躁。社会层面总是用国际发展新态势来掩饰国内问题种种,实践问题得不到真正的解决。理性的人应该

---

①　钟启泉、崔允漷、张华主编:《为了中华民族的复兴 为了每位学生的发展——〈基础教育课程改革纲要(试行)〉解读》[M],上海:华东师范大学出版社 2001 年版,第 436 页。

立足于中国社会的实践,将传统与现代,国内与国际统统纳入改革的实践中,看到中国社会实践的特殊性和普遍性之间的关系。一方面不能无视社会发展的一般规律,另一方面也应该发现实践所面对的特殊性与不确定性。这一切都要求社会学习方式的整体变革,社会更加民主开放,而学校变革不过是其中的一小部分。以杜威的观点来看,实践面对的总是不确定性的,而确定性的知识总是以往不确定性实践的抽象结果。实践中,我们永远只有个性化的情境性的经验,我们要学会的是从这些经验中发展抽象思维的能力,以便进一步地拓展我们的经验范围,使得经验得以生长,扩大实践的范围。在这个过程中,实践由低级向高级发展的过程,即创造;人在这创造的实践中获得发展。这就要求社会生态环境的开放和民主,而这必须要通过政治改革才能到达。这样,现代童年的问题,儿童是否受到尊重,能否成为一个健康的、有尊严的人,就不仅仅是教育的问题,更是一个政治的问题了。这是我们长期学校教育改革的内在与外在弊病所在。

改革开放以来,从恢复正常的教育秩序,研究教育科学的热情出发,自发的单项和单科教学改革实验,到学校整体性教育改革实验;再到区域性地建立在整体系统科学发展观之上的"人的全面发展"的主体性教改实验;从"把个体精神生命发展的主动权还给学生",建立新的教育活动观的新基础教育;到"为了每位学生的发展",高扬个性,建立探究、实践的学习机制,旨在"全人发展"的基础教育课程改革,中国的教育实践自下而上地推动了国家层面的改革。

在学者阶层,由哲学理念直接导入教育理论,到借鉴各学科观念转化为教育基本理论,再到介入教育实践与行动,最后视野转向域外;改革的设计,从寻找因果的实验到结构功能主义的整体实践,再到系统观和复杂论,人们的思维品质发生了明显的变化。在社会层面,由教育与社会发展需求的简单对应,到对教育实践主体地位的要求日益强烈,看到教育作为一种社会实践自身的特殊性:一方面要求遵循自身规律;另一方面提出教育对社会文化作用的方式及途径等的反思,这都反映了中国现代教育学建立基于社会实践的教育基本理论的条件已经成熟。

从主体性教育改革实验开始,教育学的问题从探究客观知识和客观规律(身心发展规律、学习规律),转向学生的主体性经验、意识与能力的发展上来。对"主体性"的价值倡导,将教育学转向人的问题上来,不啻是一种进步;而实践中将"主体性"进行操作性定义的困难和质疑,则反映了对"主体性"这一哲学概念的不正确理解带来教育改革实践的困难。而同时从另一路径(对个体的自我意识的教育)开始的教育改革实验,即新基础教育,提出人的发展的主动性问题。人总是在与周围环境的互动中得到发展的，没有与环境的互动，不称其为发展。人的主动性发展要求是生命能量的表征，并通过活动表现出来。因此教育的目的就在于建立能够发生互动的情境，发展儿童积极的自我意识和高级的自我教育能力，使生命能够积极展开。这就构建了一个基本的理论基础和方向。

在推行素质教育改革的要求下，基础教育课程改革提出了改变课程结构、内容和权利，以转变教育的文化，形成民主的习惯，养成儿童探究、合作、创新、实践等品性和素质。"研究性学习"是其中非常重要的一门课程典范，它不仅是一种课程类型，也为教育行为提供了方法论的指导，是一个重要的突破。

当教育学的问题从客观知识转向主体经验时，它就真正地把童年和儿童作为自己的研究对象，所有的教育实践就真正地转向了"为了每位儿童的发展"上来。从此出发，我们该认真思考学校教育的任务是什么的问题了。

第五部分　中国当代童年的教育学反思

　　元代杂剧李行道的《包待制智勘灰阑记》流行甚广，讲述的是一妻一妾争夺亲子的故事。包公断案，于庭下阶前用灰粉画了一个圈（灰阑），将五岁小儿置于阑内，命两女人各执小儿一臂膀，谁能将其拉出阑外即为生母。亲母自然不忍儿子遭此虐待，便松开手放弃争夺反而赢得了公断，得回了孩子。

　　后来德国戏剧家布莱希特读了这个故事却反问道："如果亲生母亲不爱自己的孩子呢？"于是就有了他西方现代版的《高加索灰阑记》，讲述了亲生母亲遗弃孩子逃亡，善良女仆历尽艰辛，将孩子抚养成人，生母又因财产问题回来索要儿子的故事。这一次于心不忍而松手的是那位女仆。

　　两则故事都将对儿童的爱存于人伦道德之中，似为相同，其实却有差异。包龙图案中讲的是亲生的才会去爱；而高加索案中，则说明对儿童的爱存在人的天性之中。

　　但是以上公案都是从成人的视角来看待儿童，儿童是被动地受处置的。那么孩子自己怎么看这场争夺，他能有自己表达意见的机会和权利吗？

　　这就是 20 世纪 80 年代香港作家西西的问题："万一小孩有意愿，又怎么办？"于是就有了《肥土镇灰阑记》，五岁的黄口小儿有话说：

　　　　"如今，在这座衙门之内，又重审这么一件人命关天的案件。死者已矣，要决定的可是我的将来。难道说，不是我寿郎，才是最重要的角色么？这么多的人来看戏，到底想看什么？看穿关、看脸谱、看走场、看布局的结与解，看古剧、看史诗、看叙事、看辩证；还是，看我，一个在戏中微不足道的'徕儿'，怎样在命途上挣扎，获取尊严？或者，你们来看《灰阑记》，是想看看包待制再扮一次如何聪明而且公平的京官？真奇怪，舞台上的灯光，都投射到包待制的铁脸上，那象征了所有的希望和理想么？我站在他撒

194

下的小粉圈里,只期望他智慧的灵光? 我和一头待宰的羊有什么分别?"①

　　高密东北乡的"灰阑记"(莫言的《蛙》)不就是这样的吗? 一切都有赖于法官(某个权威成人)的聪明,如果他不聪明呢? 如果他聪明却不公道呢? 难道成年人对于自己的智慧和良心那样的笃定,认为自己所做的一切都是绝对正确的,能够让孩子幸福? 难道成人所认为的幸福,就是孩子需要的吗? 继而,我们应该反思成人的狂妄自大与"绝顶聪明"。

　　一出《灰阑记》,四种演绎。从论文之前不遗余力的阐述中我们早已看出了潜藏在"童年观"后面的文化差异和社会变迁。当那失声的"马寿郎"发出声音之时,就是我们对现代童年的立场发生转变之际——我们对童年的理解开始从想象转向倾听,让儿童说话。

第一章　现代童年观的基本论点

　　论文通过对多学科视域下的童年研究状况和结果,反复论证了这样的观点:童年理论是西方进化论史观的产物,它认为童年是伴随现代性而出现的社会文化产物。而这产生童年的现代性,包括个人主义(对个人权利和个体自我意识觉醒的尊重)、理性主义和浪漫主义。在进化论的史观下,西方现代童年的出现是人类文明进步的标志,当然这也意味着,相对而言其他文明就成为落后的、愚昧的。

　　进化论童年理论的第二个观点认为:儿童与成人的关系,童年期与成人期的关系,是考量现代童年出现与否的重要指标。儿童虽是纯洁的、天真的,却是非理性的。理性是成人必须具有的特质,成人必须学会使用理性来寻求个人的自由,这是启蒙运动的主旨。童年既是非理性的生长,同时也是理性缓慢发展的时期,因此受到启蒙教育家的看重。对"如何促进理性的发展获取个人的自由"这一问题的思考,导致现代教育学的发展。

---

　　①　黄子平:《"灰阑"中的叙述》[M],上海:上海文艺出版社 2001 年版,第 194—195 页。

第三个观点：相对于成人期，现代童年有独特的价值和意义。没有幸福的童年，便不会有幸福的成年。现代科学发现，童年期的生长是缓慢的，有完全不同于成人的身心发展规律。对童年期的尊重，给予情感和物质的保障，不仅是对儿童的关心和爱护，也是对成人负责。

第四个观点：在现代童年的社会建构中，学校教育是其中非常重要且主要的力量。一方面是因为童年的出现，即童年单独从人的一生中独立出来，从成人社会中分离出来，呼唤存童年于其中的特殊的社会场域。这个场域的特殊性，在于它是专门理性对待儿童的地方，不同于家庭和其他成人社会组织，这就是学校。另一个方面，自蒙田以降的散文时代的到来，结束了英雄主义的共同体社会结构和精神偶像，独立的个人及其自由成为社会普遍的价值追求。启蒙运动进一步推进了这种意识，使之成为西方现代社会的精神文化之内核；并且探讨得到独立和自由的方法，即理性，并呼唤运用理性的勇气。如何使人摆脱愚昧（使之文明化）和偏见（培根的四种偶像），成为学校教育存在的主要原因，也成为其主要的任务。因此，学校一方面将童年纳入自己的场域中，保证了儿童被现代社会所认同的福利，免于担负经济压力、免于各种无视和虐待，免于愚昧无知而丧失社会生活的能力和获得发展的机会等。另一方面，学校教育也成为规训童年的主要社会机构。

第五个观点：在比较的文化视野中，现代童年是西方现代性的结果，非西方国家和社会未必就不曾有过童年。但在现代性全球化的今天，对于后发现代性的国家和社会而言，童年的变迁则面对传统与现代的相互碰撞、抉择与交融等问题。沼田裕之就认为现代性的理性逻辑二分主义必将消亡童年，呼吁日本社会回到本国传统文化中寻求拯救童年的资源。这种观点具有普遍性。中国台湾学者熊秉真对此也遥相呼应，对现代西方的童年理论提出质疑。尤其认为现代学校制度使童年丧失了温情的情感世界，它照顾了"理"，却失去了"情"。如何既"如情"又"入理"，大概是当前后发现代性国家回到传统人文世界寻找本土"现代性"道路的原因。

第六个观点：由大众文化促成的后现代童年的出现，提出了非常尖锐的问题：现代童年是由成人想象出来，并努力促使其成为现实的虚构。当童年从成人话语下解放出来的时候，所有由成人逻辑而起的建制俱要坍塌。要让儿童发出声音，童年难道不是儿童的吗？童年的建构难道不应该听取儿童的建议吗？这样,学校教育和教育学的危机就出现了。

　　综上所述,何为现代童年？它有三个衡量指标:第一,童年的公共性;第二,社会形成特殊的童年意识,尊重儿童的权利;第三,开始关注并鼓励儿童自我意识的合理发展,以形成理性、独立的个人。

第二章　中国童年的现代化

一、童年的传统

和西方相比,中国童年有传统与现代两种差异。中国传统文化对儿童非常重视。儒家伦理教化下的社会民俗常有"不孝有三,无后为大"之说,说明在整个成人为中心的社会中,儿童依然是非常重要的,它承载的是父兄和家族的希望。也是在这儒教传统下,儿童自一生下来便为成人所掌控,其人生道路的选择往往也早已被成人所安排。而这道路的安排,使整个人生的意义在于"有用"。在这样的价值关照下,小孩的一些特征,如顽皮爱闹、好吃好玩等便被压制了。因此,"长上中心"、"功能主义"、"道德至上"和"严厉管教"仿佛是中国儒教社会的童年景观。①

但实际情况也不尽然,儿童并不全然如此被钳制住而得不到一丝自由。在成人不关注的情况下,儿童的本然状态尽然坦露。如我们常见的各种民俗绘画、年画,像《婴戏图》《货郎图》《耕织图》,等等,上面常反映着儿童各种各样玩耍嬉戏的景况,丰子恺、叶圣陶等人对童真童趣的描述,如没有现实童年的存在,又哪里会有这样的想象?

叶圣陶作品《阿凤》《义儿》等,无一不显露出儿童那不可遏制的"生"的趣味与"活"的能量。道家尤其强调顺从人性自然,少加干预,颇能欣赏儿童的本然生活状态和生命方式,甚至有回归童年状态的渴望。这种思想为被儒教遮蔽严密的中国童年状况开一线生机。

所以传统中国对童年的情感是复杂的。一方面以成人为尊;另一方面又重视子孙的繁衍,儿童成为家族延续、家庭未来前途的重要希望。一方面用道德规训着儿童的生活,用成人的生活方式约束着儿童的行为与思想;另一方面又玩赏着儿童的天真有趣,甚至在成人的内在心性中保存有一份童心以解成人生活的乏味与苦闷。一方面强调成人对儿童的养育之恩;另一方面又倚重

---

① 熊秉真:《童年忆往:中国孩子的历史》[M],桂林:广西师范大学出版社2008年版。

儿童,使之成为自己情感的寄托。

总之,传统中国的童年虽生活在儒教人文环境之中,不时流露着仿佛自由自在的自然状态。但儿童乃成人的工具,这是普遍的观点。在中国传统社会的理性文化中,父权更显示了功利性的一面(《红楼梦》中贾宝玉和父亲贾政之间的关系就是一例)。而儿童从启蒙开始,便是直接生活在父权制度之下。也难怪在中国士人的回忆录中,回忆母爱的占据了主流。在儿童的情感世界中,母爱是父权的一种补偿。像《灰阑记》中的母爱故事,正是这种天理人伦的普遍反映。也许只有在母爱的维护下,儿童才能自由自在地生活。母爱是无私的,是否可以说,母爱是以儿童为目的的呢?张倩仪讨论两种母爱,一种妇女替代父亲督促子女读书,以实现求取功名的目的,这是她所希望的儿女的幸福;还有一种母亲,忙于家计,对儿女没有苛责,平淡现实地活着,她们同样以自己务实勤俭以及好脾气和淳朴的品性等影响着孩子的成长。传统中国父母对子女的养育和教化,与个人自由没有任何关系。

传统中国是个重视教化的国家,教育是读圣贤书,教育的理想是"修身、齐家、治国、平天下"。他们可以赞赏童心的无邪,却不放任儿童非理性的泛滥,尤其警惕那些逆子的出现。所以溺爱是受到批判的,尤其是儒教文化中对溺爱孩子持坚决的否定态度,所谓"养不教、父之过;教不严,师之惰"。这是各级社会阶层普遍的价值观。但对大部分儿童来说,生存尚且不易,能得到理性的爱抚与教育,则是相当幸运的了。

传统人文世界中的童年并非现代性童年。传统教育形塑的是传统的儿童生活,它虽然并不意味着不尊重儿童,在许多传统教育思想中也相当看重儿童本身的天赋与特征,循循诱之,如王阳明的思想就可以媲美于卢梭。但从现代童年的立场看,传统教育绝非现代教育,两者有本质上的差异。只有当童年从私的领域转向公的领域,童年得到尊重,儿童的福利和权利受到公权力的保障,并且开始有意识地培养儿童的自我意识,现代童年才出现。从这个角度看,叶圣陶的童年观,但他却希望还不是现代性的表现,而仍然是传统知识分子对儿童无私的热爱通过一系列行为要构筑一个现代童年。

二、应试教育的危机

波兹曼曾说,儿童成人化是童年的主要危机。

可除此以外在当下的中国,儿童生存状况还有着另一种危机:一方面,独生子女政策下对儿童的溺爱造成了非理性童年;而另一方面却出现压迫儿童的应试教育,同样是非理性童年的现状。

1993年孙云晓发表了一篇题为《夏令营中的较量》的报告文学,记录了1992年8月间中日两国少年在内蒙古举行的一次草原探险夏令营活动。当这篇文章被1993年第11期的《读者》杂志全文转载后,如石破天惊,引起社会强烈的反响。正如该篇报告文学缩写稿的标题"我们的孩子是日本人的对手吗?"所表达的,对夏令营活动中所暴露出来的中国孩子在生存能力和中国青少年教育中存在的诸多问题的深切担忧,引起学校、家庭和社会的强烈震动。人们开始对独生子女一代的教育和教养状况进行反思。17年后回顾这篇文章的影响力,孙云晓曾自豪地称:《夏令营中的较量》曾以何等尖锐的方式震撼过中国! 它引发了一场中国家庭教育的大变革。其实,这场针对独生子女问题的大讨论正说明,中国传统文化中将儿童看作私人所有的观念依然根深蒂固。那时候我们并没有意识到中国童年要实现现代化,对于儿童的教育观念已然到了迫不及待需要改变的时候了。可是后来不知怎地,这篇报告文学却很快演变为素质教育的讨论。17年中文章被多次印刷,对于素质教育成为国家教育主流的价值取向推动不能不说没有关联。如果那时,我们能够好好讨论一下现代儿童观、现代童年观,那么当前学校教育当中出现的像学校组织小学生给父母下跪、给父母洗脚,等等,这样的乱象,其始作俑者就不会那么洋洋自得,其教育理念就不会混淆视听了。

就在《夏令营中的较量》发表之时,也是《中国教育改革和发展纲要》颁布之际。在这部标志着在社会改革进一步深入的关键时期中国教育发展方向和责任担当的政策文献中,高呼"谁掌握了面向21世纪的教育,谁就能在21世纪的国际竞争中处于战略主动地位","百年大计,教育为本"的教育使命。教育的主要任务在于提高国民的整体素质,提出"中小学要由'应试教育'转向全面提高国民素质的轨道,面向全体学生,全面提高学生的思想道德、文化科学、劳动技能和身体心理素质、促进学生生动活泼地发展"。并且提出"中小学要切实采取措施减轻学生过重的课业负担"。

5年后的1998年政府出台《面向21世纪的教育振兴行动计划》,1999年颁布《关于深化教育改革全面推进素质教育的决定》。这些都和当时普遍的社会舆论不无深刻地关联。在长期社会大讨论和国家意识的主导下,素质教育终于成为中国教育的主流价值取向。2001年6月国务院颁布《基础教育课程改革纲要(试行)》,提出建构新的课程体系以成为素质教育落实的依据和基础。

　　然而事隔13年之后,当孙云晓在博客上再次贴出这篇文章时,却感叹中国人太健忘。当年中国儿童的生存状况并没有多少改观,反而问题越来越多,情况也越来越严重。"然而如今中小学生的课业负担虽然比13年前更为沉重,可在许多地方真正的教育被荒废了,社会实践和野外体验活动已降到历史最低水平。新华社依据教育部对18万中小学生体质监测结果写出系列报道,题为'中国学生胖无力,影响国家竞争力'"①可以这么说,这期间的学校教育改革在某种程度上牺牲了童年。

　　由《夏令营的较量》中独生子女问题引发的素质教育探讨,转变为《中国教育改革和发展纲要》中素质教育与应试教育的斗争,这其实是两个问题。前者的问题是传统的童年观如何现代化的问题,被学校应试教育的极端后果给掩盖了。应试教育不仅影响了家庭教育,也影响了社会教育,对整个教育体系都产生恶劣的影响。其实两者一起构成了当代童年的主要问题! 一方面,孩子们在家庭中被几辈亲友无条件地宠着,在学校里越来越多的规定呵护着儿童的成长;另一方面,"男孩危机"、"竞争低龄化"、"军事化学校"、"睡眠不足、视力下降"等问题,已经不是使儿童失去玩乐的自由,而是严重危害到了儿童的身心健康。

　　其实对于溺爱儿童和应试教育,以非理性的和工具理性的态度对待儿童,都阻碍了儿童自身经验与交往的发展。前者还能够给儿童提供一个童年的空间,但儿童的经验得不到合理的生长,因此也就丧失了自我发展的欲望和要求。从杜威对儿童经验的探讨来看,溺爱中的儿童其经验生长的表现更多的是冲动,如果这种冲动并没有得到有效的合目的性的发展,那么这些冲动就仅仅是胡闹,徒耗精力而已,不会发展成为主体经验中的一部分。家长要么伸手去阻拦,给予过度的保护;要么为他们做好一切;要么是任其胡闹。这些都使儿童的理性丧失了发展的条件,即主体与环境互动的可能性,儿童经验的生长停滞了。在儿童的经验与环境之间,儿童的经验与他人的经验之间,出现了断裂和隔阂。所以这种溺爱下的童年,却是不幸的童年。他们丧失了认识世界、认识他人的兴趣。

---

　　① http://blog.sina.com.cn/sunyunxiao。

应试教育同样阻碍了儿童的生长，它采用的方式是制度性的压迫。这种压迫表现在学校各个层面的行动——其本质忽视学生自身经验生长的要求——已经制度化了。成人以各种想当然或不负责任的方式采取外部管制和灌输，一切成就以所谓的外在客观标准来衡量。当外部控制与儿童特性不符时，便用各种刺激的方式来进行奖惩和规训，使其驯服。规训的制度在学校中无处不在。

如果人们还在诟病以强迫灌输为主的教材教学、机械训练、标准化客观性测验等的第一代应试教育的话，那么将素质教育的各种措施和理念移植到自身之中，将合作学习、研究性课程等作为客观知识灌输的补充手段的第二代应试教育，则更具隐蔽性、力量更强大、危害更深远。张华教授最近一篇文章论第二代应试教育问题时，非常犀利地将应试教育的本质揭露无疑。① 他认为应试教育的本质特征是由精英主义价值观、静态实在论与知识论、储蓄式教育方法论三者共同构成的专制性"政体"，是素质教育和新课程改革的顽敌。我们把这个称为"罐装的教育"。

精英主义的价值观表现在通过考试选拔，将一部分学生筛选出来构成少数优势阶层，而大部分成了劣势阶层，形成压迫者与被压迫者的权力关系，造成追求特权的文化风气。静态实在论和知识论，通过将知识看作静态的"实在"，认为是可以通过分割而传递给学生的东西，将人对知识探究的欲望和能动性与知识的获得隔离开来，使之成为旁观者。而储蓄式教育方法论使师生双方都沦为了工具。因此，这三者所反映出来的隐性课程是我国教育中存在的某种专制意识形态的集中体现，它通过内隐学习的方式控制了学生的心灵。

这种专制，不仅控制了学生的心灵，还控制了学生的身体生活。在精英主义价值观的影响下，进入名牌大学成为少数者集团中之一员成为社会普遍追求的目标。为此，学生为了获得好分数，越来越多的时间被消耗在功课上面，失去了玩的权利。为了竞争，许多孩子除了学校课程外，还参加各种校外辅导班。日本作家佐佐木赫子写过的一篇幻想小说《遥远的声音》，讲述了儿童正彦在上辅导班时因记错了上课时间，白跑一趟，回来的路上被车撞死。他的灵魂无所归依，依然每每打着临死前的电话，问妈妈："……我玩什么好呢？"这个

---

① 张华：《论"第二代"应试教育及其超越》[J]，《基础教育课程》，2011年，第20期。

故事生动地再现了功利主义教育制造的无声悲剧。朱自强认为，教育，应该学会尊重儿童的身体生活，解放他们的感觉、体验，让他们拥有健康、快乐的童年。当前儿童教育面临的最大问题是儿童生态被破坏，其中的一个主要表现就是童年的身体生活被挤压甚至被剥夺。出于功利主义的目的，一些教育者（家长）对书本文化顶礼膜拜，却抽掉儿童成长中具有原点和根基意义的身体生活。这样的教育，不仅难以使儿童成材，甚至难以成"人"。①

当应试教育愈演愈烈之时，这种专制性的文化向学校各处渗透，儿童的生活被制度性地压制了。应试教育摧毁了童年！它既不遵循现代教育的基本逻辑，又不是传统教育的继承。它是怎样一种怪胎！

---

①　朱自强：《当儿童失掉玩的权利》[J]，《内蒙古教育》，2007年，第9期。

第三章　学校教育的任务

一、"学校"这个机构

应试教育的问题大概不仅是中国现代童年所面临的特殊性问题，它还具有当代学校教育普遍性的问题。这个普遍性的问题表现在社会发展将教育这一人类实践单独划分出来，归于"学校"这样一个机构中，并将"学校"这一机构嵌入一个制度性的教育体系甚至是社会结构的权力分配之中。前面张华教授已经分析了应试教育对童年的制度性压迫不仅仅表现在学校内部，而且从精英主义的价值观来看，它是整个社会生态的问题。更缩小一点，则是逐级筛选以保证少数特权者利益的教育体系的专制性特征的问题。

伊利奇对这一问题有更精辟的见解。他说，学校如今履行着有史以来那些强有力的教会所共有的三重功能。它既是社会神话（society's myth）的收藏者，又是将社会神话所含种种矛盾加以制度化的承担者，同时还是仪式的实施场所，这些仪式再生产出并掩饰着神话与现实之间的矛盾。①

这个神话是指由官僚们制定的有关衡量价值与可行性的各种标准，以图在职业、政治以及财政方面都支配人们的社会想象。当人们开始对这种制度产生依赖的时候，他们需要制度来告诉他们该怎样生活，该怎样形成世界观，等等，那么现代化贫困就产生了。如果在某些重要的方面某些人不能达到社会大肆宣扬的消费观念，那么他们就被称为贫困者。这种制度性的后果，是造成新的心理上的问题，即心理上的无能以及无力独自谋生。这是一种全球化的状况。

学校和医院就是这样的制度。由于教育工作者执意把套装式教学（packaging instruction）与文凭捆绑在一起，因此，学校教育既不可能促进学习，也不可能维护正义。② 许多人接受教育，只是接受了愈来愈多这样的社会控制。学校是强制性的，并且是为学校教育而学校教育，它强迫儿童处于教师

---

① 伊万·伊利奇：《非学校化社会》[M]，台北：桂冠图书股份有限公司 2004 年版，第 53 页。
② 伊万·伊利奇：《非学校化社会》[M]，台北：桂冠图书股份有限公司 2004 年版，第 17 页。

陪伴之下，其结果又导致产生对于享有这种值得疑问的陪伴特权的教师更多的需求。①　人们对学校这种制度性的依赖就会产生这样的错觉，即大部分的学都是教的结果。但其实大多数的学习往往是随意性的。

伊利奇对制度化学校及其所造成的现代性贫困的抨击异常深刻。在一系列的社会制度面前，学校教育只具有获得社会地位的象征意义而无实质性的教育意义。因为教育从其根本上来说，有赖于已掌握社区文化的合作者之间的关系，有赖于文化使用者的批判意识，有赖于对问题的好奇，这些问题向探究者及其合作者敞开了通向文化宝库的新的大门。所以这样的学校和学校化的社会应该颠覆。

但现代学校机构的出现，并不是出于这样的考虑。大田尧从法国大革命时期所形成的公共教育的内涵入手，指出当代学校教育的问题是对现代公共教育本质的偏离。公共教育的"公"字，是指一种帮助儿童成长发育的社会保障。这种保障首先体现在受教育是所有人不可缺少的权利，因为"人类的无知、忘却及蔑视是公众不幸与政府腐败的唯一原因（《人权宣言》）"。其次，保证人类通过对真理的自由探究而使人类的能力更加发达。这得从近代科学的发展讲起。近代科学的产生，意味着文化中的某一部分可以被分割出来进行传授，也就是经验中某些部分被抽象出来成为客观知识。这样就把人从自己的主观认识中解放出来，赋予他客观地认识事物、克服偏见的能力。也相应地使认识系统和行动系统相对独立。这在教育上的表现，出现了两个方面的变化。一方面，学校培养目标发生变化，客观知识成为文化中的公共知识，因此公共教育就成了培养具有共通文化的一般公众的机构。"近代的公共教育就是伴随着这种对共通文化的觉醒而形成的。"②其次，"学习"从"制作"过程中脱离出来，使学校教育的主要任务成为认识的事情。

通过近代科学的方法，可以抛弃偏见而确立自我；真理是开放的，真理的获得是个人行为，不能由外界当权者强制灌输，因此，教育在保障真理探究开放性的时候，使儿童在自我内心选择并探究真理的过程中发展自我。

公共学校教育的确立，使得儿童可以通过学习，确立自我，获得自由和个性的独立，但也会演变成灌输教育。这就取决于是将孩子看作教育的对象，还

① 伊万·伊利奇：《非学校化社会》[M]，台北：桂冠图书股份有限公司 2004 年版，第 18 页。
② 大田尧：《把自然还给孩子——关于当代教育问题的思考》[M]，北京：商务印书馆 2006 年版，第 136 页。

是将孩子看作教育的目的。同时,还存在着一个必然的风险:某些文化是不可分割的。在文化分割传授的过程中,行动方式等情感部分从一开始就被排除掉了。

以上这些存在于"公共教育制度"中的人权意识和解放的观念原本是丰富的,可当学历成了社会追求的目标、获得社会地位的手段时,学校教育的危机便会一一呈现,"片面地以国家利益来支配学校,必然使教育内容歪曲,并使学校成为灌输教育的工厂,竞争导致人与人之间的连带感消失,孩子们在这种透不过气的学校社会的环境中,根据成绩的优劣造成优越感和自卑感的两极分化,学校演变成为喜忧参半的战场"①。这时童年问题产生了。

本纳教授认为,伊利奇取消学校这一教育机构是要回到市民社会中去,这是开历史的倒车。现代社会人类的总体社会实践已发生了分化,教育成为人类社会实践总系统中与其他实践平等的一类。因此,学校教育是现代社会必要的实践形式。更进一步说,学校教育有必要存在的另一个理由在于回答这样一个问题,即是否以及如何也能在人的行动的其他领域中反思对于教育实践来说不可放弃的教育理论和教养理论的要求,而不让其在教育系统的环境系统中丧失掉。②

现代社会分化为各个实践领域,每一领域对个人都有不同的要求。而开放社会中的个人特质也发生了变化,他们不作为具有前定身份的人进入社会,而是作为其确定性还没有被前定的、不明确的,其未来也是不确定和开放的人。因此儿童不可避免地要受到尊重,要被看作自由人,被给予无动机的宠爱。这就决定了儿童可以自己产生自己的确定性,并自由选择自己的生活方式。③ 这样就必须有一个家庭之外的教育机构负责为儿童从家庭进入社会,并独立地进入"现实世界"做好准备,这就是学校诞生的原因。

在学校里,儿童被当作具有自我目的的人,通过普通教育来扩展自己的经验和交往范围。支持和促进个体的学习过程,从而使个体在社会行动领域中具有判断力和行动力,则是学校教育的任务。学校的学习环境是人为的,要求

---

① 大田尧:《把自然还给孩子——关于当代教育问题的思考》[M],北京:商务印书馆 2006 年版,第 147 页。

② 底特利希·本纳:《普通教育学——教育思想和行动基本结构的系统的和问题史的引论》[M],彭正梅、徐小青、张可创译,上海:华东师范大学出版社 2005 年版,第 163 页。

③ 底特利希·本纳:《普通教育学——教育思想和行动基本结构的系统的和问题史的引论》[M],彭正梅、徐小青、张可创译,上海:华东师范大学出版社 2005 年版,第 170 页。

学习者努力超越其日常经验和人际交往,并努力产生多方面的兴趣。所有在学校中学习的,而没有学校教育和教学就不可学习的东西都属于学校学习的人为范畴。[①] 这就是现代学校机构存在的特殊意义。

二、儿童的"生活"

在现代学校中儿童被当作具有自我目的,发展具有不确定性的个人。但教育又不能受这种不确定性的摆布,而应通过教育和教学来促使他们扩大并超越日常经验和交往,提高判断力和行动力。所以儿童在学校中的生活是特殊的。

现代性讲人的生命性,中国现代童年在启蒙时期就提出这样的观点:尊重儿童的生活,儿童有"生"的趣味与能量,教育要使它总是发出来而不是被压抑。当代更是从生命科学的视角来看这个问题。回答"生命究竟是什么"[②],引发了现代学校教育相应的功能和措施。

① 生命作为个体没有一个是相同的;生命都是不完美的,每一个生命都在某一点上支撑着,协助着另一个生命。那么与一个独具个性的孩子进行接触本身就是教育,同时要克服我们自身内部的"绝对权威"的意识,并且教育的目的不是塑造完人,而是在保证儿童各自的特点得到尊重的情况下使他们有机会去创造自己的个性,相互支持和协助。

② 生命是在不断变化的。所有生命的内部都蕴藏着改变自己、向上发展的力量,这就是生命的自我创造力。所以,教师不可能改变孩子,想要发挥自我的创造力只能靠本人的生命力。而在本人努力的时候周围的人们应该去协助。

③ 人的生命的变化有自己的特色,即通过选择"要去做……"来改变自己,也就是在意识的支配下进行各种活动,这是人的本质特征。要选择需要意志的努力,需要克服各种障碍,要敢于面对现实,这就需要教育者对这一艰难过程的充分理解,并创造一种良好的环境,以鼓励人们充分发挥自身的自我创造能力,改变自身谋求发展的成长能力以及治愈能力、再生能力。

④ 生命的第三个特征还在于生命与外界的各种联系,否则生命无法延

---

① 底特利希·本纳:《普通教育学——教育思想和行动基本结构的系统的和问题史的引论》[M],彭正梅、徐小青、张可创译,上海:华东师范大学出版社 2005 年版,第 171 页。

② 大田尧:《把自然还给孩子——关于当代教育问题的思考》[M],北京:商务印书馆 2006 年版,第 36—50 页。

续。所以学校教育传递人类文化，不是造成人与人之间、人与自然之间的隔阂，而是尽量消除这种因差异而造成的屏障。

从生命出发的教育，要求将"自然"还给儿童。"自然"不仅仅指实存的实体的自然，也指符合生命成长的合目的性的教育方法。譬如，对生命寄予无限的信任，耐心等待意志的萌生；通过游戏的自立与共生；不把孩子当作私有物，促其独立；培养确认事实、精心选择的思维能力；承认差异、相互尊重；孩子们寻找的是自己登台出场的机会；不是无限，而是具有多样的选择，等等。

从现代教育学的发生和发展来看，卢梭提出尊重儿童，尊重童年，这是有价值的，是教育学转向童年的标志。但他提出的自然主义的教育思想，采用消极的教育方法，将儿童的教育脱离社会，以为这样就可以使儿童天性中的理性自由生长，以使儿童习得自由的习惯，有一定的合理性。但自由理性的发展未必是直线型的，也未必理性就能生长出自由。这就给学校教育开辟了空间。

赫尔巴特提出的理性教育学，是通过学校强制性的教育来进行自由意志的培养，这符合当时市民社会的要求。他指出了儿童通过学习知识，获得对世界的审美感受，扩大内在的精神生活的范围。在他的社会背景下，他谈的是某种强制下的学习方式，也是儿童的某种生活方式。从他开始奠定了现代学校教育的基础。他的教育理论是结合市民社会的儿童生活而进行的，并不能说他忽视儿童，他所表达的更多是对学校教育特殊任务的思考。如何让儿童既体验到理性的管制，又不妨碍自由精神的发展，这是学校教育的主旨。

在开放的社会，杜威进一步强调了教育所面对的不确定性和确定性的问题。这个问题表现在儿童经验的生长上面，这是将有自我目的的儿童与环境和实践统一起来思考的基础。经验的生长，是一个主动与被动的过程。主动是儿童的生命特质，表现为各种各样的冲动；而被动指当经验成为一种习惯。经验的主动性使得主体与环境不断互动；形成新的反馈作用于已有的被动的经验以生成新的经验。在这其中离不开各种抽象思维的参与加工。学校教育就是要促成这种经验的生长，以此来使儿童体验到解放与自由。

这些都明证了当代学校教育的根本任务。尊重和保障儿童的特殊生活，是教育学关于现代童年的根本规定。如何营造特殊的生活以使儿童将来能够进入社会的生活和实践才是学校教育的真正目的。当问题落实到儿童的主体经验上来的时候，当代学校教育找到了行动的基础和逻辑起点。而应试教育的问题,便是在这"生"的问题上走向了人类历史的反面。

当代中国历史上,西方的主体经验这个概念也曾被探讨过,只不过被转换成了本体论范畴中的主体性,从人的本质角度来探究人类社会实践的性质。

郭湛曾说:人的主体性是在与客体相互作用中得到发展的人的自觉能动和创造的特性,其发生和发展过程可划分为三个时期、九个阶段。初级期是自在、自然、自知和自我的主体性诸阶段,转折期是自失的主体性阶段,高级期是自觉、自强、自为和自由的主体性诸阶段。[①] 而生物学和心理学意义上的童年期应该对应初级期的诸阶段。但是不是所有人的主体性发展都将走向自由的境界呢?郭湛并没有交代,但他认为个人主体性的普遍程度,标着整个人类的主体性在该历史阶段中已达到的水平。现在整个人类的发展还远未达到自由的境地,甚至还没有完全进入自觉的主体性阶段。总的来说,人类仍处在由初级期人的主体性通过转折期向高级期人的主体性上升的过程中,还需要自觉、自强、自为的努力,才能达到人类主体性发展的自由王国。[②]

当年主体性教育实验就是在这样的思路下进行学校教育改革,希望能够通过教育与教学,促进儿童的主体性由低级向更高级阶段发展。但人的主体性该怎么促进是个值得继续思考的问题。

以往的学校教育,普遍采用积极的手段,通过各种活动使儿童与环境互动以激发主体性向更高层次的发展。为什么是通过活动来进行?李泽厚有更进一步的解释。他认为实践操作活动才是所谓人的认识(智力、理性、思维)的基础和来源。[③] 皮亚杰关于儿童认知发生的心理学研究就论证了这一点。在李泽厚看来,人的主体性有内外两层结构。外在结构是工艺——社会的,内在结构是文化——心理的。外在结构是根本的、起决定作用的方面。就在这两层结构的互动下,主体性将理性与感性合二为一,融为一体。而实践总是个体的。他强调个体实践的独特性,不可替代性,优于普遍性。在这种个体实践的特殊性中,如何促进和形成理性的、内化的普通智力结构及自由直观的个体创造能力,是教育学应该研究的问题。

叶澜在其《教育概论》中也有相似的论断。人的活动范围以自己为中心,这个"自己"不仅指生理意义上,还指认识论意义上。人总是在活动中不断地

---

① 郭湛:《人的主体性的进程》[J],《中国社会科学》,1987年,第2期。
② 郭湛:《人的主体性的进程》[J],《中国社会科学》,1987年,第2期。
③ 李泽厚:《实用理性与乐感文化》[M],北京:生活·读书·新知三联书店2008年版,第221页。

使认识与实践能力得到发展,以越来越突破原有的能意识到的小环境,进入到更大的环境中去,得到更多发展的机会,建立积极的自我认知,拓展自我发展的能力,最终主动地、自觉地发展自己的生命。

儿童不可能是孤立存在的,他们本身自带一个小环境,这便是他们的生活(学校生活或校外生活)。而这个小环境与他的认识有关,通过或隐性或显性的方式作用于他的思维和自我意识。学校教育更多地应该考虑的是这个小环境如何促进儿童主体性的发展。所以"活动"是学校教育中的关键词。如何看待学校的活动,便决定了学校教育的性质。活动有两种存在方式:外在于儿童的生活或本身成为儿童的生活。如果是外在于儿童生活的,则学校教育就要考虑它与儿童发生关系。所以,其实是"活动"(生活)在与儿童发生着关系。

杜威的教育学就告诉我们,学校教育所营造的生活与儿童发生作用的结果是经验的生长,所以活动或生活所作用的是儿童的主体经验。也就是说是用更高级的活动或生活与儿童当下的生活发生作用,以促进儿童向高级迈进。

黄武雄就论述了当代学校教育的任务,即"打开经验世界,发展抽象能力"。他认为人类本身就具有天生的创造力,但这种创造力却在后天文明化的过程中丧失了。这种文明化是指通过学校对"罐装知识"的教学来进行的,它用灌输——接受记忆的学习方式取代了人自然的学习能力,即整体感知。自然是整体的存在,文明则加以分析。① 吸取知识不经过体验,只靠记诵或单向地接受,知识会死去,会变成教条,变成装饰,变成虚有其表的社会地位与权力。死的知识使人从人的自身异化出去。知识不再是人的一部分。② 这时人便成了工具而不是目的,因为它压制了人经验的发展,使人异化。

他认为皮亚杰所研究的乃是人类文明的能力而非自然能力。在儿童的自然世界中,是另一种感知世界的方式。这种方式具有非常巨大的创造潜力,只有遵循这种天性的教育才是人性的教育。

黄武雄的观点与杜威颇为相似,即强调儿童主体经验发展是学校教育改革的方向。而对于前面的问题,人的主体性发展如何通过活动来进行,即学校教育在何处发力以使主体性升级,黄武雄和杜威都落实到了抽象思维上面。

---

① 黄武雄:《童年与解放》[M],北京:首都师范大学出版社 2009 年版,第 54 页。
② 黄武雄:《童年与解放》[M],北京:首都师范大学出版社 2009 年版,第 55 页。

他们的观点对我国当前学校教育改革深具启发。

前面谈了很多关于主体教育的问题，我们是否可以转换一下思路，从主体性教育积极行动的反面来思考：学生为何不能自己发展主体性？这个问题留待我们的进一步研究。

综上所述，当代我国学校教育改革应转向儿童的"生活"、尊重儿童的"生活"、保障儿童的"生活"。而这一切的基础，便是以儿童为具有自我发展目的的人，具有不确定未来的人。这是现代童年观对学校教育的要求。

参考文献

一、译著

[1]〔比利时〕爱伦凯. 儿童的世纪. 晨光书局,1936.

[2]〔丹麦〕索伦·克尔凯郭尔. 非此即彼. 陈俊松,黄德先,译. 光明日报出版社,2007.

[3]〔丹麦〕曹诗弟. 文化县:从山东邹平的乡村学校看二十世纪的中国. 泥安儒,译. 山东大学出版社,2005.

[4]〔德〕阿洛伊斯·普林茨. 爱这个世界:汉娜·阿伦特传. 焦洱,译. 中国财政经济出版社,2001.

[5]〔德〕布伯. 我与你. 陈雄纲,译. 生活·读书·新知三联书店,1986.

[6]〔德〕底特利希·本纳. 普通教育学——教育思想和行动基本结构的系统的和问题史的引论. 彭正梅,徐小青,张可创,译. 华东师范大学出版社,2005.

[7]〔德〕恩斯特·卡西尔. 人文科学的逻辑. 关子尹,译. 上海译文出版社,2004.

[8]〔德〕恩斯特·卡西尔. 卢梭·康德·歌德. 刘东,译. 北京三联书店,2002.

[9]〔德〕恩斯特·卡西勒.〔美〕彼得·盖伊. 卢梭问题. 王春华,译. 南京译林出版社,2009.

[10]〔德〕赫尔巴特. 普通教育学 教育学讲授纲要. 李其龙,译. 浙江教育出版社,2002.

[11]〔德〕赫尔巴特. 赫尔巴特文集. 浙江教育出版社,2002.

[12]〔德〕克里斯托夫·武尔夫. 教育人类学. 张志坤,译. 北京教育科学出版社,2009.

[13]〔德〕亨利希·海涅. 浪漫派. 薛华,译. 上海人民出版社,2003.

［14］［德］康德.论教育学.上海人民出版社.2005.

［15］［德］克里斯托夫·武尔夫.教育人类学.张志坤,译.教育科学出版社,2009.

［16］［德］卡尔·雅斯贝斯.时代的精神状况.王德峰,译.上海译文出版社,2008.

［17］［德］蓝德曼.哲学人类学.彭富春,译.工人出版社,1988.

［18］［德］O.F.博尔诺夫.教育人类学.李其龙,等,译.华东师范大学出版社,1999.

［19］［德］瓦尔特·本雅明.驼背小人:1900年前后柏林的童年.上海文艺出版社,2003.

［20］［德］威廉·狄尔泰.精神科学引论.童奇志,王海鸥,译.中国城市出版社,2002.

［21］［法］利奥塔.后现代状态.生活·读书·新知三联书店,1997.

［22］［法］勒高夫.新史学.姚蒙,编译.上海译文出版社,1989.

［23］［法］卢梭.社会契约论.何兆武,译.商务印书馆,1980.

［24］［法］卢梭.论人类不平等的起源和基础.李常山,译.商务印书馆,1962.

［25］［法］卢梭.论科学与艺术.商务印书馆,1997.

［26］［法］让-皮埃尔·内罗杜.古罗马的儿童.张鸿,向征,译.广西师范大学出版社,2005.

［27］［法］萨缪尔·贝克特.等待戈多.余中先,郭昌京,译.湖南文艺出版社,2006.

［28］［古希腊］柏拉图.理想国.郭斌和,张竹朋,译.商务印书馆,1986.

［29］［荷］伊拉斯谟.愚人颂.许崇信,译.辽宁教育出版社,2001.

［30］［加］马克斯·范梅南.生活体验研究:人文科学视野中的教育学.宋广文,等,译.北京教育科学出版社,2003.

［31］［美］本杰明·史华兹.古代中国的思想世界.程钢,译.江苏人民出版社,2004.

［32］［美］本尼迪克特.文化模式.社会科学文献出版社,2009.

［33］［美］杜赞奇.文化、权力与国家:1900—1942年的华北农村.王福明,译.江苏人民出版社,1994.

［34］［美］杜威.民主 经验与教育.彭正梅,译.上海人民出版社,2009.

［35］［美］佛罗斯特. 西方教育的历史和哲学基础. 吴元训，等，译. 华夏出版社，1987.

［36］［美］黄树民. 林村的故事：一九四九年后的中国农村变革. 素兰，纳日碧力戈，译. 北京三联书店，2002.

［37］［美］加里·克罗斯. 小玩意——玩具与美国人童年世界的变迁. 郭圣莉，译. 上海译文出版社，2010.

［38］［美］克利福德·吉尔兹. 地方性知识：阐释人类学论文集. 王海龙，译. 中央编译出版社，2004.

［39］［美］凯瑟琳·坎普·梅休，等. 杜威学校. 王承绪，译. 北京：教育科学出版社，2007.

［40］［美］马修斯. 哲学与幼童. 陈国容，译. 北京：读书·生活·新知三联书店，1989.

［41］［美］尼尔·波兹曼. 娱乐至死·童年的消逝. 桂林：广西师范大学，2009.

［42］［美］欧文·白璧德. 卢梭与浪漫主义. 孙宜学，译. 石家庄：河北教育出版社，2003.

［43］［美］塞林格. 麦田里的守望者. 施咸荣，译. 桂林：漓江出版社，1983.

［44］［美］萨利·肖尔茨. 卢梭. 李中泽，贾安伦，译. 北京：中华书局，2002.

［45］［美］泰勒·何德兰，［英］坎贝尔·布朗士. 孩提时代：两个传教士眼中的中国儿童生活. 北京：群言出版社，2000.

［46］［美］王德威. 被压抑的现代性：晚清小说新论. 宋伟杰，译. 北京：北京大学出版社，2005.

［47］［美］约瑟夫·列文森. 儒教中国及其现代命运. 郑大华，任菁，译. 桂林：广西师范大学出版社，2009.

［48］［美］伊万·伊利奇. 非学校化社会. 吴康宁，译. 台北：桂冠图书股份有限公司，2004.

［49］［美］约翰·克莱佛雷，丹尼斯·菲利普斯. 西方社会对儿童期的洞见：从洛克到史巴克具有影响力的儿童模式. 台北：文景书局，2006.

［50］［日］大田尧. 把自然还给孩子——关于当代教育问题的思考. 朱浩东，曾贫，李振溪，译. 北京：商务印书馆，2006.

［51］［日］关宽之原.儿童学.朱孟迁,邵人模,范尧深,译.北京:商务印书馆,1928.

［52］［日］藤井省三.鲁迅〈故乡〉阅读史——近代中国的文学空间.新世界出版社,2002.

［53］［瑞士］裴斯泰洛齐.林哈德和葛笃德.北京编译社,译.人民教育出版社,1984.

［54］［瑞士］维雷娜·卡斯特.童话的心理分析.林敏雅,译.生活·读书·新知三联书店,2010.

［55］［苏］阿莫纳什维利.孩子们,你们好.朱佩荣,译.北京教育科学出版社,2002.

［56］［苏］阿莫纳什维利.孩子们,你们生活得怎样.朱佩荣、高文,译.北京教育科学出版社,2002.

［57］［苏］阿莫纳什维利.孩子们,祝你们一路平安!.朱佩荣,译.北京教育科学出版社,2002.

［58］［苏］苏霍姆林斯基.关于人的思考.诸惠芳,译.河北人民出版社,2003.

［59］［苏］苏霍姆林斯基.学生的精神世界.吴春荫、林程译.北京教育科学出版社,1981.

［60］［英］阿道斯·伦纳德·赫胥黎.美妙的新世界.孙法理译.译林出版社,2008.

［61］［英］马克·贝磊.比较教育学:传统、挑战和新范式.华东师范大学出版社,2007.83.

［62］［英］以赛亚·伯林.浪漫主义的根源.亨利·哈代编、吕梁,等,译.译林出版社,2008.

［63］［英］约翰·洛克.教育漫话.傅任敢,译.北京教育科学出版社,1999.

二、中文著作

［1］国家教育委员会教育发展与政策研究中心.发达国家教育改革的动向和趋势.人民教育出版社,1986.

［2］人民教育出版社.教育改革重要文献选编.人民教育出版社,1988.

［3］联合国教科文组织国际教育发展委员会.学会生存:教育世界的今天

和明天.上海师范大学外国教育研究室,译.上海译文出版社,1979.

[4] 中国少年儿童出版社.1954—1979 第二次全国少年儿童文艺创作评奖获奖短篇小说集.中国少年儿童出版社,1981.

[5] 改革开放以来的教育发展历史性成就和基本经验研究课题组.改革开放 30 年中国教育重大历史事件.教育科学出版社,2008.

[6] 冰心.儿童文学短篇小说选:解放以来.北京出版社,1979.

[7] 冰心;王炳根选编.冰心文选·儿童文学卷.福建教育出版社,2007.

[8] 冰心.冰心作品集(1920).光明日报出版社,2006.

[9] 冰心.冰心作品集(1921).光明日报出版社,2006.

[10] 冰心.冰心作品集(1922).光明日报出版社,2006.

[11] 冰心.冰心作品集(1925).光明日报出版社,2006.

[12] 冰心.冰心作品集(1926).光明日报出版社,2006.

[13] 冰心.冰心作品集(1927).光明日报出版社,2006.

[14] 冰心.冰心作品集(1928).光明日报出版社,2006.

[15] 冰心.冰心作品集(1960).光明日报出版社,2006.

[16] 冰心.冰心作品集(1978).光明日报出版社,2006.

[17] 冰心.冰心作品集(1983).光明日报出版社,2006.

[18] 卜卫.大众媒介对儿童的影响.新华出版社,2002.

[19] 陈恒、耿相新.新史学.郑州大象出版社,2003.

[20] 陈嘉明等.现代性与后现代性.人民出版社,2000.

[21] 储继芳.斯霞之路.北京人民教育出版社,1986.

[22] 窦桂梅.听窦桂梅老师讲课.上海华东师范大学出版社,2006.

[23] 杜成宪、丁钢.20 世纪中国教育的现代化研究.上海教育出版社,2004.

[24] 丁钢.历史与现实之间:中国教育传统的理论探索.教育科学出版社,2002.

[25] 樊国宾.主体的生成:50 年成长小说研究.中国戏剧出版社,2003.

[26] 郝克明.面向 21 世纪我的教育观.广东教育出版社,2000.

[27] 黄济,郭齐家.中国教育传统与教育现代化基本问题研究.北京师范大学出版社,2003.

[28] 黄济,王策三.现代教育论.人民教育出版社,1996.

[29] 黄武雄.童年与解放.首都师范大学出版社,2009.

［30］黄子平."灰阑"中的叙述. 上海文艺出版社,2001.

［31］霍懋征. 班主任工作札记. 人民教育出版社,1980.

［32］霍懋征. 小学语文教学经验谈. 上海教育出版社,1985.

［33］胡从经. 晚清儿童文学钩沉. 上海少年儿童出版社,1982.

［34］江怡. 理性与启蒙:后现代经典文选. 东方出版社,2004.

［35］金耀基. 从传统到现代. 北京法律出版社,2010.

［36］柯岩主编. 中国儿童小说卷. 青岛出版社,1990.

［37］孙孔懿. 教育失误论. 江苏教育出版社,2003.

［38］李政涛. 表演:解读教育活动的新视角. 教育科学出版社,2006.

［39］李家成. 关怀生命:当代中国学校教育价值取向探. 教育科学出版社,2006.

［40］李学武. 蝶与蛹:中国当代小说成长主题的文化考察. 中国社会科学出版社,2003.

［41］李泽厚. 中国现代思想史论. 生活·读书·新知三联书店,2008.

［42］李泽厚. 实用理性与乐感文化. 生活 读书 新知三联出版社,2008.

［43］李泽厚. 历史本体论. 己卯五说. 生活·读书·新知三联书店,2006.

［44］李泽厚. 批判哲学的批判:康德述评. 生活·读书·新知三联书店,2007.

［45］李兴洲. 大师铸就的春晖:1920 年代的春晖中学. 人民出版社,2008.

［46］李书磊. 村落中的"国家"——文化变迁中的乡村学校. 浙江人民出版社,1999.

［47］林毓生. 中国传统的创造性转化. 北京三联书店,1988.

［48］凌冰编著. 胡适校. 儿童学概论. 世界业书,1930.

［49］刘云杉. 学校生活社会学. 南京师范大学出版社,2000.

［50］刘晓东. 儿童精神哲学. 南京师范大学出版社,1999.

［51］刘晓东. 解放儿童. 北京新华出版社,2002.

［52］刘晓东. 儿童文化与儿童教育. 北京教育科学出版社,2006.

［53］刘佛年. 中国教育的未来. 安徽教育出版社,1995.

［54］刘再复,林岗. 论中国文化对人的设计. 湖南人民出版社,1988.

［55］陆士桢,魏兆鹏,胡伟. 中国儿童政策概论. 社会科学文献出版社,2005.

［56］陆有铨. 躁动的百年：20 世纪的教育历程. 山东教育出版社,1997.

［57］刘小枫. 现代性社会理论绪论：现代性与现代中国. 上海三联书店,1998.

［58］刘小枫. 这一代人的怕和爱. 华夏出版社,2007.

［59］刘绪源. 儿童文学的三大母题. 华东师范大学出版社,2009.

［60］刘文杰. 德国浪漫主义时期童话研究. 北京理工大学出版社,2009.

［61］罗志田. 裂变中的传承：20 世纪前期的中国文化与学术. 中华书局,2003.

［62］罗骞. 论马克思的现代性批判及其当代意义. 上海人民出版社,2007.

［63］孟湘砥等. 教育实验与儿童的全面发展：湖南一师附小教育实验的探索. 湖南教育出版社,1990.

［64］彭正梅. 解放和教育：德国批判教育学研究. 上海华东师范大学出版社,2008.

［65］彭正梅. 现代西方教育哲学的历史考察. 上海教育出版社,2010.

［66］钱理群. 周作人研究二十一讲. 中华书局,2004.

［67］瞿葆奎. 教育学的探究. 北京人民教育出版社,2004.

［68］芮渝萍. 美国成长小说研究. 中国社会科学出版社,2004.

［69］孙有中. 美国精神的象征：杜威社会思想研究. 上海人民出版社,2002.

［70］斯霞. 斯霞教育文集. 江苏教育出版社,1985.

［71］斯霞. 我的教学生涯. 上海教育出版社,1982.

［72］单中惠. 现代教育的探索：杜威与实用主义教育思想. 北京人民教育出版社,2002.

［73］孙云晓,李文道,赵霞. 拯救男孩. 北京作家出版社,2010.

［74］孙云晓. 与孩子一起成长. 江苏教育出版社,2007.

［75］施家琦. 奠基工程：一个县的教育改革. 人民教育出版社,1995.

［76］石中英. 教育学的文化性格. 山西教育出版社,1999.

［77］吴颖惠. 中小学主体教育：主体教育实验在海淀. 人民教育出版社,2009.

［78］汪民安,陈永国,张云鹏. 现代性基本读本. 河南大学出版社,2005.

［79］王泉根. 儿童文学的文化坐标. 湖南师范大学出版社,2007.

［80］王德威.想像中国的方法:历史·小说·叙事.北京三联书店,1998.

［81］王建华,王晓初.「白马湖文学」研究.上海三联书店,2007.

［82］夏丏尊,叶圣陶.文章讲话.中华书局,2007.

［83］夏丏尊,叶圣陶.文心.北京三联书店,2008.

［84］夏丏尊,叶圣陶合编.国文八百课.(一、二、三、四).开明书店,1935.

［85］熊秉真.幼幼:传统中国的襁褓之道.台北:联经出版事业公司,1995.

［86］熊秉真.安恙:近世中国儿童疾病与健康.台北:联经出版事业公司,1999.

［87］熊明,喻本伐.中国当代教育实验史.山东教育出版社,2005.

［88］徐兰君,安德鲁·琼斯主编.儿童的发现:现代中国文学及文化中的儿童问题.北京大学出版社,2011.

［89］叶澜.叶澜自选文集.自刊.

［90］叶澜.「新基础教育」论:关于当代中国学校变革的探究与认识.教育科学出版社,2006.

［91］叶澜.中国基础教育改革发展研究.中国人民大学出版社,2009.

［92］叶澜.教育概论.人民教育出版社,1991.

［93］叶澜.立场.广西师范大学出版社,2008.

［94］叶澜.基因.广西师范大学出版社,2009.

［95］叶圣陶等.我和儿童文学.上海少年儿童出版社,1980.

［96］叶圣陶.叶圣陶集.朱正编注.花城出版社,2006.

［97］叶圣陶.语文随笔.中华书局,2007.

［99］叶圣陶,丰子恺编绘.开明国语课本.(上下册)上海科学技术文献出版社,1932.

［100］叶圣陶,夏丏尊著.文心.中国青年出版社,1983.

［101］叶至善,叶至美,叶至诚编.叶圣陶集.（12卷)江苏教育出版社,1987.

［102］于伟.现代性与教育.北京师范大学出版社,2006.

［103］于漪.岁月如歌.上海教育出版社,2007.

［104］于漪.于漪与教育教学求索.北京师范大学出版社,2006.

［105］张令振.电视与儿童.北京人民教育出版社,1999.

［106］张之伟.中国现代儿童文学史稿.华东师范大学出版社,1993.

[107] 张天宝. 走向交往实践的主体性教育. 教育科学出版社,2005.

[108] 张倩仪. 另一种童年的告别:消逝的人文世界最后回眸. 商务印书馆,2001.

[109] 周作人. 儿童文学小论. 河北教育出版社,2002.

[110] 周作人. 周作人文选·自传·知堂回想录. 群众出版社,1999.

[111] 周作人. 艺术与生活. 河北教育出版社,2002.

[112] 周作人. 看云集. 河北教育出版社,2002.

[113] 周作人. 苦茶随笔. 河北教育出版社,2002.

[114] 周作人. 苦竹杂记. 河北教育出版社,2002.

[115] 周作人. 谈虎集. 河北教育出版社,2002.

[116] 周作人. 周作人自编文集:谈龙集. 中国青年出版社,1995.

[117] 周作人. 周作人自编文集:儿童文学小论. 河北教育出版社,2002.

[118] 周作人. 周作人自编文集:苦口甘口. 河北教育出版社,2002.

[119] 周作人. 周作人自编文集:秉烛后谈. 河北教育出版社,2002.

[120] 周勇. 大师的教书生活. 华东师范大学出版社,2008.

[121] 钟叔河编. 周作人文类编05 上下身(性学·儿童·妇女). 湖南文艺出版社,1998.

[122] 朱自强. 中国儿童文学和现代化进程. 浙江少年儿童出版社,2000.

[123] 郑欢欢. 儿童电影:儿童世界的影像表达. 中国电影出版社,2009.

[124] 赵祥麟. 外国教育家评传. 上海教育出版社,2003.

[125] 钟启泉、崔允漷、张华. 为了中华民族的复兴 为了每位学生的发展:[基础教育课程改革纲要(试行)]解读. 华东师范大学出版社,2001.

[126] 邹进. 现代德国文化教育学. 山西教育出版社,1992.

三、外文著作

[1] Allison James; Alan Prout. Constructing and reconstructing childhood new directions in the sociological study of childhood. London; New York Falmer Press,1990.

[2] André Turmel. A historical sociology of childhood: developmental thinking, categorization, and graphic visualization. Cambridge; New York: Cambridge University Press,2008.

[3] Dympna Devine. Children, power and schooling: how childhood is

structured in the primary school. Stoke on Trent, UK; Sterling, VA: Trentham,2003.

[4] Don Bagin, Donald R. Gallagher. The school and community relations. Boston: Allyn and Bacon,c2001.

[5] Edwin Hutchins. Cognition in the wild. Cambridge, Mass. : MIT Press,c1995.

[6] Elizabeth Steiner [et al.]. Education and American culture. New York: Macmillan,1980.

[7] Jens Qvortrup. Studies in modern childhood: society, agency, culture. Houndmills, Basingstoke, Hampsire; New York: Palgrave Macmillan,2005.

[8] Jonas F. Soltis. Philosophy of education since mid-century. New York: Teachers College,1981.

[9] Joan Littlefield Cook, Greg Cook. The world of children Boston: Pearson/Allyn and Bacon,c2007.

[10] Karín Lesnik – Oberstein. . Children in culture: approaches to childhood. Basingstoke: Macmillan Press; New York: St. Martin's Press,1998.

[11] Marilyn Fleer, Mariane Hedegaard and Jonathan Tudge. Childhood studies and the impact of globalization: policies and practices at global and local levels. New York; Abingdon, Oxon: Routledge,2009.

[12] Nicholas V. Longo. Why community matters: connecting education with civic life. State University of New York Press,c2007.

[13] Olivia N. Saracho and Bernard Spodek. Contemporary perspectives on families, communities, and schools for young children. Greenwich, Conn. : Information Age Pub. , c2005.

[14] Philip W. Jackson. Life in classrooms. New York: Teachers College Press,c1990.

[15] Philip W. Jackson. Life in classrooms. . reissued with a new introd. . New York: Teachers College Press,c1990.

[16] Philip Robbins,Murat Aydede. The Cambridge handbook of situated cognition. New York: Cambridge University Press,2009.

[17] Roger Neustadter. The obvious child: studies in the significance of childhood. Lanham, Md. : University Press of America, c2009.

[18] Sluckin、Andy. growing up in the playground: the social development of children. London: Routledge & Kegan Paul, 1981.

[19] Shirley R. Steinberg and Joe L. Kincheloe. Kinderculture: the corporate construction of childhood. Boulder, Colo. : Westview Press, 1997.

后 记

　　《童年与现代教育学》这本小书是在博士论文基础上略作修改而成的。从研究选题开始，到最后书稿的完成，既激情澎湃，又充满困惑与艰辛。对有些问题的认识到现在也不圆满。但是我却很想把已有的研究和思考结果以著作的形式公开发表，将其他问题留待以后去完善。毕竟学术研究是一个不断探索的过程，不是吗？况且，将独自完成的第一项学术研究成果进行出版，对我而言意义深远。

　　也许是我有一个快乐的 20 世纪七八十年代城市生活的童年吧，所以我对"童年"这个问题充满兴趣。后来在研究的过程中竟然发现，童年的意义和价值远超出一般人的认识，并且随着文明的进步，它受到越来越多的关注和保护。这个意义和价值是什么，需要我们从学理上分析说明。而这种理论的概括和提升，非教育学不可，这是我的个人观点。换个角度看，童年是一段重要的受教育经历。当现代教育制度明确建立之后，童年的大部分时光就要在学校中度过了，这对个人和社会的发展是好事还是坏事呢？教育学难道不是研究这个问题的吗？

　　教育学被很多人看不起，我却很喜欢它，并从中找到很多生趣，这是我立志于教育基本理论研究的主要原因。但说实话，这种乐趣并不是一开始就有的，只有随着对教育学慢慢地懂得，才能感到喜爱。并且认识到，教育学是一门"活"的学问，使人活，使自己活。可曾几何时，我们将教育学玩死了，这就使人很瞧不起我们基本理论，说什么理论不能指导实践。这话当然不对。我想说，当这样去思考问题的时候，即将教育学与童年问题联系起来，教育学的生趣就盎然了许多。

　　当下教育界理论驳杂，乱象太多，混淆视听。比如，有很多人提出教育要"解放童年"，"儿童是诗意的存在"，可是口号之下和口号之后还有什么呢？怎么看待这些"明星"似的命题？有些在我们看来极其的教育理念和教育行为，因为有利可图而大有市场和追随者，我们该如何批判？还有让孩子读道德经，让孩子给父母下跪和洗脚,如何对待所谓的"传统教育"? 这些问题迫使我认识到,作为一名学教育研究教育的人,拥有话语权的重要性。这不仅关系到专业的"合法性",还关系到专业的尊严。失声,实在令人羞愧。今天出版这本书,既是兴趣使然,也是一种发声。时间有限,思考不足。希望自己不断进步,恳请各位教育学研究领域的学者批评指正。

本书受到南通大学教育科学学院的出版资助和南京大学出版社王抗战编辑的大力支持,在此表示衷心感谢。

2015 年 9 月